その時、名画があった

玉木研二

牧野出版

はじめに

映画は社会に開かれた窓だった。子供のころ、両親共働きでいわゆる「カギっ子」のさびしさから、親には内緒で映画館によく入った。広島の町外れに当時あった2番館、たいていは3番館だった。

20円か30円で入れたように思う。1日5円の小遣いを貯めた。小学校3年生の知恵では映画はしばしば難解だったが、かまわなかった。よく補導されなかったと思う。

ただ一度、入場を断られたことがある。もぎりの女性が気の毒そうに言ったものだ。「ぼくはねえ、まだ入れんのよ」。思えば、18歳未満禁止の成人映画だった。入っていれば、ひときわ忘れがたい社会勉強になっていたかもしれないが。

スクリーンに映し出されるのが活劇であれホームドラマであれ、未知の人間世界を見せてくれた。東方はるか彼方に、華やかな大都会があることも教えてくれた。

家にテレビがなかったことも映画館に足を向けさせた。これは幸いだったかもしれない。テレビの「月光仮面」も「恐怖のミイラ」も知らないことは小学校でつらかったが。

映画は時代を映している。

私が最初に見た本格的な洋画は、米作品「渚にて」（1960年日本公開）である。どんな映画であるか知るよしもなく（たぶんグレゴリー・ペックとエバ・ガードナーの美しいポスターかスチール写真にひかれたのだろう）館に入った。

全面核戦争で最後に残されたオーストラリア。米海軍の潜水艦が寄港し、やがて放射能にむしばまれる時を迎える。この筋立ては後年長じて知ったことだが、子供の目にはただ怖かったのを忘れない。ラストで無人の広場でビラが風に舞っているシーンは目に焼き付いている。後に思えば、同時代の東西冷戦の恐怖を象徴するような映画だった。

特撮の雄、東宝の「マタンゴ」は63年の夏に公開された怪奇映画である。欲望にとらわれた人間がキノコに変じていく。時は高度経済成長のまっただ中。翌年の東京オリンピックを前に浮かれる時代を切り取った。

ずっと時代は下ってバブル景気の中、88年に公開されたのが米作品「八月の鯨」だった。翌年初め、昭和は終わる。静かな岬の風光に織り成す老姉妹の果てなき回想。いさかいといたわり。少しの憎しみと善意。映画館の外では株も土地も跳ね上がる。まるでそんな世に微苦笑を向けるようだった……。

この本は、毎日新聞東京地域面に2011年から2014年にかけ、計111回連載したコラム「そして名画があった」から昭和時代の映画を取り上げている。

私は映画記者ではないし、もとより、できもしない批評をするために企画したわけではない。網羅的、体系的な整理ともおよそ無縁である。ただ、名画が公開されたころの時代の空気、街の姿、人々の関心事は何であったかを、新聞資料を活用して一筆スケッチができないかと考えた。古い新聞の日々の市井記事、事件記事などは、たとえベタの1段記事であろうと、空気と息づかいを伝えてくれる。こっそり映画を見に行っていた子供もその中にいただろう。

今も映画館を出ると、暮れかかる家路を急いだ小学生のころをふと思い出す。親たちが帰宅するまでに家に帰り着いていなければならない。街のにおいや道に流れ出る歌謡曲、小さな商店の灯りなど遠い昔の風景になったが、そのころこそ「社会に開かれた窓」映画から多くを吸収していたかもしれない。

カバー写真
毎日新聞社

装丁
緒方修一

本文デザイン
laugh in

その時、名画があった　目次

その時、名画があった

笑いの中にみる哀愁

街の灯

喜劇王チャプリンの自作自演サイレント作品「街の灯」は、1931年1月30日にアメリカで公開された。大恐慌のさなかである。

東京で公開されたのは3年後。弁士は徳川夢声、山野一郎だった。

日本における一代の喜劇王、古川ロッパは34年1月30日、この映画を有楽町の日本劇場（日劇）に見に行き、感想を日記に書いている。

「要するにチャップリンものとしては筋が持廻《もってまわ》りすぎてゐる。然《しか》し、チャップリンの横顔見てたら何となく涙が出さうになった」（滝大作監修『古川ロッパ昭和日記・戦前編』晶文社）

その哀感はどこからわいてきたものか。

時代は歩調を速めるように戦時色を強め、ロッパが「街の灯」を見た9年後には、日劇の外壁に「撃ちてし止《や》まむ」の巨大なポスターが現れることになる。

窮屈な上着に、ブカブカで穴開きズボンとドタ靴。くたびれた山高帽とステッキ。ちょびヒゲ——。

おなじみの〝放浪紳士〟の格好で街をあてどなく歩く主人公の男（チャプリン）。

ある日かれんな花売りの娘（バージニア・チェリル）と出会う。彼女は目が見えない。勧められるまま男はなけなしの金で花を買う。タクシーが止まって人が乗る気配がしたことから、娘は花を買って行った男は金持ちの紳士だと思い込む。

男は困窮したこの娘と祖母の生活の支えにと、日銭仕事をしてヘマでクビになったり、八百長ボクシングでひともうけしようとするが、逆にこてんぱんにやられたり、と珍騒動が続く。

妻に去られ泥酔した富豪が投身自殺を図ったのを止めようとして、みすぼらしい自分が水に転落してしまうシーンなどは、笑いのうちにせつなさがこみ上げてくる。

さまざまな抱腹ドタバタの末、男は１０００ドルを富豪からもらい、花売りの娘の生活と目の治療代に回す。だが、彼は警察に泥棒と誤解され、投獄される。年月がたち、街に戻った男は、通りがかりのフラワー・ショップで笑顔を振りまいている娘を見た。目は治っていた。

娘は男の風貌を知らない。金持ちの紳士と思い込んでいた。眼前の男はただの放浪者だが、同情した娘はほほ笑みかけ、花と小銭を渡そうとする。あわてて立ち去ろうとする男。そして――。

最後までしっかりつくり込まれた名品である。

映画はトーキーの時代に移行していたが、チャプリンはこの時期、サイレントにこだわった。自著『チャップリン自伝』（中野好夫訳、新潮社）にこう記している。

「もともとわたしはパントマイム役者だった。そのかぎりでは誰にもできないものを持っていたつもりだし、心にもない謙遜など抜きにして言えば、名人というくらいの自信はあった」だが、問題もあった。

トーキーに慣れた俳優たちがほとんどパントマイムの演技を忘れてしまったことだ。タイミングが動作からセリフに移ったのだ。

完璧主義の彼は、わずか70秒のシーンに撮り直しの連続で5日かけたこともある。

興行は成功した。31年、彼は長期の世界旅行に出た。

来日したのは32年。5月14日朝、神戸港に着き、三宮から特別仕立ての列車で上京した。翌15日、日曜日の夕方、海軍青年将校らが首相犬養毅を官邸に襲い、射殺した。「5・15事件」である。

決起グループ内には当初、首相を訪ねるチャプリンともども襲撃対象にする計画があったといわれる。チャプリンは事件当時、相撲見物に行っていた。

これは「怪事件」として「自伝」に記されているが、全体に日本に好印象を持ち、歌舞伎など伝統文化や料理、箱根見物と広く満喫した。

彼は36年に再来日した。この時は陸軍青年将校ら兵を率いて重臣らを襲い、日本政治を一時マヒさせた「2・26事件」の直後だった。

チャプリンはその後、人間を機械の一部にしてしまう工業文明を風刺した「モダン・タイムス」(36年)、ヒトラーをこきおろした「独裁者」(40年)など力のこもった作品を相次いで出した。だが戦後、アメリカに吹き荒れた赤狩り旋風の中で、その鋭い風刺や批判が「容共的」などと疑われ、結局追われるようにアメリカを去る。

77年のクリスマス、スイスで永眠。88歳。イギリスの芸人夫婦の間に生まれ、幼くして家庭は破綻、舞台に立って巡業先のアメリカで才能を見いだされ……とその変転の生涯をたどると、20世紀という時代が重なるようだ。

東京の日劇で「街の灯」がかかった時の宣伝文句が、彼をしのぶのにピタリとくるのではないか。

「涙の港に笑いの波止場／チャップリンの人生微笑芸術を見よ！」

「街の灯」
監督／チャプリン
主演／チャールズ・チャプリン
製作国／アメリカ合衆国
本国公開／1931年　日本公開／1934年1月13日

反権威、底知れぬ不安…　人情紙風船

京都から東京へ拠点を移した気鋭の山中貞雄が、世田谷区砧のP・C・L・映画製作所（現東宝スタジオ）でメガホンを取った。

封切りは1937（昭和12）年8月25日。まるで合わせたかのように山中に召集令状が届く。中国に戦火は広がっていた。

翌38年9月17日、山中は河南省の野戦病院で戦病死した。28歳だった。

これが遺作である。

河竹黙阿弥《かわたけもくあみ》の歌舞伎狂言「髪結新三《かみゆいしんざ》」がベース。歌舞伎界とたもとを分かって新たな演劇創造を目指す「前進座」の俳優たちが提携して出演した。

舞台は江戸時代の長屋。貧しい町民たちだけではなく、落ちぶれ果てた浪人も住む。ある朝、老いた浪人が首をくくっているのが見つかった。そこから物語は始まる。

侍なら腹を切れ、いや竹光だったらしい、などと長屋の連中は口さがない。

髪結いの新三（中村翫右衛門《なかむらかんえもん》）は「通夜をして供養してやりましょう」と大家を言葉巧みに乗せて酒を用意させ、その晩は棺おけを横にどんちゃん騒ぎを繰り広げる。

この冒頭に、さまざまなものが込められているように見える。反権威の気分、民衆のバイタリティー、そして底知れぬ不安、といえばよいか。

新三は杯を手に笑みを浮かべながら、その目の底はどこか虚無的で暗い。足早に戦時体制へと進む時代の陰りを映しているのかもしれない。

この長屋には浪人の海野《うんの》又十郎（河原崎長十郎《かわらさきちょうじゅうろう》）とその妻おたきも住んでいる。おたきが紙風船作りの内職をして糊口《ここう》をしのぎ、又十郎は仕官の口を求めて毎日出かける。そんな夫を見るおたきの目は冷たく、又十郎は妻の前では何かと言いつくろって、おどおどしている。

大雨の夜。又十郎は亡父が昔世話したという要職者にすがり、取り立てを懇願するが、蔑みの目と言葉で突き放され、びしょぬれのまま暗然とたたずむ。

いつまでもやまぬ、たたきつけるような雨音が心境を表して実に効果的だ。

一方その晩、新三はある意趣返しから大店《おおだな》の娘お駒（霧立のぼる）を連れ去って長屋に隠した。大店の用心棒のやくざたちが押しかけたが、又十郎の協力で新三はお駒を隠し通す。

お駒には大事な縁談があった。新三は大店のあるじや用心棒の親分らをさんざん困らせ、その鼻を明かした後、娘は無事に帰す。事を荒立てたくない大店から新三らに思わぬ金が入った。

またまた長屋連中挙げてのどんちゃん騒ぎだ。

顔をつぶされた親分は黙っていない。宴会のさなか、新三は呼び出される。彼は残りの金を皆の酒にとそっくり宴会場の主人に渡し、ふらりと指定された場所へ出かけて行く。どんな運命が待ち受けているか百も承知だ。

又十郎も宴会で飲み、長屋に戻って妻おたきに「仕官は大丈夫」と言いながら寝てしまう。ウソを見抜いたおたきは静かに短刀を手にする。

粋を通した新三。芯を抜かれたような又十郎の敗残。夜は明けて、日々の仕事に散っていく長屋の人々。

悲劇でありながら、どこか救われるような明るさを帯びている。才と若さか。いくつかの場面に現れる、隆々とわき立つ雲が象徴的だ。

戦地の山中貞雄は「陣中日誌」を残した。

集英社の『昭和戦争文学全集2』から引くと、〈「人情紙風船」が山中貞雄の遺作ではチトサビシイ。負け惜しみにあらず〉という有名なくだりがある。

まだまだ、と画面のわき立つ雲のような創作欲やプランがあったに違いない。

戦地に倒れ、衰弱しながら28歳の若き才能は、無念に震えたことだろう。

京都の生まれ。旧制商業学校の時から映画のとりこになり、18歳で京都の撮影所に入る。手がけた作品は多いが、現存するのは「丹下左膳余話　百萬両の壺」「河内山宗俊」とこの「人情紙風船」の3本といわれる。

もし彼が戦争から生還していたら。多くのファンや映画人がそれを語り、夢想する。

駆け抜けた年月はあまりに短いが、その命は永い。

「人情紙風船」
監督／山中貞雄
主演／中村翫右衛門
製作国／日本
日本公開／1937年8月25日

太平を突く「忍耐と決起」　忠臣蔵「天の巻」「地の巻」

日中戦争が泥沼化の様相を見せていた1938年3月、議会で国家総動員法が成立、4月1日に公布された。

戦争に向け必要な人員、物資を政府の統制で動員するというものだ。審議過程では、法案説明に立った陸軍省の軍人が、ヤジに「黙れっ」と一喝する一幕があった。

そんな時代の風景の中で、3月31日、この日活作品は公開された。新聞広告に「空前絶後の大盛観!」とうたうほどに、阪東妻三郎、片岡千恵蔵、嵐寛寿郎《あらしかんじゅうろう》ら戦前既に大スターだった名優がそろった。

2部構成で「天の巻」はマキノ正博、「地の巻」は池田富保がメガホンを取る。

「日本映画の父」と呼ばれたマキノ省三（正博の父）が生前、忠臣蔵ものの大作を撮ったが、フィルム焼失などの不運に見舞われた。

その没後、ゆかりの人々らによって、無念を晴らすようにこの作品は企画された。

元禄の赤穂事件（1701年）は、赤穂藩主浅野長矩《ながのり》（内匠頭《たくみのかみ》）が江戸城松の廊下で吉良義央《よしなか》（上野介《こうずけのすけ》）に切りつけた刃傷ざたに始まる。遺恨とされるが、その内容は具体的にはよく分からないらしい。勅使《ちょくし》接待の大役をめぐり、吉良が卑劣な妨害や、嫌がらせをしたというのが多くの物語の筋である。

　幕府の措置は厳しく、内匠頭は即日切腹。御家《おいえ》取り潰しで浪士となった家臣らが亡君の無念を晴らすべく、筆頭家老・大石良雄（内蔵助《くらのすけ》）をリーダーに結束。吉良側の警戒の目をかわしながら、雪の夜、「四十七士」の討ち入りを果たし、吉良の首級を挙げて本懐を遂げる。

　太平の世に大事件である。舞台にならぬわけがない。人形浄瑠璃、歌舞伎の「仮名手本忠臣蔵」から忠臣蔵の名で物語は広まる。

　さまざまな脚色、創作が加えられ、連作のような趣もある。この映画でいえば、例えば、歌舞伎の「勧進帳」を思わせるこんな名場面がある。

　京都の山科に住み、遊蕩《ゆうとう》生活を装っていた大石。関所を通りやすくするため、見ず知らずの名家の用人・立花左近になりすまし、同志らと江戸に向かう。ところが、途中の宿場で本物の立花と出くわし、同姓同名を怪しまれる。

　立花は自分の身分書を見せて、大石にそちらの身分書を見せよと迫った。大石は紙を出した。立花が開くと、何と白紙。緊迫の瞬間、立花は、この男が世間でうわさの大石で、吉良討ちのため江戸に向かっているのだと察する。

　そしておもむろに言った。

「何を隠そう、拙者は播州《ばんしゅう》赤穂、元浅野の家来……」と自分は大石内蔵助だと言い始めたのだ。大石はやや動転する。さらに立花は「貴名を偽り、東へ下り、亡君尊霊を慰め奉らんとす。我らの苦衷、ご推察くだされ」とさえ。

大石、感じ入ったように立花に向かい「大石殿、お察し申すぞ」。

浄瑠璃が効果的に入る。

大石の阪東、立花の片岡。名演である。

「南部坂雪の別れ」の段もいい。

江戸でひそかに準備を整えた大石は亡き内匠頭の夫人だった瑤泉院《ようぜんいん》を訪ねる。今の港区赤坂、南部坂の屋敷。雪の日である。

瑤泉院はいよいよ大石が仇討《あだう》ちを決行するかと喜んで迎える。だが、大石はまったくその気配を見せない。

大石「放蕩三昧《ほうとうざんまい》で身を持ち崩した内蔵助、恐れ多い御言葉を賜り恐縮に存じます」

瑤泉院「いや、その放蕩三昧も敵を欺く苦肉の策とよく知っております」

大石「赤面のほかはござりませぬ。解放された気の緩みで、つい酒のために年がいもなく、ばかな月日を送りました。アハハハハ……」

瑤泉院は驚き、仇討ちを誓う藩士らの連判状を作ったと聞いたが、と言う。大石は、変心者が相次いで「仇討ちの儀はさらりと忘れました」とにべもない。

瑤泉院「内蔵助、それで浅野の柱石か。そなたばかりは見損のうた。見下げ果てたる人でなし。それほど命が惜しいのなら、早く山科へ帰るがよい」

大石「御言葉に甘えまして、山科にて余生を送らせていただきます」

大石は一つの巻物を置いて辞去する。四十七士の連判状と分かるのは後になる。

日本人にこれほど知られた時代劇はなく、映画、舞台、テレビ、小説と繰り返し題材にされ、新角度（吉良上野介を人間味豊かにするなど）から描く作品も少なくない。喜劇、パロディー、外国映画にも取り入られている。

敗戦後の占領期は、封建主義として仇討ちものは禁じられたが、終わるとたちまち「忠臣蔵」は復活した。なぜ、繰り返し見て飽きないのか。感動を誘う徳目や、ストーリーの豊かさだけではあるまい。幕藩管理体制の中で、お上の決定に異議申し立てするような忍耐と決起。そこに共鳴もあるのではないか。それは時代を超えたテーマである。

「忠臣蔵　天の巻・地の巻」
監督／マキノ正博、池田富保
主演／阪東妻三郎、片岡千恵蔵、嵐寛寿郎
製作国／日本
日本公開／1938年3月31日

子供も大人も夢中に

オズの魔法使

ビクター・フレミング監督のMGM作品「オズの魔法使」が全米公開されたのは、1939年8月25日だった。

きびすを接するように、日本時間で26日午前10時27分、単機世界一周を目指す双発機「ニッポン」が羽田飛行場から飛び立った。

ヨーロッパではドイツがひそかにポーランド国境に軍を集結させつつあった。

ドイツとソ連が突然結んだ独ソ不可侵条約（23日調印）が世界を驚かせ、怪しませ、不安にさせていた。

ドイツを「反ソ防共」の盟友とし、外交の頼みとしていた日本政府や軍部は動揺した。国境の争いをめぐる「ノモンハン事件」でソ連軍に大敗したばかりのころだ。28日、首相平沼騏一郎《ひらぬまきいちろう》は「欧州の天地は複雑怪奇」という有名な言葉を残して退陣する。

そして9月1日、ドイツ軍部隊がポーランドになだれ込み、世界は第二次大戦の坂を転がり落ち始めた。

原作は、この映画の40年近く前に書かれたライマン・フランク・ボームの児童文学。そのシリーズは広く読まれ、ベストセラーになった。そして今日まで、舞台化や映画化も多く行われてきたファンタジーの古典である。

ジュディ・ガーランドが主役の少女ドロシーを演じ一躍スターの階段を駆け上った。後年の彼女主演の名作題名通り「スタア誕生」である。

当初この主役は、日本でも知られた超人気子役、シャーリー・テンプルが想定されていたが話がまとまらず、ガーランドに回ってきたという。撮影時16歳。その年齢より幼い娘を見事に演じきった。

物語の始まりはアメリカ中西部の穀倉地帯、カンザスの農場。竜巻で家ごと飛ばされたドロシーは気づくと、不思議なオズの国にいた。そこから画面はカラーになる。善意の北の魔女、邪悪な西の魔女。踊り暮らす住人たち、色とりどりの花畑。

農場で心配しながら待っている叔母さんたちのもとに帰りたいと願うドロシー。「エメラルドの都にいる魔法使い（映画邦題は「魔法使」と表記）に頼めばかなえてくれる」と勧められ、出発する。

その途中、ワラを詰めた案山子《かかし》、さびたブリキ男、臆病なライオンという道連れができる。

カラスにさえからかわれる案山子は、頭にワラではなく脳が欲しいと願い、ブリキ男は空っぽの胸に心（ハート）を入れたいという。ライオンは勇気を求める。それぞれの望みを魔法使いにかなえてほしいと都を目指す。

西の魔女が悪計をたくらんで、みんなを窮地に陥れる。ようやく会った魔法使いの正体、そして願いは……。

テンポのよい展開と夢幻のような世界と登場者。子供たち（いや、大人たちも）を夢中にさせるのは、そこに人間の持つ善なるもの、弱いところ、ひそかな悩みを描いているからだろう。案山子、ブリキ男、ライオンが持つ、それぞれのコンプレックスがそれだ。子供たちはきっと感じ取るに違いない。

物語は最後に、「自分にはない」と思っていたことが実はあるのだということを、静かに教えてくれる。

ニッポン号の「世界一周大飛行」は当時の東京日日、大阪毎日新聞社（現毎日新聞社）が国際親善などを目的に企画、実施した。そのコースは南北両半球にわたる空前の長距離だった。

日本出立後、北太平洋の荒天を危機一髪のところで乗り越えてアラスカに到達。北米大陸を南下し、途次ロサンゼルスに着陸訪問した。

珍しい写真が残っている。乗組員たちがＭＧＭ撮影所に招かれ、セットの前で在留邦人らとともに記念に撮ったものだ。〝映画の都〟らしく、ちょっと気取ったポーズが面白い。この時既にヨーロッパで戦争が始まっていたが、乗組員たちの明るい表情に陰はない。

南米、アフリカ、欧州、アジアと同一エンジンのまま飛び、10月20日、大群衆の出迎えの中、羽田に帰還した。

時代は大きく暗転する。41年12月、日米は開戦し、戦火は世界に広がった。この映画を見た米兵も戦線に多く立ったことだろう。時折ふと、臆病なライオンや、賢くなりたい案山子、ぎこちないブリキ男を思い浮かべた若者もいたかもしれない。

この作品が東京で公開されたのは、戦後9年たった54年のクリスマスだった。広告には「一家お揃《そろ》いで、坊ちゃん、お嬢ちゃんへのプレゼント映画を」とあり、「年内のみ子供100円」と記されている。当時の「文部省選定映画」のお墨付きである。

コンピューターグラフィックスなどない時代、大変な人手をかけて丹念につくられた映像の美しさは、何度見ても新しい。

「オズの魔法使」
監督／ビクター・フレミング
主演／ジュディ・ガーランド
製作国／アメリカ合衆国
本国公開／1939年　日本公開／1954年12月22日

「正義」実現へ独り奮闘　スミス都へ行く

アメリカの理想を追ったフランク・キャプラ監督の「スミス都へ行く」が東京で封切られたのは、1941（昭和16）年10月15日だった。

この時期に、と驚くべきことかもしれない。

このころ、日米関係はいよいよ行き詰まり、第3次近衛文麿内閣は政権を放り出すように退陣、18日には東条英機内閣が発足した。

そして2カ月もたたぬ12月8日には開戦するのだ。

街も服装も華やぎが薄らいでいたこの時節、連邦議会で「正義」実現のため独り奮闘する1年生議員スミスの姿はどう映っただろう。

アメリカでは39年10月に公開された。前月、ドイツ軍ポーランド侵攻を皮切りに、まずヨーロッパから第二次世界大戦の火の手が上がった。

物語はある州出身の上院議員2人のうち1人が急死したところから始まる。

州政界の黒幕テイラーや州知事らは慌てて動き、後継に田舎の少年団の指導者スミス（ジェームズ・スチュアート）を担ぎ出す。

黒幕らが慌てたのは理由があった。

連邦のダム建設計画にからんで、土地転がしなどで不正に大もうけしようとしていたからだ。政治のことは何も知らない、うぶな若者スミスはこの不正に横やりを入れることはないだろう、と悪党たちは考えた。

事情を知らぬスミスは、どぎまぎしながら首都ワシントンに上った。リンカーン記念館で像を見上げる。象徴的なシーンである。アメリカン・デモクラシーの理想を奉じるスミスに、過酷な試練が待ち受けていることを暗示する。

この子供のように純粋なスミスに事務所の女性秘書サンダース（ジーン・アーサー）は最初あきれる。彼女は議会のありさまをよく知っている。しかし、次第にスミスのひたむきさに引かれ、知恵で助けて協力するようになる。

スミスには夢があった。子供たちがのびのびと大自然の中で活動するための大きな村をつくることだ。

議会に提案するため、サンダースの助けで膨大な書類を用意する。その中身を知って、悪党たちは慌てた。

それはダム建設で暴利を得ようとしていた土地だった。黒幕は息がかかっている州出身のもう1人の上院議員ペインに命じ、スミスの計画を阻ませようとする。

実はペインは正義感に燃えた若いころ、スミスの父とともに社会不正と戦った男だった。スミスの父は何者かに殺された。

時を経てペインは黒幕の支えで政治の世界に入った。黒幕に背いたら政治生命をたちどころに失うことになる。ペインは、でっち上げのスミスの利権疑惑などを議会に訴え、彼を議場から追い払おうとする。外では黒幕がキャンペーンを張って、反スミスの世論を操作しようとした。

スミス、万事休すか。

深い失意の中から彼は立ち上がり、傍聴席のサンダースの指示を得ながら「フィリバスター」という持久戦に出る。発言権を得て演説を始めたら、座ったり、議場から出たりしない限り、いくらでも続けることができるという上院の伝統的なきまりごとだ。

スミスは所信から憲法の読み上げまで延々と立ったまま語る。夜も更け、議場にほとんど人がいなくなっても言葉は途切れない。新しい日がきても彼はやめない。意識はもうろうとし始めている。

そして、かつての正義の人、ペイン議員の良心がきしみ始めた……。

日本公開時、政党政治はとうに消えうせ、40年10月からは大政翼賛会に束ねられていた。それ以前に気骨ある政治家の演説といえば、よく挙げられる例が斎藤隆夫衆院議員である。2・26事件後の36年5月に軍部の増長や政党の堕落を鋭く突いた「粛軍演説」。40年2月には日中戦争への対処について「聖戦の美名に隠れて」と政府・軍部を厳しく批判した「反軍演説」。その結果、議会を追われた。

彼は長い演説でもすべてそらんじて演壇に立ったという。原稿棒読みでも平然としているような昨今の政治家は、少し見習った方がいい。

もう一つ、浜田国松議員の「ハラキリ問答」がある。37年1月の軍部批判演説を陸軍大臣寺内寿一《ひさいち》が「侮辱」としたのに対し、浜田は「侮辱の事実があるなら割腹して謝罪する。無かったら君が割腹せよ」と気迫を見せ、引かなかった。

あえて「もし」を言えば、斎藤や浜田が「スミス都へ行く」を見ていたら、どんな感想を抱いたかと思う。

「何だ、このダラダラとした調子は。しかし引きつけるものがあるな」

「根性がある。若いのに大したもんだ。議会人として信念を通している」

突拍子もない連想だが、わいてくるものがある。

「スミス都へ行く」
監督／フランク・キャプラ
主演／ジェームズ・スチュアート
製作国／アメリカ合衆国
本国公開／1939年　日本公開／1941年10月15日

武骨な生き様、語る表情

無法松の一生

「無法松の一生」は戦争中に1度、そして戦後に3度映画になっている。テレビドラマ、芝居のほか、歌謡ショー向けにアレンジされたものは数知れずだろう。私は子供のころ、村田英雄の舞台でその車引きのいでたちを見た記憶がある。姉が勤める国鉄（当時）の家族慰安会だったと思う。確か、菓子などを詰めたお土産袋が楽しみだった。

この物語の底を流れる男人生の哀愁のようなものは、まだ知る由もない。

ここで取り上げるのは戦争中、１９４３（昭和18）年10月28日に公開された稲垣浩監督の大映京都作品である。脚本は伊丹万作で、岩下俊作の原作題名『富島松五郎伝』を映画で「無法松の一生」としたのは彼だという。以後、このタイトルが定着した。

公開時は学徒出陣の壮行式典が秋雨の神宮外苑で開かれてから1週間のこと。本格的な本土空襲はまだ先のことながら、戦局は大きく傾き、国民生活も窮乏し始めていた。入営前の若者たちも多くこの映画を見た。

物語はこうだ。

時は明治、日露戦争前後のころ。北九州は小倉の街で人力車を引く独身の松五郎（阪東妻三郎）はバクチ、酒、ケンカに生き、その無軌道ぶりで「無法松」。曲がったことは大嫌いだ。

そんな性根が気に入られて陸軍の吉岡大尉の家に出入りするうち、大尉が急病死し、夫人良子（園井恵子）と幼い一人息子敏雄（長門裕之）が残される。

夫人は、ひ弱で引っ込み思案の敏雄を何とか鍛えてほしい、と松五郎に期待する。松五郎も張り切った。彼は夫人への思慕を募らせていく。

敏雄も松五郎の剛毅《ごうき》に感化され、中学（旧制）に進むと他校生との集団喧嘩《げんか》も辞さないほどに成長した。

目を細める松五郎だが、敏雄は街で松五郎に「ぼんぼん」と声をかけられるのを嫌がるようになる。

圧巻は、松五郎が言葉にできぬ万感の思いを込めて打つ小倉祇園太鼓の場面だ。

彼が吉岡大尉夫人にひそかに思いを寄せることを表現する場面は、検閲当局によってほとんどカットされた。市井無頼の徒が軍人の残された妻に懸想するなど時局柄認められないという理屈だった。

だが、熱情がほとばしるような激しい太鼓と、他の場面のわずかな挙措、表情でそれを感知することはできたはずだ。時代は緊張し、恋情の表現に渇いていた。

焦がれたように衰え死んだ松五郎の貧相な所持品から、夫人と敏雄のために預金していた通帳が出てくる。

泣き崩れる夫人は、松五郎の真情を知るのである。

製作は43年2月から8月にかけて行われた。2年後の45年8月6日、吉岡大尉夫人役の園井恵子は移動演劇「桜隊」の女優として広島市におり、原爆投下を受けた。兵庫県の縁者のもとに逃れるが、原爆症を発症して死亡する。

宝塚歌劇から新劇、そして「無法松」で映画女優として注目、評価され、先を期待されていた。

やはり被爆後死亡した桜隊リーダーの丸山定夫は、戦前の新劇界の担い手だった。余談ながら、42年5月、丸山は文学座が芝居にした「富島松五郎伝」に松五郎役で客演した。戦争で男優が足らなかった。夫人役は杉村春子だ。

後年、ドキュメンタリードラマ映画「さくら隊散る」(新藤兼人監督)で語った杉村の回想によると、松五郎が思わず夫人の手を握り、ハッとして放し、逃げるように辞去して二度と夫人の前に現れない、という場面があった。対米戦初期で当局の目も少々緩かったのかもしれない。

気持ちの入った丸山の演技は毎日異なり、杉村の演技も触発され、とても得難い経験をしたと彼女は語っている。

こうして無法松はさまざまな舞台、スタジオに生きた。さまざまな俳優に演じられた。これほど愛され続けた〝市井無頼の徒〟はいまい。

稲垣監督は戦後、同様の脚本でリメーク版を撮り直す。これが今最も有名な「無法松の一生」（57年公開）である。松五郎は三船敏郎、吉岡大尉夫人は高峰秀子が演じた。カラー作品だ。もはや検閲はない。これを見ながら、前作でどのような場面がカットされたかを探すのも興味深い。思慕を表情に出しながら、震えるようにぎりぎりのところで抑える武骨な松五郎。この張りつめたような叙情性が国柄を超えて通じたか、万国共通のものか、58年のベネチア映画祭でグランプリを獲得した。

「無法松の一生」
監督／稲垣浩
主演／阪東妻三郎
製作国／日本
日本公開／1943年10月28日

ラブロマンスの古典

カサブランカ

第二次世界大戦のさなか、ハリウッドも国策宣伝や戦意高揚の意図をこめた映画をつくった。これもその一つといえるが、意識させることは少ない。時代が過ぎ去ってもみずみずしさを失わず、ラブロマンスの古典的名作として今に伝わる。

監督マイケル・カーティス。アメリカでは1942年11月に公開された。北アフリカに連合国軍が進撃し、ドイツとビシー政権（フランスの対ドイツ協調政府）側から仏領モロッコのカサブランカを奪取したころである。

太平洋戦線の日本軍は緒戦の勢いを失い、ガダルカナルからもほどなく撤退することになる。もっとも、撤退は「転進」と表現されたが。

物語はカサブランカでアメリカ人リック（ハンフリー・ボガート）が営む酒場を軸に展開する。当時ビシー政権下のカサブランカは、ドイツ占領下のヨーロッパを逃れ、ポルトガルのリスボン経由で米国に亡命しようとする人々の中継地点だった。

リックは酒場経営の陰で、亡命者に非合法に通行証などを世話してやっていた。表情に影が差す男で、過去を語らない。皮肉屋である。それをボガートが演じるのだ。当たらないわけがない。

気の利いたセリフが全編にちりばめられているが、例えば、リックに懸想する酒場の女に問われるシーン。

女「きのうの晩はどこにいたの？」

リック「そんな昔のことなんか覚えていない」

女「今夜会える？」

リック「そんな先のことはわからない」

駐留ドイツ軍将校の手先になっている警察の取り締まりが厳しくなったころ、対独抵抗運動指導者で米国に亡命しようとしているラズロと妻イルザ（イングリッド・バーグマン）が訪ねてくる。イルザこそ、リックが滞在中のパリで知り合って激しい恋に落ち、将来を約した女だった。電撃戦でドイツ軍がフランスに侵攻、パリが陥落した40年6月。2人で逃れるため、落ち合う場所と約束していた駅に、ついに彼女は現れなかった。以来、幸福な笑顔がリックから消えた。

思いがけずイルザに再会したリックの表情は硬いままだ。裏切りをなじる。

あの日、大混乱のパリで彼女に何が起きたのか。曲折を経て真相がわかる。

彼女は献身的で誠実な夫ラズロを心から敬愛しているが、リックに再会して突き上げるような恋心が再燃する。彼女はラズロの元を去り、リックと添い遂げる決意をする。その陶然とした表情がいい。

だが結末はこうはならない。最後は有名な夜霧の空港のシーンだが、このラストで、イルザは機中の人となるのか、それとも滑走路に残る側になるのか、なかなか決まらなかったのだという。

オットー・フリードリック著『ハリウッド帝国の興亡―夢工場の1940年代』(柴田京子訳、文芸春秋)によると、撮影開始の時、まだ台本は半分書き上げられたところだった。バーグマンは、結末を誰も知らないようなのでいらいらしていた。本当に愛するのはリックか、ラズロか。監督のカーティスは「ただ演じてりゃいい、そうね……どっちつかずに」と言ったと同書にある。

その落ち着かなさが、あの時代の不安を映しているようで、いい味わいになったのかもしれない。

挿入される名曲「アズ・タイム・ゴーズ・バイ(時の過ぎゆくまま)」はこの映画のムードを決定づけた。

そしてもう一つ、忘れがたいシーン。酒場で酔ったドイツの将校たちが「ラインの守り」を高唱する時、ラズロがバンドに指示してフランス国歌「ラ・マルセイエーズ」を演奏させ、フランス人たちの合唱で将校たちを圧する。武器なき勝利である。

日本で公開されたのは当然ながら戦後で、46年6月のことだった。バーグマンもボガートも、この1作をもってそのイメージが日本人の心に刷り込まれた。

高度経済成長期には「和製カサブランカ」ともいうべき邦画も登場した。「夜霧よ今夜も有難う」（日活、67年）である。石原裕次郎がリック、浅丘ルリ子がイルザにあてはまる。ラズロに相当するのはアジア某国の亡命革命家を演じる二谷英明。祖国の運動のため当局の目を逃れてひそかに帰国するという設定だ。

長身の裕次郎はボガートとは対照的な印象だが、スーツ姿に包んだ深い失意と虚無、寂寥《せきりょう》感が通じ合うようだ。

これもいい。

「カサブランカ」
監督／マイケル・カーティス
主演／ハンフリー・ボガート
製作国／アメリカ合衆国
本国公開／１９４２年　日本公開／１９４６年６月20日

胸すくような侠気の物語

スティング

「急げ——劇場の近くまで来たら歩いてなんかいないで走りなさい！」

新聞の広告にこうある。米紙の「スティング」評の中にあった言葉だそうだ。東京で公開されたのは1974年6月15日。前日、参議院選挙が公示され、自民党を率いる首相、田中角栄は雨の新宿駅東口から全国遊説のスタートを切った。ヘリコプターも多用し、全国を飛んで回ったが、既に「今太閤」ともてはやされた政権誕生時の人気は陰り、自民党は敗れる。列島改造論に乗った土地投機と物価高、オイルショックなどが重なった。選挙後の秋には金脈問題が浮上、退陣となる。

そんな不安定な時代。「スティング」は支持を得て大ヒットした。走りたくなるような名作である。

舞台は1936年9月のシカゴ。この年、フランクリン・ルーズベルト大統領が大恐慌からアメリカを立ち直らせるべくニューディール政策を推し進め、ドイツではヒトラーがベルリン五輪で国威発揚を図り、日本では2・26事件が軍部の政治介入を助長する結果になった。

そんなこと知ったことか。日々のいかさま生活を送る若きペテン師、フッカー（ロバート・レッドフォード）にとってはそうだったろう。

彼はこの道の師匠と仰ぐ黒人のルーサーらと組んで通りかかった男をだまし、大金をせしめるが、それはニューヨークの大きなギャング組織の金だった。

報復の殺し屋も差し向けられ、引退して安穏な生活を送ろうとしていたルーサーは惨殺されてしまう。

フッカーは逃げ回るのではなく、師を殺した組織の首領に復讐することを誓う。彼は生前に師が「大物」と言っていたいかさま賭博師ゴンドーフ（ポール・ニューマン）を訪ね、協力を頼んだ。

ゴンドーフは泥酔し、回転木馬の遊戯場や酒場などを営む女のヒモみたいな生活を送っていたが、腕は超一流だった。そして、この世界に人望のあったルーサーのために復讐《ふくしゅう》に無償で協力したいと、さまざまな得意技を持つペテン師たちが各地から続々と集まってくる……。

ここがいい。

これは、まことに胸すくような侠気《きょうき》の物語なのだ。

ニューヨークの大組織の首領ロネガン（ロバート・ショウ）は酒もやらず、遊びは移動中の列車内でやるポーカーだけ。負ける勝負はしない。部下にカードを仕込ませ、いかさまをする。つまらない、狡猾《こうかつ》な男だ。

巧みにロネガンに近づいてゲームに加わったゴンドーフのいかさまは、さらにその上をいき、ロネガンを怒らせる。そこへフッカーが近づいて、「大もうけできる」と競馬賭博に誘い込むのである。

ラグタイムのピアノ曲「ジ・エンターテイナー」に乗って、ストーリーは小気味よく進む。悪徳警官が横やりを入れたり、心を許した相手が刺客として送り込まれたプロの殺し屋だったり、と波乱がいくつも織り込まれている。

ニセの実況中継を流して、用心深いロネガンをだまし、すってんてんにさせてしまう手口は何度見ても面白いが、あっと驚くのは最後のどんでん返しである。

アカデミー賞作品賞など7部門を受賞した。アメリカ映画で一番好きな作品と言う人もいる。監督ジョージ・ロイ・ヒル。彼とニューマン、レッドフォードが組んだといえば、これも名作「明日に向って撃て!」(69年)がある。

19世紀末から20世紀にかけ列車強盗などを繰り返した実在の強盗、ブッチとサンダンス。軍に追い詰められるが、最後まで冗談は忘れず、屈託がない。弾雨の中に飛び出していくところで終わる。死が暗示されている。

「スティング」のゴンドーフとフッカーは大金をせしめるのだが、フッカーは「どうせ、すっちまう」と分け前を受け取らない。粋である。しかし、果たして「いつまでも幸せに暮らしたのでした」のハッピーエンドなのか。いや、やはり、組織の報復にさらされるに違いない。映画の中に染みこんだような哀調がある。

例えば、フッカーの師ルーサーが「大金を稼いだことはない。誰も黒人を信用しないんだ」とさりげなく言うところ。あるいは、点景のように画面に現れる野宿している貧しい白人ら。それは大恐慌の傷痕がなお癒えていないことを示唆する。

名画は見る度に新たな味を残す。

「スティング」
監督／ジョージ・ロイ・ヒル
主演／ポール・ニューマン、ロバート・レッドフォード
製作国／アメリカ合衆国
本国公開／1973年　日本公開／1974年6月15日

すさんだ心救う無償の愛

失われた週末

劇映画史上初めて、アルコール依存症を正面から描いたとされる米パラマウント作品である。東京では、1947（昭和22）年12月30日に公開された。正月興行作品だ。

65年前の年の瀬。彩りの乏しい街には焼け跡が残り、新聞はいわゆるペラ1枚、表裏2ページだった。

この日、審理進行中の東京裁判では、元首相・東条英機被告への尋問が始まった。裁判のヤマ場である。

未明、浅草の靴店主宅に2人組が菜切り包丁を持って押し入り、現金2200円と衣類15点を奪った。月刊雑誌が20円前後のころである。

同じ日、小菅では刑務所官舎に2人組が勝手口の小窓を破って侵入した。目覚めた看守の頭をこん棒で殴って逃げたが、1人が取り押さえられた。18歳の若者だった。

敗戦から2年4カ月。復興の兆しを見せているとはいえ、街も人も貧しかった。

監督ビリー・ワイルダー、主演レイ・ミランド。練り上げられたこの名品を人々はどう見ただろう。

映画館の外は、酒の代用に危険なメチルアルコールに命がけで手を出す者も絶えぬ、敗戦国日本の冬である。

物語の舞台はニューヨーク。売れぬ作家のドン・バーナル（ミランド）は重度のアルコール依存症に陥っている。3年来の恋人でタイム社に勤めるヘレン（ジェーン・ワイマン）は、懸命に彼を世話し、立ち直らせようとする。

この愛は揺るがない。ドンの悪口を言う者がいようものなら猛然と反論する。

そんな慈しみの目をかいくぐるように、ドンは口実をつくってはバーに入り浸り、買った酒は巧みに隠した。

バーでドンは、目覚めた時の不安をこう語るのだ。

「ベッドから見る窓の外の明かりをどう思う。果たして明け方か、夕方か。明け方ならバーも酒屋も閉まっている。どうしようもない。日曜日は最悪だ。酒屋は休み、バーは午後まで開かない」

彼は酒代のためには手段を選ばなくなる。レストランで女性客のバッグから金を盗むが、発覚してたたき出される。作家業の命であるタイプライターを質に入れようと、ニューヨークをさまよい歩く。だが、折しも祭日でどこの店も閉じられている……。

みじめに薄汚れ、表情がすさみきったドン。ついに行き倒れて病院に収容されるが、逃げ出した。コウモリやネズミが現れる幻覚が襲いかかるようになる。

彼は自ら命を絶とうと拳銃を用意した。救いはヘレンの愛と機転だった。ドンは立ち直る。

ワイルダーはナチ台頭のドイツを逃れ、34年にアメリカに亡命、脚本家、そして監督として映画界を歩む。まさに名作の数々。日本にもファンは多い。この本でも「サンセット大通り」（50年）と「アパートの鍵貸します」（60年）などを紹介している。

この「失われた週末」はワイルダーの名を一気に高めた作品で、アカデミー賞の4部門を制した。だが、最初から祝福されて登場したわけではない。

明るいハッピーエンドものが映画の主流と目されていた時代である。原作小説にワイルダーの心が動いても、この題材が映画向きとはなかなか理解されなかった。

44年に撮影は始まり、完成したが、試写会の評判も芳しくなく公開は遅れた。日の目を見たのは45年11月だ。大変な評判となる。

驚くのは、この種の作品が戦争中に撮影されていることだ。ニューヨークのロケは44年晩秋に行われたそうだが、そのころ、フィリピンでは日米両軍の激戦が続き、マリアナから日本本土への本格的な空襲が始まった。

東西の二正面戦で敗勢続くドイツは、ひそかに戦車部隊による反攻を準備していた。後に「バルジの戦い」と呼ばれる。ヒトラーは往時の電撃戦の再来を夢見たようだが、結局失敗する。

そんな戦時中で、国策とも無縁なこうした映画をつくっていたアメリカである。華々しさや圧倒的物量とはまた別の「豊かさ」をのぞかせる。
戦後間もない焼け跡の街の映画館でこれを見た人たちも、そう感じ取ったかもしれない。

「失われた週末」
監督／ビリー・ワイルダー
主演／レイ・ミランド
製作国／アメリカ合衆国
本国公開／１９４５年　日本公開／１９４７年12月30日

「失われた世代」の無念描く

また逢う日まで

今井正監督の東宝作品「また逢う日まで」は１９５０年3月21日に封切られた。敗戦から5年にもならぬ日本は、まだ復興途上にあえいでいる。思わぬ特需景気をもたらす朝鮮戦争が突然始まったのは、その年の6月だ。

封切り日の毎日新聞は、49年の日本の総人口を８２０万人、同年の出生数を２７２万人と厚生省（当時）の発表を報じている。ちなみに、２０１４年の推計出生数は１００万１０００人である。

今の少子高齢社会の到来を誰が予想し得ただろう。

戦争に青春を抑制され、あるいは放棄させられた若者たち。そのいわば「失われた世代」の無念が全編ににじむ。だが、決して安手のお涙ちょうだいものではない。

際限のない圧迫と絶望を背景にした恋。その何と美しく、熱く映えることか。映画の主題が反戦であれ、この甘美こそがこの作品のみずみずしい生命であると私は思う。

原作はロマン・ロランの「ピエールとリュース」である。その舞台は第一次世界大戦時のパリ。空襲下に出会い、恋に落ちた若い男女が戦争にのみこまれる。若手俳優の岡田英次の勧めでこの小説を読んだ今井監督が映画化を決意したのだという。

脚本は水木洋子、八住利雄。水木の師である八住は「私は少しお手伝いしただけであるが、水木洋子は坐《すわ》りつづけて、着物を三枚、膝のところが抜けたというほどの努力をした」と後に書いている（シナリオ作家協会編『日本シナリオ大系第2巻』解説）。

当時、会社は脚本に長く時間をかけることを許さなかった。映画の本工房ありす編『今井正「全仕事」』によると、やむをえず今井は水木を下北沢の旅館に缶詰めにし、とりあえず翌日撮影の場面を書いたのを、夕方に届けてもらった。よければすぐガリ版に回し、納得できないところがあると、返してすぐ書き直しをしてもらう。

「四十何日の撮影期間中、私の睡眠時間は四時間あったろうか。徹夜につぐ徹夜。それは芸術的才能の問題より、文字どおり、身体と精神の耐久力の問題である」と今井は書いている。

あの時代の厳しく限られた条件の中で、映画に全力で情熱を注ぐ人々の息づかいが伝わってくるようだ。

主人公の田島三郎（岡田）は大学生、小野蛍子《けいこ》（久我美子）は画家の卵。時は第二次世界大戦の末期、2人は夜間空襲のさなか、ビル街の地下に避難した群衆の中で偶然出会った。

三郎は国家に従順な司法官の三男で、兄は陸軍将校。かつては芸術を語り合った兄も性格が変わったようになり、この戦争に疑念を持つ三郎を叱咤《しった》する。いずれ三郎も召集されるさだめだ。

軍需工場で働く母と2人暮らしの蛍子は、ポスターや広告描きでわずかな収入を得ている。冬枯れの街で逢瀬《おうせ》を重ねる2人は互いに強く求め合うが、水を差すように明日をも知れない時代の影がつきまとう。

有名なガラス越しの接吻《せっぷん》はロランの原作にある。抑制された衝動が生む、極めて素朴で、そして官能的なシーンである。

学生たちは次々に戦場に送り込まれ、三郎にも召集がかかった。残された日は少ない。駅で待ち合わせをしたが、三郎は一家内の不慮の出来事で、約束の時間に行けなくなる。そこへ空襲。蛍子は三郎を待ちわびたまま倒壊建物にのまれた。

三郎は蛍子の身の上に起きたことを知らぬまま、予定が繰り上がってその夜に出征の列車に乗った。

列車が夜陰へと遠ざかる画面に三郎の声が響く。

「ああ! 蛍子! 生きていてくれ! 僕は死なない……死ぬもんか! こんなばかげた殺し合いに引きずり込まれて行くのはいやだ! きっと生きて還ってくる!」

この映画には地名が出てこない。私の知る限り、木炭バスに「東京」の字がちょっと見える程度だ。あと上野とおぼしき所、郊外の雑木林などが当時の東京の風光をうかがわせる。

地名がないのは、これはどこにもあった、起こり得た物語というゆえんかもしれない。前掲書の中で、宮崎の映画館でこの作品を見たという男性がこう書いている。

「私は涙をこらえていたのだが、最後は映画館中の人と一緒に泣いてしまった。皆戦争のつらい傷跡を持っていたのだろう」

「また逢う日まで」
監督／今井正
主演／岡田英次
製作国／日本
日本公開／１９５０年3月21日

「都合のいいウソ」交錯　羅生門

仕事から干されかかった。冷や飯を覚悟した。

焦っても仕方がない、と狛江の家に近い多摩川で釣り竿《ざお》を一振りした。ところが、いきなり糸が引っかかって切れてしまった。ついてない。

気分が晴れぬまま家に帰り、戸を開けると妻が飛び出してきて「おめでとうございます」と言った。むっとして聞き返すと「羅生門がグランプリです」。

以上のことは黒澤明の自伝『蝦蟇《がま》の油』（岩波書店）に出てくる。1951年初秋のこと。「世界のクロサワ」時代は、1本の釣り糸がプツリと切れて幕開けした。

前年黒澤は大映で「羅生門」を撮り、次いで松竹でドストエフスキー原作の「白痴」を撮った。いずれも会社首脳の理解は得られず、対立もした。次の仕事のめどが立たなくなったころだ。

黒澤も知らぬ間に51年のベネチア映画祭に出品されていた「羅生門」が、グランプリを獲得し、日本映画に欧米の目を引き寄せることになった。国外に評価されて国内の見る目が変わる。何の分野にせよ、よくあるパターンだ。

当初「羅生門」製作に難色を示し「わけがわからん」と内容に憤慨した社長が後年、テレビのインタビューで、これを推進したのは自分だと胸を張って語るのを黒澤は見たという。「蝦蟇の油」にこう書いている。

〈これはまさに「羅生門」だと思った。「羅生門」で描いた、人間の性質の悲しい側面を眼のあたりに見る思いがしたのである。人間は、ありのままの自分を語る事はむずかしい〉

芥川龍之介の短編「藪《やぶ》の中」を原作とし、脚本は橋本忍と黒澤が手掛けた。舞台は乱世で荒れ果てた平安京の羅生門と近郊の森。事件は、妻（京マチ子）である女を連れて深い森を抜けようとした旅の武士（森雅之）が、盗賊の多襄丸《たじょうまる》（三船敏郎）と出くわしたところから始まる。女の美しさに引きつけられた彼は、武士を襲って縛り上げる。

しばらく後、武士の死体が現場で発見された。

検非違使庁《けびいしちょう》（捜査、司法機関）が多襄丸や女を見つけて取り調べ、さらに死んだ武士は祈祷《きとう》で憑依《ひょうい》した女を通して語らせた。

それぞれの話がまるで違うのだ。

例えば、多襄丸は、２人の男が戦って残った方について行くと女が言うので武士と切り結び、倒したのだと言う。

女は、多襄丸が狼藉《ろうぜき》の後去ってから夫の縄を解いたが、薄笑いさえ浮かべた夫のさげすみの視線に心を打ちのめされ、気絶したという。気づくと既に夫は死んでいたと言い張るのだ。

夫は憑依の祈祷女を通してうめくように語る。それによると、多襄丸は女を連れて行こうとした。女もその気だが、行く前に夫を殺して、と多襄丸に頼む。それを聞いて多襄丸は急に女に愛想を尽かし、夫は失意のあまり自ら死を選んだ……。

これも、どこかおかしい。

土砂降りの羅生門。半壊状態に荒れている。樵《きこり》(志村喬)と旅の僧侶(千秋実)、抜け目ない男(上田吉二郎)の3人が雨宿りし、この奇怪な事件の話になる。

「死んでまでウソをつくほど人間は罪深いのだろうか」と悩む僧侶に、男は突き放すように言う。

「そりゃお前さんの勝手だが、いったい正しい人間なんているのか? みんな自分でそう思っているだけじゃないのか? 人間なんて自分の都合の悪いことは忘れちまう。都合のいいウソを本当だと思ってやがるんだ。その方がラクだからな」

実は、森に仕事で入っていた樵も事件の目撃者だった。巻き添えを恐れていたという彼だが、ここで一部始終を語る。ところが、正直な彼の話にもまたウソがあった。

羅生門に捨てられた赤ん坊の泣き声に3人は気づく。この時とった彼らそれぞれの行動が、映画をしめくくる。

そこに人間の悲しみと、それを乗り越えるような「救い」がある。

雨が上がり、日が差す。

この映画が公開された1950年8月。2カ月前に始まった朝鮮戦争は激しい戦いが続き、7月には北九州の小倉で米兵の集団脱走事件も起きていた。（もっともこの事件は、米軍によって報道を禁じられ、地元以外ではほとんど知られなかった）

9月にマッカーサー司令官が仁川上陸作戦に成功して戦局を大きく動かすが、こうした不安定な状況の中で、この異色の映画は、どう見られただろうかと思う。

戦後わずかに5年の夏である。再び戦いに火照るような世の空気。それをどう受け止めるか。ひょっとしたら、人々はそれぞれに「羅生門」のように、異なる、あるいは都合のいい「真実」を考え、描き、語ったかもしれない。

事実は一つでも、「真実」は複数なのである。

「羅生門」
監督／黒澤明
主演／三船敏郎
製作国／日本
日本公開／1950年8月1日

「独立」前、自由への胎動

カルメン故郷に帰る

〈出来上がったラッシュの私の顔の色は、あるカットは猩紅熱《しょうこうねつ》にかかった金太郎の如《ごと》く、あるカットは二日酔いの白熊の如くで目も当てられない。試写室につめかけたスタッフは、カットが代わるたびに一喜一憂、全身がひとつの眼玉《めだま》になったように画面を見つめて身じろぎもしない。思えば、なんとウブウブしく新鮮なカラー映画の夜明けであったろう、と懐かしい〉

主演の高峰秀子が後年の名エッセー『わたしの渡世日記』（文春文庫）でこう活写している。木下恵介がメガホンを取った日本初の国産カラー劇映画「カルメン故郷に帰る」（松竹）は、そんな手探りの中の製作になった。

公開は1951（昭和26）年3月21日である。入念なテストと準備を経て、大半をそのロケに費やした北軽井沢の浅間高原で撮影を開始したのは前年の9月だ。11月に終了した。光量が必要で、好天でなければならず、空模様をながめながらの待機の時間も長かった。

高原の秋は早い。

この物語は1週間に起きたという設定になっている。撮影のたびに風景の色が変わってはおかしい。夏に見せるため、スタッフたちはカットごとに、カメラに入る草や木に緑色の塗料をスプレーで噴きつけたという。

芸名リリー・カルメンで東京で働くストリッパー、きん（高峰）が、休暇で生まれ故郷である浅間山のふもとの村に帰ってきた。お伴に同僚のマヤ朱美（小林トシ子）。

軽便鉄道に派手なドレス姿で乗った2人に村人たちは驚いたが、芸術家を気取るカルメンは堂々と故郷に錦を飾ったつもりだった。

初めは村から芸術家が生まれたと思って誇り、喜んでいた小学校の校長（笠智衆）もやがてその様子を怪しみ、怒る。カルメンの父（坂本武）は、娘は幼いころ牛に蹴られたせいで変わったと思い込んで、泣くばかり。高利貸しもしている因業な村の運送業者は、好色な目つきで近づく。

小学校の運動会を見に行っても、カルメンたちはすっかり浮き上がってしまい、村社会とかみ合わない。

名誉挽回とばかりカルメンが思い立ったのは、「芸術」たる踊りを村人たちに見せてやることだった。

それ、ひともうけだと業者は臨時の小屋を造り、バンドも軽井沢から連れてくる。

そして開演。村人たちが固唾《かたず》をのむ中で――。

人間のおかしさとかなしさ、お人よしの善意とずるさ。しばしば浅間山を画面中央に置いて、あたかも大自然が人間の滑稽《こっけい》な営みを微苦笑をたたえて見下ろしているようでもある。そしてそれを背景に、カルメンらの踊りが発散する素朴な生命力。

この映画製作に並行するように、日本の戦後史を大きく動かす事態が進行していた。50年6月25日に突如始まった朝鮮戦争である。

緒戦は北朝鮮側が圧倒的に南進したが、浅間高原で撮影が始まったころの9月、マッカーサーが率いる国連軍が仁川に上陸、戦局を転換させた。戦争は特需景気を生み、日本経済は復興のはずみをつけることになる。

そして、映画の封切り間もない51年4月、米大統領トルーマンは、戦争の進め方に強硬姿勢を見せるマッカーサーを解任、世界を驚かせる。

映画からはそうした「下界」の騒ぎはまったく聞こえてこない。クライマックスの2人のストリップショーが生んだ金が、思わぬ善をもたらし、大団円の中を高原の軽便鉄道はまた2人を乗せて塵埃《じんあい》と騒音と魅惑の華やぎの都、東京へと去っていく。

実は「総天然色は結局失敗」という事態に備えて、カラー撮影に並走するように白黒フィルムでも撮影されていた。幸いというべきか、その用はなくなったが、51年のキネマ旬報4月特別号の特集で高峰はこう語っている。

「天然色撮影の条件のもとに撮影した関係でしょうか、とてもきれいに撮れていました。どちらかといえば私はこの白黒の方が好きなんです」

「失敗できない」という緊張の空気から解放され、演技がのびのびしたという効果もあるだろう。

長かった日本の占領期もあと1年余で終わろうとしていた。日本は戦勝国の支配から解放され、のびやかで自由な「独立」を果たし得たか。

村に一陣の風を起こしてさっそうと去ったカルメンこそは、何ものにも縛られぬ高貴な精神のありようを表していたかもしれない。

「カルメン故郷に帰る」
監督／木下恵介
主演／高峰秀子
製作国／日本
日本公開／1951年3月21日

独立の大義と変わらぬ愛

邪魔者は殺《け》せ

戦争に敗れて占領下、多くの日本人たちは「独立」という言葉に焦がれた。

そのくびきを解く、対日講和条約の調印に吉田茂首相ら全権団一行がサンフランシスコに向かったのは、1951年8月31日のことだった。

午後5時2分、吉田の満面の笑みを乗せて、パンアメリカン機は万歳の歓声と日の丸の波に送られて羽田空港を飛び立った。

そのころ、日比谷の映画館でこのイギリス映画はかかっていた。北アイルランドをイギリスの支配から解こうという地下組織。満面の笑みはない。深く傷つき、破滅の坂を転げ落ちていく男の、冬の半日を描いた。

キャロル・リード監督の3大傑作の1本（あとは「落ちた偶像」「第三の男」）。さまよいながら次第に命が薄れていく男ジョニーの役、ジェームズ・メイソンの代表的名演でもある。47年2月にイギリスで封切られ、51年8月28日、東京でも公開された。

作中登場する地下組織はＩＲＡ（アイルランド共和軍）などを連想させる。だが、映画では冒頭にこんな説明が出る。

「このストーリーが描くのは、非合法組織と当局の闘いではなく、それに巻き込まれた人々の心の葛藤である」

その通りだ。

地名は明らかにしていないが、舞台は北アイルランドのベルファスト。武器運搬のかどで捕まって投獄されながら、脱走したジョニーは仲間の家にかくまわれた。彼は地区のリーダーである。

半年がたち、組織の本部命令で、資金獲得のため市内の工場を4人で襲撃することになる。ジョニーは内心、武力闘争に疑念を持ち始めていた。敏腕の同志デニスにこう漏らす。「目的は信じているが、武力は不毛だ。国会で戦えたら、と思う」

半年の潜伏と考え方の変化も作用してか、金を奪って逃げる途中、ジョニーはめまいがして立ちすくむ。追いすがった社員ともみ合ううちに互いに発砲した。

社員は死に、ジョニーは仲間の車に引きこまれたが、左肩を撃たれて力が出ない彼は、あまりのスピードに振り落とされてしまう。

冬日が長く影を投げかける街。よろめきながら横道に入ったジョニーの逃走が始まる。

ドキュメンタリー風の映像がダイナミックでいい。戦後間もなく空襲の傷を残し、乱雑だが、生き生きしたベルファストの街の活気を映し出す。それは東京の焼け跡にもあったはずである。

さて、ジョニーだ。

防空壕《ごう》跡の中でもうろうとしている彼を見つけ出したデニスは、自分がおとりになって警察の目を引きつけ、その間にジョニーを探索網から脱出させようとする。

だがデニスは逮捕され、ジョニーは雨になった夜の街を体を引きずるように行く。

途中、さまざまな人々との出会いがある。そして多くは、ジョニーが夕刊に出ている地下組織の襲撃犯と知ると、関わり合いを恐れ、突き放したり、知らぬ顔して遠ざかるのだった。

市民たちは、警察も恐れていたが、地下組織にうらまれて報復されることにもおののいていた。

雪になった。

登場の人々の中で、異色の存在感を示すのは老いた風来坊シェルだ。彼は偶然、倒れこんでいるジョニーを見つけ、これで金もうけしようと、知り合いの神父に相談する。神父は言う。

「ここに連れてきたら、お金より価値のあるものをやろう」

「何だい、それ」とシェル。「信仰だ」。シェルは得心したように引き受ける。後で人に「信仰って、何だい」と尋ねるのだが。

冬の午後から深夜にかけてのジョニーのさまよいは、いろんな人間とその思いを交錯させ、もつれさせていく。たどり着いたのは銀世界の港である。彼にひたむきな思いを寄せ、懸命に捜していた女キャスリーンが追いすがった。

組織や大義も超えて、何事にもたじろがぬ「愛」が、警官隊の連発の銃声に終わるシーンで描かれる。

東京で公開された時代、日本は「独立」の道筋がつくとともに、朝鮮戦争特需で経済復興の弾みもつけていた。

一方、レッドパージも吹き荒れ、一部には反米武装闘争の非公然活動も企図された。それはほどなく挫折、消滅していくが、日比谷の映画館の隅でこのジョニーの落ち行くさまを食い入るように見つめた、若き活動家もいたのではないか。

その胸中は想像もつかない。

「邪魔者は殺せ」
監督／キャロル・リード
主演／ジェームズ・メイソン
製作国／イギリス
本国公開／1947年　日本公開／1951年8月28日

スターへの秘めた野望

イヴの総て

ジョセフ・L・マンキーウィッツ監督の米映画「イヴの総《すべ》て」が丸の内ピカデリーで公開されたのは、1951年9月である。街には「独立」気分が漂っていただろう。

米サンフランシスコのオペラハウスでこの月8日（現地時間）、講和条約が調印された。発効は翌年4月だが、形の上でも戦争状態にピリオドが打たれ、日本はやっと占領時代に幕を下ろせる。

一方で同時に日米2国間で安全保障条約（旧安保条約）が結ばれ、米軍は引き続き日本駐留を継続することになった。日本の「戦後のかたち」が見えた秋である。

映画は、華やかなブロードウェーのどろどろした内幕を描いた。興行的にも大成功し、作品賞などアカデミー賞6部門をさらう。

ニューヨーク。当世の大女優マーゴ（ベティ・デイビス）が出演中の劇場で毎晩楽屋口にたたずむイヴ（アン・バクスター）。雨の日、ついに中に招じ入れられ、感激の面持ちでマーゴに自分の身の上を語り始める。

生まれはウィスコンシン州。両親は貧しい農民。そのため自分は学校をやめてビール会社で働きながら、町の演劇クラブで子供の頃から好きな芝居をしていた。そこで知り合ったエディと結婚するが、戦争が始まって彼は南太平洋で戦死。失意の時マーゴの舞台を見て心打たれた——。

真っ赤なウソだ。

しかしマーゴやその周囲の人々も感涙を浮かべ、イヴはマーゴの秘書役に雇われた。イヴの秘めた野望はスター女優だ。如才なく仕事をこなしながら、巧みにブロードウェー関係者に接近する。

マーゴの8歳年下で演出家のビルもその一人。年の差と美貌が衰える恐れからビルの求婚をかわしてきたマーゴは、ビルが若いイヴに奪われるのではないかと嫉妬し、次第に言動がすさむ。

そして、ある策略から舞台に間に合わなくなったマーゴの代役をイヴが務め、その演技力は高く評価された。イヴにスターへの扉が開いた。

物語に二転三転がある。

ちょっと異色なのはパーティーにやってきた売り出し新人女優という役のマリリン・モンローだ。イヴに比べ立ち居振る舞いもお人よし風で、どこか頼りなげという役柄。独特の存在感がある。

イヴを演じたアン・バクスターは後年、米テレビ映画「刑事コロンボ」シリーズの「偶像のレクイエム」（72年）に出演している。

往年の人気を失い、テレビの仕事で食いつないでいる元女優という役どころ。金銭的不始末を醜聞ライターにかぎつけられ、脅迫される。さらに大きな過去の秘密が……。

「イヴの総て」22年後の続編を見るような気がする。おそらくバクスターの胸中にはそれがあったのではないか。熱演である。

ちなみに、コロンボのシリーズでは没落女優を描いたものが他にもある。「忘れられたスター」（75年）だ。

ジャネット・リー（ヒッチコックの「サイコ」でシャワー室で惨殺される女性）が演じた。ミュージカルスターだった昔が忘れられず、復帰に反対する金持ちの夫を自殺に見せかけて殺す。資金が必要だったのだ。ところが既に彼女は病に侵されており、自分がしたことが思い出せないほど衰えていた……。

シリーズ中、最も哀切な結末を見せる名品である。

「イヴの総て」にやや遅れて米映画「サンセット大通り」（ビリー・ワイルダー監督）が日本公開された。サイレント映画時代の元人気女優が復帰に執念を燃やし、破滅する。この本でも紹介した。実際にサイレントの女優だったグロリア・スワンソンが演じたから、その迫真性は息をのませるものがあった。

こうした作品群が生まれたのは、過ぎし脚光の幻影にとらわれ続けるスター亡者らの世界を暴くからか。いや、その世界を借りて描く、日常の人間社会の縮図がそこにあるからだ。

素早く周囲の状況を読み取り、次の表情と言葉を選ぶイヴの目。いたるところにそれはないだろうか。

それとは真反対の素朴な酔眼を漂わせていたマリリン・モンローの笑いを含んだ、天性の演技もよかった。

彼女は注目され、スターダムにのし上がる。

「イヴの総て」
監督／ジョセフ・L・マンキーウィッツ
主演／ベティ・デイビス
製作国／アメリカ合衆国
本国公開／1950年　日本公開／1951年9月1日

サイレント女優の妄執

サンセット大通り

1950年8月、アメリカで公開されると絶賛された作品だが、プレミアに集まったハリウッドの「映画界名士」たちからは嫌悪の声も上がったという。

オットー・フリードリックの『ハリウッド帝国の興亡』から引くと、当時この世界に君臨していたMGM総帥、ルイス・B・メイヤーは、監督のビリー・ワイルダーに「このげす野郎」と怒声を浴びせ、拳を振るって言った。

「きさまは、きさまをつくり、きさまを食わせてやっている業界に泥を塗りやがった。リンチしてハリウッドから追っ払ってくれる」

もちろん、そんな結末にはならなかったろうが、この逸話は象徴的に思える。スター世界の内幕ものはアメリカ映画の〝得意分野〟の一つ。この「サンセット大通り」は同年につくられた「イヴの総《すべ》て」と並ぶ傑作だ。

輝きの裏にうごめく妄執、嫉妬、野心、打算……。だからこそまた魅惑的なこの夢幻の世界。それを描くことはおきて破りだったか。

物語はこうだ。

脚本家を夢見て故郷の新聞社の仕事を捨て、ハリウッドに出てきたジョー（ウィリアム・ホールデン）。しかし鳴かず飛ばず、借金で車も差し押さえられそうになる。

追跡逃れで偶然入り込んだのがサンセット大通り沿いの屋敷。荒れているが、壮麗な造りで、老いかけたサイレント映画時代の大女優ノーマ・デズモンド（グロリア・スワンソン）が召使のマックス（エリッヒ・フォン・シュトロハイム）と暮らしていた。

金に困っていたジョーは、彼女が「カムバック」に向け用意していた冗長な「サロメ」の台本を手直しする仕事を引き受け、屋敷に住み込む。

室内は若き日のスター、ノーマの額入り写真がぎっしり並び、出演した無声映画を見るのが日課だ。内心へきえきしながら若いジョーが「あなたもかつては大物だった」と言うと、ノーマは毅然《きぜん》と言い放つ。

「私は今も大物（ビッグ）よ。小さく（スモール）なったのは映画の方だわ。映画の時代は終わりよ。せりふが映画を台無しにした」

彼女はトーキー後の映画をののしる。「せりふなんか必要ない。表情で語るのよ。プロデューサーたちはスターとは何かを忘れている。私が思い出させてやる……」

ノーマはジョーを深く愛し、高級品を買い与える。ジョーが退屈そうにすると、チャプリンの物まねまでして気持ちを引こうとする。

ノーマは仕事を待っている。ある日、誤解から、大物監督セシル・B・デミル（本人が出演）が彼女を新作に登用しようとしていると一方的に信じ、美容術に没頭する。しかし、仕事はこない。

一方、ジョーは、知り合った脚本家志望の若い女性と共同でシナリオを書いているうち恋に落ち、ノーマとの腐れ縁を絶って屋敷を出て行こうとする。既に精神をむしばまれていたノーマは、遠ざかるジョーの背に向け銃を撃つ。一発、そして一発……。

事件を知って屋敷に殺到し、階下に並ぶニュースカメラ。それを撮影所のカメラと思い込んだノーマが恍惚《こうこつ》の表情でポーズを取りながら、ゆっくり階段を下りて行く。

「監督、クローズアップして」。彼女はもう夢の中の住人になりきっている。

ノーマを演じたスワンソンは実際に無声映画時代のスターであり、部屋に飾られた写真、劇中上映される映画も彼女のものだ。スワンソンがノーマを演じたというより、スワンソンがノーマの姿を借りて自身を演じたといいたくなるほど、役にはまっている。恐ろしいほどだ。

この作品は最初はコメディーとして発案され、肉付けされていったらしい。

出演打診した女優には次々に断られ、スワンソンに話が回ってきたという。映画界には幸いだった。彼女以外、おそらくここまで演じ切れなかったのではないか。

東京で封切られたのは1951年10月28日。この朝、秋雨の煙る横浜港に米デトロイト銀行頭取、ジョセフ・ドッジが夫人と降り立ち、時の蔵相、池田勇人らが出迎えた。ドッジは戦後、ＧＨＱ（連合国軍総司令部）の経済顧問として、緊縮財政などで日本経済立て直しの指南をし、この時は4度目の来日だった。

貧しい家庭に育ち、高校卒業後に金融の世界に入って地道に努力し、政府に重用されるまでになり、歴史に名を残したドッジ（その政策「ドッジ・ライン」を教科書で習った人は多いだろう）は、立志伝中の人物。「チャンスの国」アメリカらしい。

そして「夢の工場」ハリウッドも、時代とともに大きく変貌したとはいえ、チャンスをふりまき続けてきた。

大半はジョーのように夢半ばにして挫折しようとも、この夢幻の都の扉をたたく者は絶えない。

「サンセット大通り」
監督／ビリー・ワイルダー
主演／ウィリアム・ホールデン
製作国／アメリカ合衆国
本国公開／1950年　日本公開／1951年10月28日

底辺に生きる女を活写

西鶴一代女

失意のどん底にあったスター女優と、スランプ続きだった巨匠が復活した。溝口健二監督、田中絹代主演の新東宝作品「西鶴一代女」である。

1952（昭和27）年4月17日に公開された。日本が占領時代を終え、主権回復するサンフランシスコ講和条約発効日はその月28日だ。

2年前、親善訪問先のアメリカから帰国した際「投げキス」をするなどしたため「軽薄なアメリカかぶれ」とたたかれ、人気を失った田中。この作品で見せた流転の女の演技には、この辛酸の経験が映じているだろう。

また、それまでの溝口について、彼に師事した新藤兼人はこう書いている。

「戦後の溝口健二にはながい虚脱状態があった。敗戦から戦後のめまぐるしい変転を、ただ呆《ぼう》然《ぜん》と見守るばかりであった」（『ある映画監督―溝口健二と日本映画』岩波新書）

田中の演技は見る者を圧倒した。溝口は社会の底辺に生きる女を活写する。

2人は迷路を抜け出た。

井原西鶴の浮世草子「好色一代女」をもとに、依田義賢《よだよしかた》が脚本にした。ロケは、主に京都で行われている。

江戸時代。御所に上がった良家の美しい娘お春（田中）に、身分の低い青侍（三船敏郎）勝之介が懸想《けそう》したところから物語は展開する。

ためらうお春をかき口説く勝之介のセリフが、どこか製作当時の新しい時代に踏み出すような機運を映しているようで、興味深い。例えばこんな具合だ。

「私は真心を持っています。お春様は私の身分をお見下げにはなられても、私の真心をお見下げになることはできません。真実の思いに結ばれて生きてこそ、初めて幸せなのでございます。身分やお金を得ることが幸せなのではございません」

2人は通じるが、間もなく露見。これは不義密通とされて、勝之介は死罪、お春は両親ともども洛外追放になる。

斬首を前に勝之介はお春へ「幸せな所帯を。真実の思いに結ばれてお生きなされ」と遺言し、「身分などというものがなくなって、誰でも自由に恋ができる世の中が来ますように」と叫んだ。

だが、たぶん、これがこの作品の主たるテーマではない。お春の人生は流転し、浮沈を経ながら、勝之介が願ったのとは逆へ、逆へと落ちてゆくのだ。あえていえば、その生はたくましくさえある。

大名の側室。世継ぎを生んだことから正室に嫉妬され、またお春を寵愛《ちょうあい》するあまり殿の体が衰弱するに及んで、周囲から追放される。

島原遊郭に売られて人気が出、身請けされそうになるが、男は偽金づくりの悪党でたちまち破滅。次は商家で働くが、慈愛深く善良そうで実は好色な主人（進藤英太郎）に近づかれ、妻（沢村貞子）にいじめられて飛び出す。

実直な扇屋に見初められ、所帯を持つが、夫は強盗に殺され、幸せはつかの間だった。そして商家の金を持ち逃げする番頭と駆け落ちして取り押さえられるなど不運と転落が重なり、乞《こ》食《じき》、そして街娼《がいしょう》へと至る。

生んだ子が大名を継いだと聞き、会いに行く。しかし家臣から、大名の母が街娼になるとはけしからんと面会を断られ、1度庭からそっと姿を見ることだけを許される。

そしてお春は姿を消した。

冒頭、街娼のお春が五百羅漢の顔の一つ一つに、かつての男たちの顔を見いだし、回想するように物語りは始まる。しかし、哀れむべきはお春だけなのだろうか。

さまざまなエゴや打算、メンツ、欲望とおびえに右往左往する男らの、滑稽《こっけい》な戯画もそこに重なり見える。

この作品と翌53年の「雨月物語」、さらに54年の「山椒大夫《さんしょうだゆう》」と、溝口は立て続けに海外で高い評価を得た。

それはエキゾチシズムからではなく、普遍的な人間悲劇、人間喜劇がそこにあるからに違いない。

「西鶴一代女」
監督／溝口健二
主演／田中絹代
製作国／日本
日本公開／１９５２年４月17日

どん底でも希望忘れず

風と共に去りぬ

1939（昭和14）年製作のこの映画は、戦争が暗幕となって長く日本人の目に触れることがなかった。戦後も7年たった52年9月に東京で封切られると、戦争前にこのような壮大な映画を作ることができた旧敵国の力に、舌を巻くほかなかった。

だが、それより前、戦争中にアメリカ映画を自由に見た人々がいる。日本軍の占領地シンガポールに残されていた押収フィルムである。

戦局に陰りが差し始めた42年秋から43年にかけ、南方の戦地を慰問団で回った徳川夢声。彼は『夢声戦争日記』（中央公論社）の43年1月4日の項に、こんな言葉を記している。

〈私は「風と共に去りぬ」を見ながら、身体が震えるような気がした。

――はて、日本はアメリカに勝てるかな？　という囁《ささや》きが、しきりに耳にきこえる気がしたのである。こんな素晴らしい映画をつくる国と、近代兵器で戦争しても、到底勝てっこないのではないか？〉

夢声はこの時48歳。活動弁士に始まり、漫談など話芸、演劇、著述と厚みのある多様な才を発揮し、今でいう〝マルチタレント〟として人気があった。

やはり、戦争中、シンガポールで多くのアメリカ作品を見た映画人に小津安二郎がいる。彼は陸軍の委嘱で、戦記映画の監督をするため松竹から派遣された。既に敗色濃い頃で映画作りは進まず、「敵」の映画を多数見ることになる。その面白さもさることながら、高度に発達した撮影技術に驚いたという。

原作はマーガレット・ミッチェルの世界的ベストセラー。舞台は、奴隷制などをめぐって国論二分したアメリカの内戦「南北戦争」（1861〜65年）の南部で、大農園主の娘スカーレット・オハラ（ビビアン・リー）を主人公に、時代に翻弄《ほんろう》される人々の転変を壮大な叙事詩のように編んだ。

当時最新のテクニカラーで描き出すアトランタ郊外の架空の土地「タラ」の鮮烈な風光、紅《ぐ》蓮《れん》の炎で焼け落ちるアトランタの街のシーン（ハリウッドの放置された膨大な古い映画セットを燃やしたらしい）など、今の最先端技術でも出せない浸透力、迫力が感じられる。

だが、3時間42分に及ぶこの大長編の真骨頂は人間の描き方の鋭さ、深さである。

スカーレットは評判の美しい娘で、懸想する青年たちは多いが、彼女が恋焦がれるアシュレーは控えめで優しい娘メラニーと結婚してしまう。スカーレットは腹いせのように好きでもない男と結婚するが、夫は戦病死。喪服が窮屈で仕方がない彼女に、山師のようにえたいの知れない、しかし、行動力、集金力のある独身主義のキザな男レット・バトラー（クラーク・ゲーブル）が近づいてくる。

南部敗戦で一族が没落したスカーレットは、アシュレーを思いながらもバトラーにもひかれ……という具合に、長い物語はテンポよく展開していく。

スカーレットは、亡父から継いだ南部の大地への熱情と、それを守り通すためには手段を選ばないたくましさ、そして人恋しさ、計算高さが同居する女。

アシュレーは理性的な男で、自分は燃えるような情熱のスカーレットとは合わないと彼女の求愛を避けるが、心の底に思いを残して煮え切らず、彼女を苦しめる。

バトラーは、スマートさ、精神の高貴さと、嫉妬《しっと》、猜疑《さいぎ》心という俗物ぶりとが入り交じった男。結婚した2人には不幸も重なり、すがるスカーレットを置いてバトラーは去って行く。

みんな人間臭く、多面的だ。

そんなどん底の中、彼女は明日という日の希望を忘れない「Tomorrow is another day」という言葉でこの大長編を締めくくる。

もう一つ、こうした見方もあるのではないか。

歴史の大きなきしみの中で失われた「古き良き南部」への郷愁。これも大きなテーマである。しかし、その「古き良き」時代の白人富裕層の繁栄は、黒人奴隷制の上に築かれたものだった。この映画に対する批判もそこにある。

戦後日本で公開された頃、朝鮮戦争特需で経済復興は進み、一方で女性の新しい生き方、社会進出も論じられ始めた時代だった。

そうした空気の中でスカーレットの奔放な行動力はまぶしかったかもしれない。

原作は日本でも戦前に翻訳、出版されていた。

45年初夏の沖縄戦で、本島の南部へ守備軍の撤退・敗走が始まった頃、従軍する「ひめゆり学徒隊」に「風と共に去りぬ」を読んでいる女生徒がいたという。

過酷な状況の中で、この物語はどう読まれていただろう。

映画に描かれる南軍の野戦病院の惨状や敗走のシーンに、思い起こすことである。

「風と共に去りぬ」
監督／ヴィクター・フレミング
主演／ビビアン・リー
製作国／アメリカ合衆国
本国公開／1939年　日本公開／1952年9月1日

命燃やし取り戻す「生」

生きる

「生きる」は1952年10月9日に公開された。

2年前に始まった朝鮮戦争の特需景気で日本の経済復興は弾み、52年4月には講和条約が発効、日本はともあれ独立国の体裁を取り戻した。

この作品を黒澤明の最高傑作という人もある。

もっとも、主だった黒澤の監督作品にはそれぞれに熱烈なファンがいて、その作品こそ一番と言い募る。

そこを差し引いても、この映画は黒澤の根太い正義感と、深く細やかな人間観察の視線がしみわたった傑作であり、ベストワンに推されるのは確かに納得できるのだ。

主人公、渡辺勘治(志村喬)は、とある市役所の市民課長。設定された市は、多摩地区で人口が増加し始めたベッドタウン、という感じだ。

50代の彼には無事に定年まで勤める以外、何の関心も情熱もない。若いころは意欲もあったが、今はただ黙々と書類にハンコを押して決裁の箱に入れるだけ。

努力が必要な仕事をかわす知恵はあり、市民が困りごとの相談や陳情に来ても「それは○○

課」と、関係ありそうな部署名を機械的に返答してたらい回しにする。

その彼が自分が末期がんであることを知る。当時の医療ではなすすべもない。われを失った彼は長い役所生活で初めて無断欠勤し、町をさまよう。早くに妻は亡くし、同居する息子夫婦にも打ち明けられず苦悩する。息子の妻は勘治との同居を嫌がっている。息子も妻に気遣い、父にどこかよそよそしい。

気がつけば、職場も家も勘治の周囲は利己主義と欺瞞《ぎまん》に満ちた世界が広がっていた。

偶然飲み屋で知り合った無頼派風の作家（伊藤雄之助）に、ごった返す都心の歓楽街に案内される。キャバレー、ダンスホール、ストリップショー。すべて勘治には初の体験で刺激的なはずなのに、そこに勘治の救いはない。路傍で嘔吐《おうと》するばかりだ。

そんな空疎な時を費やす彼にヒントを与えたのは役所の元雇員で、今は玩具工場に働いている若い女とよである。絶望のふちで勘治は、みずみずしく明るい彼女のもの言いや、利己的な打算を知らない生き方にひかれる。呼び出してはごちそうをしたり、洋品を買い与えたりした。

とよは気味悪がるようになる。喫茶店で勘治が事情を打ち明けると、彼女は自分が作っているウサギの人形で「日本中の子供と仲良くなった気がするわ。課長さんも何か作ったら」と何気なく言う。

勘治ははっとして立ち上がり、店を急ぎ出て行く。

病を知る前から精神的に既に死んでいた彼をよみがえらせたのは、放ったらかしにしていた一つの陳情書だった。不衛生な汚水だまりを埋めて子供が安全に遊べる公園をつくってほしい、という下町の主婦たちの願いである。とよの言葉で思い出したのだ。

役所に戻った勘治は人が変わったように動き始めた。現地に何度も足を運び、役所内にいくつもある関係課を回っては調整に頭を下げ、書類を通さない課では通すまで無言で座り込んだ。

その土地は暴力団が歓楽地にしようともくろみ、市の上層部にも圧力をかけていた。次期市長選出馬を目指す助役（中村伸郎）はその意を受け、公園計画を封じようとするが、勘治のひたむきさは微動もせず、根負けさせる。やくざに脅されても、じっと悲しい目で相手を見るのだ。

5カ月後、勘治は命を燃焼し尽くし、死んだ。雪が降りしきる晩、出来上がった公園のブランコに独り揺れ、命短し恋せよおとめ、と戦前の流行歌「ゴンドラの唄」を口ずさみながら。

通夜の席。弔問に来た助役は、住民たちが喜んでいる公園ができたのはあたかも自分の功績であるかのように言う。実情を知っているはずの周囲の部下たちも助役の言葉にしきりに相づちを打つ。

役所は何も変わらない。

遺影の勘治は静かに笑っている。

脚本は黒澤のほか橋本忍、小国英雄。黒澤はロシア文学に傾倒していたが、この作品の一つのヒントになったのがトルストイの短編「イワン・イリッチの死」である。栄達を遂げたと思っている裁判所の判事が不治の病で周囲の欺瞞を知り、苦悩する。

「生きる」の勘治は、役所の縄張りと怠慢で押しつぶされかけた小さな公園計画に限られた日々を費やし〝永遠の命〟をそこに残した。

これは単に役所仕事を風刺した映画ではない。人間関係のはかなさやエゴイズムを嘆じるのでもない。

「生きる」実感を取り戻した人間への賛歌である。

「生きる」
監督／黒澤明
主演／志村喬
製作国／日本
日本公開／1952年10月9日

失意乗り越え銀獅子賞

雨月物語

溝口健二監督の大映作品「雨月物語」が東京で公開されたのは1953（昭和28）年3月。吉田茂首相の「バカヤロー」発言で国会解散、総選挙へと議員たちは走り、ソ連では独裁者スターリンが没し、と世は落ち着かなかった。

映画は上田秋成の怪異小説をベースに川口松太郎、依田義賢《よだよしかた》が脚色した。戦国時代。田畑の傍ら陶器づくりにいそしむ源十郎（森雅之）と妻の宮木《みやぎ》（田中絹代）。間には幼い子がある。戦乱の中、源十郎は仲間と危険を冒して陶器を町に売りに行く。仲間は立身出世の夢を追い、源十郎は死霊の女（京マチ子）に取りつかれて悦楽におぼれる。

とり殺される前に僧に救われ、目が覚めた源十郎は身一つで故郷へ急ぐが……。

田中演じる宮木は夫の帰りを待っていたが、飢えた落武者に子供の食べ物まで取られそうになったので抵抗し、ヤリに刺される。

夫源十郎が帰り着いた。鍋を温めてねぎらう宮木。源十郎は幸せに眠りに落ちた。翌朝。宮木はいない。彼女は落武者に殺されたのだが、霊は家で夫を待ち続けていた。

田中はこの時43歳。はっとさせるような陰影は演技力だけでなく、その人生経験がにじんでいよう。その中でも過酷だったのは1950年に起きたバッシングではないか。田中は49年10月、女優の親善使節として空路渡米し、映画人らと広く交流した。この企画は毎日新聞が後援した。

3カ月後の50年1月19日、羽田に降り立った彼女はベレー帽、サングラス、毛皮コートといったハリウッドスタイル。さらに沿道のファンたちに「投げキス」で応えたことを一部のメディアがたたき、「軽薄なアメリカかぶれ」と酷評した。

占領下。アメリカに礼賛と服従のほか対するすべのなかったメディアや日本人の屈折した心情が、ぽろりとこぼれ出たバッシングだったかもしれない。田中の失意は大きく、引きこもった。

救ったのは溝口だった。52年の「西鶴一代女」だ。封建制の中で人間のエゴや悲運にもてあそばれ、夜鷹《よたか》に身を落としていく女を田中が演じた。鬼気迫るという感じである。海外での評価の高さに、逆に日本で見直される（よくあるが）ことになった。

そして翌53年の「雨月物語」である。当時の予告編にはいきなり「大映がその真価を全世界に問う」と出る。

51年に黒澤明が「羅生門」でベネチア国際映画祭で最高賞の金獅子賞を獲得（この時も国内ではあまり注目されていない作品だった）して以来、日本映画は経済力よりも先に自信を取り戻していたのかもしれない。

果たして「雨月物語」はベネチアで銀獅子賞に輝いた。

田中絹代、1909年、山口県下関の生まれ。トーキー初期からのスターであり、上原謙を相手役とした「愛染かつら」は大ヒットした。戦後は自ら監督もするなど幅広く活躍。大女優の名をほしいままにした。77年没。

溝口健二は1898年、東京の浅草生まれ。貧しく、小学校卒業後、図案の仕事などを経て草創期の映画界に入る。ジャンルは幅広いが、特に女性の情念を描いた作品が目立つ。黒澤、小津安二郎らとともに日本の巨匠に数えられる。56年没。

溝口と田中のコンビは長く、結婚もうわさされたが、実現しなかった。溝口に師事した新藤兼人の『ある映画監督―溝口健二と日本映画』は、この監督と周辺の人々を活写する。仕事に鬼のように厳しい溝口の、意外な側面を見るようである。ある日、新藤は溝口に突然こう言われたと書いている。

「ぼくはね、田中絹代に惚《ほ》れているんだが、どうにもならなくてね、困っているんだよ」。田中が立ち直りをかけることになる「西鶴一代女」の準備を進めているころだった。同書によれば、溝口にとって田中は生涯の恋人だったが、ついに本人に告白することはなかったというのだ。

新藤はこう記す。

〈人はそれを知っていた。田中絹代もそれは知っていた。しかし溝口健二は、胸の奥にたたん

だまま死んでしまった〉

京マチ子、若尾文子、木暮実千代らの出演で撮った「赤線地帯」の後、白血病で入院、その年の晩夏に没した。まだ58歳だった。まだ、というほど若く思える。本人にもそういう無念があったかもしれない。

〈もう新涼だ／早く撮影所の諸君と／楽しく仕事がしたい〉

絶筆にこうあったという。

「雨月物語」
監督／溝口健二
主演／田中絹代
製作国／日本
日本公開／１９５３年3月1日

戦後復興支えた小市民

東京物語

1953年7月27日。海の向こうで朝鮮戦争の休戦協定が結ばれたこの日、東京の新橋はむせかえるような真夏の夜だったという。

バー「メッカ」。天井から血が滴り始め、事件は発覚した。死体は証券ブローカー。捜査で割り出された主犯格の若者は、放埒《ほうらつ》な生活を送るハンサムな慶応大OBで金目当てに起こした犯行だったとされる。逮捕時、彼は「ナット・ギルティー」と英語で無罪を主張した。メディアはこの事件を虚無的で反社会的な「アプレゲール」(戦後派)犯罪の典型として報じた。

3年に及ぶ朝鮮戦争の「特需」に、日本経済は復興のスピードを上げ、街はけばけばしい活気と彩りを取り戻しつつあった。

しかし、多くの国民は浮かれる余裕はなく、つつましく懸命に人生を生き、将来を描いていた。

「メッカ」の事件発生のころクランクインし、晩秋の11月3日の「文化の日」に公開された小津安二郎監督の松竹映画「東京物語」に登場するのは、そういう家族、人々である。

「東京物語」。この題名がいい。東京というえたいの知れぬ巨大な街に紡がれる、名もない

「小市民」の物語。60年近く経てもなおこの映画が生気を失わず、世代を超えて支持を得続けているのは、それが今も変わらぬ私たちの日常だからだ。

ストーリーとそれぞれ名演を見せた俳優はこうだ。

広島の尾道から老夫婦の周吉、とみ（笠智衆、東山千栄子）が子供たちを訪ねて上京する。長男幸一（山村聡）は荒川のほとりで開業医。長女志げ（杉村春子）は下町で小さな美容院を営む。ほかに戦死した次男の妻紀子（原節子）がいる。アパートに1人住まいし、都心の会社に勤めるタイピストである。

子供たちには家族とそれぞれ多忙な日常がある。老親を歓迎し、気遣いはするのだが、どこかかみ合わず、しっくりしない。

仕事の障りになるのを嫌がる志げは幸一と金を出し合い、両親を熱海にやる。だが、夜通しのマージャンや流しの演歌がやまぬ温泉地のあまりの騒がしさに、周吉ととみは寝ることもできず、一晩で東京に戻ってくるのだった。

2人が、居場所がなく、上野の陸橋で語り合うシーンがせつない。

周吉「広いもんじゃなァ、東京は」

とみ「そうですなァ、こんなところではぐれでもしたら、一生探しても会わりゃしゃあせんよ」

子供たちと重ならなくなった心の寂しさを暗示している。親子の絆の喪失感。古今東西不変のテーマである。

結局、老夫婦を温かくもてなし、案内してくれたのは血のつながりのない紀子だった。はとバスで皇居周辺をめぐり、銀座のデパート屋上から眺望を楽しむ。前年、日本は占領期を終え、東京の街はもう戦争の名残を消していた。老夫婦は気遣ってくれる紀子に、どうか息子のことは忘れて嫁に行ってくれ、と説く。街は変わっても、当時はまだこうしたしがらみや会話は無数にあっただろう。

一方、時代はあたかも過去を忘れ、高度経済成長に向けて走りだそうとしていた。

東京滞在を終え、尾道に列車で帰る途中、とみは体調不良を訴え、家に帰ると倒れて意識を戻さぬまま息を引き取った。東京や大阪の子供らも駆けつけ、悲嘆にくれるが、葬儀が終わると、それぞれ東京や大阪の日常の生活に戻っていく。志げは、母が残した着物の形見分けに余念がない。

紀子一人が残り、周吉の世話をする。そこで紀子は、自分が決して「いい人」ではないと語り、実際には亡夫のことを忘れている日も多く、心の隅で何かを待っていると明かす。周吉は言う。

「やっぱり、あんたはええ人じゃよ」

瀬戸内の陽光を浴びて東京に戻る列車。紀子の表情は、意を決したように見える。

ローアングルから日常生活をカメラで切り取り、抑制したトーンでその哀歓をにじませる

「小津調」に後継者はなく、孤高の作風である。

名画は常に多様な解釈を包容する。映画好き同士の酒の席で「東京物語」は尽きせぬサカナだ。

私は、行動的でおしゃべりで、親思いでありながら時に邪険で、愛想よく利己的（つまり、ジコチュー）な、長女志げに最もひかれる。たいていの人は「ええ？」とけげんそうな顔をする。

彼女こそ、荒々しい戦後復興のエネルギーを象徴したのだと私は思う。紀子も尾道で「過去」に区切りをつけ、志げとはまた違う姿勢で新たな時代を生活者として歩む決意をしたのではなかったか。

それらを包み込んでくれる大都会が東京である。

この映画の主役はそのタイトルのように「東京」かもしれない。

「東京物語」
監督／小津安二郎
主演／笠智衆
製作国／日本
日本公開／１９５３年11月３日

「赤狩り」風刺にも見え　ローマの休日

あなたが最も見たい往年の名画という募集をしたら、常に最上位にその名を出す。米パラマウントの「ローマの休日」は、製作の翌年1954年4月に東京で公開された。同時期、黒澤明監督の「七人の侍」が公開されている。このころ、新聞各紙には3月に発生した「第五福竜丸事件」で放射能汚染問題が連日報じられていた。世情は落ち着かなかったが、銀幕には秀作が相次いで登場し、映画界は黄金期を迎えていた。

そんな時代の光を凝縮したような名品である。ジャンルでいえば、ロマンチック・コメディーというのになるのだろう。しかし「ああ面白かった」だけではなく、残る哀感は見るたびに新しい。

ストーリーはよく知られている。見ていない人まで知っているというのは、いかに広く感動が語られてきたか、その証しである。

ローマの夏。ヨーロッパ某国の王女アン（オードリー・ヘプバーン）は各国を回る旅でここを訪れる。儀礼と窮屈なスケジュールに息詰まる思いの王女は、今流にいえば、ついにキレてしまい、夜の宿舎を抜け出して街にさまよい出る。これが一生に一度のアバンチュールとなるのだ。

偶然出会ったのがアメリカの通信社ローマ支局の記者ジョー（グレゴリー・ペック）。アンは夜に侍医から処方された鎮静剤でもうろうとしており、ジョーは酔っぱらいと誤解する。家に送っていこうと言っても要領を得ない。ジョーは仕方なく、自分のアパートに泊めるのだが、その時、王女と気づく。

記者魂に火がついた。

お忍びで街に出た王女に同行して書く肉声の独占ルポだ！　大特ダネに皆跳び上がるだろう。翌日、ジョーは高鳴る胸を抑え、何食わぬ顔をして王女について回る。彼女は生まれて初めて味わう解放感に満ちている。街の美容室で髪もカットした。ジョーが呼んだカメラマンがひそかに写真に収める。

ジョー運転のスクーターでめぐるシーンはハイライトだ。古代遺跡コロッセオ、スペイン広場、真実の口など名所がうまく織り込まれ、これは貴重な50年代のローマの記録映像でもある。曲折とドタバタ調の波乱を経て2人は恋に落ち、そして苦悩のうちに別れる。再会するのは記者会見場だ。抑制の利いた応答が心中の思いを表すのだが、他の記者たちは知る由もない……。

脚本を書いたダルトン・トランボはこの映画で友人の名を借りた。実名を出せなかったのは、戦後アメリカ社会に吹き荒れた「赤狩り旋風」で彼がハリウッドを追放された映画人の一人だったからだ。この作品がハリウッドのスタジオではなく、大半を遠くローマで撮られたのも、そんなハリウッドの空気を監督のウィリアム・ワイラーたちが嫌ったからだといわれている。

トランボとコンビを組んだワイラーは気骨の人である。撮影当時、米国内で赤狩りの先頭に立っていた政治家マッカーシーは、この映画が日本で公開されるころには失脚、旋風は次第に収まる。

しかし、赤狩りのリスト作りのため友人を裏切ることまで強要されたハリウッドの受けた傷は深く、今も癒えきらないといわれる。

そうして見ると心なしか作品に哀調が加わる。そして有名な「真実の口」で、ジョーが手が抜けなくなる芝居をするシーンは、中世社会の異端審問のようなことが繰り返された赤狩りへの、痛烈な風刺とも見える。

そして、もう一つ重なり見える時代の記者像がある。

映画で演じられる新聞社や通信社の記者はたいていオッチョコチョイ、ずるがしこい、粗暴、デリカシーに欠けるといったイメージが相場だ。この映画のジョーも最初、紫煙にまみれた記者仲間とのカードゲームですっかり負けが込むシーンで登場する。そして、王女であることに気づいてちゃっかり独占記事を思い立つ。それはいい。

ただ気になることが一つある。彼が独占記事を自ら放棄したことである。ジョー、それはいけない。記者は書いてなんぼ、ではないか。いや、特ダネを印刷する輪転機の轟音《ごうおん》がラストシーンでは、この名画、ぶちこわしになったか。

「ローマの休日」
監督／ウィリアム・ワイラー
主演／オードリー・ヘプバーン
製作国／アメリカ合衆国
本国公開／１９５３年　日本公開／１９５４年４月１日

死闘の現場、今は団地に

七人の侍

以前訪ねたのは桜の季節だった。その前は冬だった。秋日和もまたいい。世田谷区の東宝スタジオは、仙川をはさんで成城と砧にまたがる。ゲートには「ゴジラ」像と「七人の侍」の大きな壁画がある。昔は砧撮影所などと呼んだ。周辺は武蔵野の台地に特有の地形、ハケ（崖線《がいせん》）が段丘をつくり、豊かな湧水《ゆうすい》もある。

黒澤明監督の大作「七人の侍」。そのクライマックスで野盗たちの騎馬集団と侍、農民が雨中の死闘を繰り広げる村落は、撮影所の南、仙川と丘の間の田にオープンセットが組まれた。

今は団地だ。世田谷通りを疾駆するのも馬ならぬ車で往来しげく、当時の面影はない。団地裏手の大蔵三丁目公園あたりの木立や湧水に、村外れのイメージを少し重ねることができるかもしれない。

物語はこう始まる。戦国末期、毎年40騎に上る野盗たちの襲撃で収穫物を奪われる村。長老の発案で侍を雇って守ってもらうことにし、農民たちが遠い宿場町に探しに行く。町には主家を失った浪人たちが往来する。雇うといっても金はない。「腹いっぱい米の飯を食わせる」だけだ。

呼び掛けは次々に一蹴されるが、ついに熱意に動かされ応じる侍が出てくる……。

1953年5月撮影開始。期間はどんどん延び、撮影終了は翌54年3月16日になった。米国のビキニ環礁核実験でマグロ漁船が「死の灰」を浴びた「第五福竜丸事件」が、読売新聞のスクープで大きく報じられた日である。

「黄金週間」に間に合わせるべく仕上げ、4月26日に封切られた。年表によれば、この月の5日、上野行き臨時夜行列車が青森駅をたった。少年、少女たちを乗せた「集団就職列車」のはじまりだ。

核兵器、放射能禍の恐怖と不安。一方で、集団就職に象徴される経済復興と、若年労働者の需要。日本がそういう時代の風を切って走っていたころだ。

就職した少年、少女の中には、初めての休日などに「七人の侍」に連れて行ってもらった者もいただろうか。

ひょっとしたら、映画の中で、慣れぬ宿場町で不安げにおずおずと侍たちに声を掛ける農民たちの表情に、自分たちの心情を重ね見たかもしれない。

野盗の騎馬集団に対する侍7人と竹やりの農民たち。柵や濠《ほり》で防備をしながら、侍の作戦で1カ所弱点を作って敵を誘い込み、消耗させる。やがて、決戦になる。

文芸春秋刊『黒澤明「夢は天才である」』で、劇作家の井上ひさしさんが、公開当時に見た時の感動をこう語る。

「僕は岩手県の山の中で働いていて、休みをもらって盛岡まで出かけたんです。とにかく驚きました。それまでの時代劇映画とまったく違うんですね。長谷川一夫でも市川右太衛門でも、きれいに着飾っていて、新派や歌舞伎のスタイルを引きずっていたでしょう。『七人の侍』にはそれがまったくない。物語も、僕らがなじんでいた悪玉善玉の勧善懲悪物語とはまるで違った、侍と野武士と農民、つまり集団と集団のぶつかりあいでした。高校を出たばかりの映画少年としては、唖然《あぜん》というか茫然《ぼうぜん》というか、夢中で見ているうちに終ってしまいました」

当時の宣伝文句に「西部劇より迫力があって面白い」というのがある。人馬入り乱れての戦いは、そのころ日本はハリウッド映画に及ばぬとみられていた。むしろアメリカの映画人の方が黒澤から学ぶようになる。「荒野の七人」という翻案の西部劇も登場したほどだ。

だが、「七人の侍」は単なる大活劇ではない。黒澤自身が「アメリカの批評で、『この監督は何て欲張りな監督だ、映画のありとあらゆる要素がこの中に入っている』というのがありましたが、そういう点ではもうぎゅう詰めですよね」（前掲書）と語っている。ドラマ性、技術、手法など、どの面にもスタッフ、俳優が総力を出し尽くしたといえる作品だ。

7侍を演じた名優たち。飲み屋でその一人一人を談じている時、なぜか不思議と6人まで名を言いながら、あと1人（特定の俳優ではなく）がなかなか出てこないことがある。配役とともに全員ここに挙げておこう。

志村喬（勘兵衛）、三船敏郎（菊千代）、木村功（勝四郎）、稲葉義男（五郎兵衛）、加東大介（七郎次）、千秋実（平八）、宮口精二（久蔵）。

皆すでに亡い。

目をつぶれば、スクリーンいっぱいに疾駆する姿が生き生きとよみがえる。

「七人の侍」
監督／黒澤明
主演／三船敏郎
製作国／日本
日本公開／１９５４年４月26日

「尊厳」かけた人間の闘い

波止場

ニューヨーク。膨大な物量を扱う港湾荷役の差配で利権をむさぼるギャング組織。その港に働き、組織に刃向かう気もなかったボクサー崩れの若者テリーが、ボスの悪行告発に踏み出す。決して敢然と立ち上がった「ヒーロー」ではない。

自分でもうまく説明できないような心の動き（そこには恋も作用している）から、彼は一歩前に出るのだ。清潔な学校の教室や教会で聞かされる美しい「正義」ではない、拳の痛みや口の中に血の味がするような何か。

あえていえば、最後にぎりぎりの「尊厳」をかけた人間の闘いかもしれない。

エリア・カザンがメガホンを取ったこの米作品「波止場」が東京で公開されたのは、1954（昭和29）年6月22日だった。早春のビキニ水爆実験で「死の灰」を浴びた第五福竜丸事件に一つの想を得た東宝が、空前の特撮怪獣映画「ゴジラ」の撮影を進めていたころである。

テリー（マーロン・ブランド）は、ある夜、組織の指示で友人をアパートから呼び出す。友人は殺された。労働者を食いものにしている組織の実態を当局に証言しようとして、口封じされたのだ。

自分の呼び出しで友人が殺されるとは知らなかったテリーは気持ちが乱れ、苦悩する。事情を知らない友人の妹イディ（エバ・マリー・セイント）と出会い、恋に落ちてさらに揺さぶられた。テリーの兄チャーリー（ロッド・スタイガー）は大学でも学んだ男だが、聡明さを買われて組織のボスの補佐役として働いている。

最近テリーの様子が変わり、当局に告発証言をしそうだと察したボスは、チャーリーに弟を思いとどまらせるよう命じ、それができないなら命はないと脅す。

兄弟は会い、タクシーの後部座席で語り合う。アメリカ映画の会話シーンの中でも屈指の名場面といわれる。

若き名優ブランドとスタイガー（後年に「夜の大捜査線」というとびきりの名作がある）が即興で微妙な呼吸を合わせ、兄弟の情愛を自然に、ウエットにならず表現する。

低予算だ。このシーンは、タクシー車体の後ろ部分をスタジオに据え、スタッフが腕で車体を揺らし、照明を動かして夜間走行しているように見せたそうだ。

会話は続いている。テリーはボクサーとして大成する自信があったが、兄のチャーリーがもちかけた一度の八百長試合で失墜したことがこの会話からわかる。日ごろ、チャーリーの目に浮かんでいる失意の色はこれだったのだ。

時間がない。チャーリーは、言うことを聞け、楽に大きな収入を得られるようになるんだと説き、証言を思いとどまらせようとする。

テリーは静かに拒む。

兄の手が動き、銃口がテリーに向けられた……。

この時、テリーがどう反応するか。演技のうえで最難問だったらしい。テリーを演じるブランドがこの時とった表情と仕草は、今に至るまで語り草となる。

会話は終わった。チャーリーがふっと中空に目をやる。弟を説得できなければ、自分が命を失うことになるが、彼はそれを語らない。車を止め、さりげなく弟と別れる。またな、という調子で。

後半、テリーの命がけの闘いが展開する。テリーを支えるのは早くに彼の心の揺れを見抜き、ともに立とうと励ました行動派の神父や、恋人のイディだ。

警察に通じた裏切り者として、テリーを白眼視していた荷役労働者たちも心を動かし、テリーとともに組織と対峙《たいじ》する。この迫力を生み出したのは、冬の酷寒の中で港湾現場にロケし、大勢の労働者がエキストラとして参加していたことだろう。

そしてカザン自身の苦悩と傷心が重なって映るのだ。

カザン（1909～2003年）はトルコ生まれのギリシャ系移民で、演劇を志した。戦前に短期間、共産党に加わったことがあり、戦後の「赤狩り」で、追及する下院非米活動委員会に元仲間らの名を証言した。52年のことだ。その経緯は単純ではないが、「裏切り者」「密告者」として彼には多くの非難の目が向けられることになる。

この「波止場」をはさんで多くの秀作を残すが、作品評価は別にして、彼に対しては終生その冷たい視線が絶えることがなかった。

晩年、その功績をたたえてアカデミー賞名誉賞が授与されたが、米映画界の中からは抗議や反発の声も上がった。

米ソ対決の構図の中で映画界までもてあそび、人間不信をふりまき、多くの映画人をハリウッドから追い払った「赤狩り」である。多くの人間がかかわり、傷を受けた。カザンは、その責めを象徴的に背負うことになったといえるかもしれない。

「波止場」の次に、彼はどこか深い陰りを持った少年のような青年俳優を使うことになる。「エデンの東」のジェームズ・ディーンである。

「波止場」
監督／エリア・カザン
主演／マーロン・ブランド
製作国／アメリカ合衆国
本国公開／１９５４年　日本公開／１９５４年６月22日

今切望される人の連帯

二十四の瞳

「二十四の瞳」が東京で封切られたのは１９５４（昭和29）年の９月である。併映は「力道山大いに怒る」だった。街頭テレビのプロレス中継が、黒山の人だかりをつくっていたころだ。

19日の毎日新聞夕刊に面白い記事が載っている。

〈苦労した〝顔〟探し〉という見出し。「二十四の瞳」に出てくる子供たちの成長をリアルに表現するため、実際の兄弟姉妹をセットにして出演させたというのである。

映画の中で、最初、香川県・小豆島の岬の分教場に着任した新米の大石先生（高峰秀子）が向かい合うのは、１年生12人。月日が流れてその幼い子たちも劇中で６年生になる。こうした場合、映画や芝居では、１年生と６年生を演じる子供の顔つきがまったく異なってもかまわない。

しかし、木下恵介監督はこだわった。そこに名匠がこの作品にかけた強い意気込みが表れている。

記事によると、１年生と６年生の兄弟姉妹を募集し、その３６００人の中から、特に互いに顔が似ているのを選び出した。

成人してからの役はさすがにそうはいかなかったが、極力似ている俳優や素人を探し回った。出演子役に似ている人物を製作スタッフから引っ張り出したり、新宿のフランス座の元ダンサーから「そっくり」を見つけだしたりしたという。

これは単に面白い逸話というだけでない。

容姿がとても似ている。それは血のつながりを実感させ、時代を越えて紡がれていく人々の営みを象徴する。それは深く、この映画のテーマに根ざしている。

時代は1928（昭和3）年から46（同21）年。原作小説の作者、壺井栄（1899～1967年）は、小豆島の醤油樽《しょうゆだる》職人（映画でも大きな樽が運ばれるシーンがある）の家に生まれ、子だくさんの中に育った。親たちは他人の子まで世話する人であったらしい。

そうしてはぐくまれたものが、この作品に一貫しているどの子にも理屈抜きで分け隔てなく愛を注ぎ、ともに笑い、ともに泣く大石先生の姿に重なって見える。

それは「ヒューマニズム」とか「子供に寄り添う」とかいう形容を要しない。ごく自然ないつくしみ。分教場がある岬の村の口さがない大人たちも、そうした目で子供たちを見守っている。

物語の時代は、日本という国が世界的な不況に巻き込まれ、満州事変、日中戦争という急坂を転げ落ち、対米戦で破局を迎える年月でもある。

映像はほとんど島を離れることはない。しかし、「総力戦」はこの瀬戸内ののどかな島も放ってはおかない。島の若者たちは次々に出征し、白木の箱に納められて帰って来る光景が日常のものになる。

大石先生が軍人になりたがる教え子を「命を大切に」と諭すと「アカ」のうわさが立ち、校長は狼狽《ろうばい》する。

善人だが小心の校長がとても印象的だ。大石先生を呼び、周囲をはばかりながら注意する。「あんたは若いからいちずに思ったことを言ってしまうが、そこをうまく言わんと、バカを見るんです」

先生は遊覧船の機関士（若き天本英世が演じている）と結婚し、2男1女を設けるが、夫は召集され戦死する。敗戦。食糧難で腹をすかせた娘はカキの木に登って転落、まだ青い実を握ったまま死ぬ。多くの日本人が経験したようにさまざまな変転と悲劇が先生の横を駆け抜けていく。

教壇を去っていた先生が再び分教場に戻り、かつての子供たちとそっくりな新入生たちと向かい合う。過去の悲しみを越えて、永遠につながっていく人々の営みが、幼な子の姿を借りてそこに座り、無邪気な瞳で見上げている。そんな光景だ。

この映画が公開された54年は、邦画界は名作が相次いで登場した。

黒澤明の「七人の侍」、溝口健二の「近松物語」、本多猪四郎の「ゴジラ」などなど。それぞれジャンルや表現手法も異なる邦画が、力を存分に発揮する時代になった。

その中でも強い支持が今も続く「二十四の瞳」である。その描き出す人間の自然な連帯のようなものが、より切実に渇望されている今なのかもしれない。

公開当時は観客がよく泣いたらしい。戦時中の記憶がまだ相当に生々しかった。先に挙げた毎日新聞記事は、当時の文部相がハンカチをぐっしょりぬらして使えなくなり、扇子の先で涙を払っていたという逸話も書いている。

そのようにしてスクリーンと向かい合うような経験は、ほとんどない時代になった。

「二十四の瞳」
監督／木下恵介
主演／高峰秀子
製作国／日本
日本公開／１９５４年９月１日

「恐怖の産物」反省と苦悩　ゴジラ

封切りは1954（昭和29）年11月3日「文化の日」だった。この日の朝のことを東宝のプロデューサー田中友幸は後年こう書いている。

「わたしが国電渋谷駅をハチ公銅像側に出ると、行列ができている。なんの行列かなと思ってよく見ると、行列は交叉点《こうさ》を渡り、道玄坂まで続いている。渋谷東宝の『ゴジラ』を見に来てくれたお客様だと気づき、電撃のような感動の波が身内を走り抜けた」（83年刊『東宝特撮映画全史』）

日本初のSF大作「ゴジラ」（監督・本多猪四郎、特技監督・円谷英二）が大ヒットした背景には現実世界の核兵器開発競争の恐怖があった。

この年3月、アメリカによるビキニ環礁水爆実験で日本漁船員が「死の灰」を浴びて被ばくする第五福竜丸事件が起き、これが製作の大きなモチーフになったことはよく知られている。

放射能は日本本土にも及んだ。原水爆禁止の署名運動は全国に広まり、翌年には広島で第1回の原水禁世界大会を開催するまでになる。

核実験の落とし子ゴジラは、奇想天外の産物ではない。まことにリアルな、肌に接するような恐怖、そして地球全滅兵器をつくり出した人間の愚行の象徴だった。

太平洋の底深くに潜んでいた太古の巨大生物が、核実験で安住の地を奪われ、東京湾岸に襲来するという設定。熱線を吐くなど異様な能力を身につけている。

まず上陸した品川では八ツ山橋を破壊し、通勤客で満員の電車を襲う。次に芝浦辺りから上陸、急ぎ構築された高圧電流の防御線もたちまち破り、都心へ向かう。

「防衛隊」の戦車なども歯が立たない。その緊迫した無線交信には当時の懐かしい地名、町名も交じる。

「三田台町の火災は南寺町、伊皿子《いさらご》町方面に延焼中」

「札の辻警戒陣地は突破され、第49戦車隊は全滅。以後の行動不可能」

「以後各隊は攻撃態勢を解き、極力消火に努めるとともに、負傷者の救出に全力を傾倒せよ」

……。

ゴジラは破壊し、焼き尽くしながら、戦後復興と繁栄を物語るネオンの街、銀座に達する。

前年放送が始まったテレビの実況中継が行われ、アナウンサーが伝える。

「信じられません！　その信じられない事件が今私の眼前で展開されているのであります。見渡せば銀座尾張町から新橋、田町、芝、芝浦方面は全く火の海です」

国会議事堂も破壊された。

「ゴジラはこのテレビ塔に向かって参りました。もう待避するいとまもありません。いよいよ最期です。ものすごい力です。さようなら皆さん！　さようなら！」

ゴジラは隅田川に至ると勝鬨《かちどき》橋を破壊し、襲いかかるジェット戦闘機ものともせず、東京湾に消えた。


死傷者に埋まる救護所。その惨状と悲嘆。多くのエキストラが使われたが、画面から伝わる現実感は多くが戦災経験者だからだろう。ゴジラが炎上させた街々はつい9年前、米軍の爆撃にさらされた街でもあるのだ。

戦争で心身深く傷ついた若い科学者が登場する。彼は研究の過程で、酸素破壊で水中の生物を窒息死させ液状にする「オキシジェン・デストロイヤー」という破壊装置を偶然発明していた。


これを知った者からゴジラ制圧に使用すべきだと言われるが、彼は断る。

「使ったら最後、世界の為政者が黙って見ているはずがないんだ。必ずこれを武器として使用するに決まっている。原爆、水爆、さらにこの新しい恐怖の武器を人類の上に加えることは科学者として、いや、一個人として許すわけにいかない」

あの時代にあった科学者の反省と自覚がその言葉に反映している。

だが、ゴジラ襲来の甚大な被害を前に、彼は折れ、1回だけという条件で使用を認める。そしてその後メカニズムを永遠に封じるために、ある決意をしてゴジラが潜む海域に向かう……。

そのクライマックスは何度見ても心に染み入る。

シリーズ化されたゴジラ作品の中で最古にして最高の傑作とされるゆえんは何か。切迫感みなぎる時代のテーマと正面から向き合い、メッセージを誠実に発信したからだ。伊福部《いふくべ》昭《あきら》のあの音楽。無念の歯ぎしりのような咆哮《ほうこう》。それとともに、ゴジラが今の不夜城のごとき湾岸高層ビル群の沖合に浮かぶ姿を思い描いてみる。

映画のラストで志村喬が演じる古生物学者が言う。

「もし水爆実験が続けて行われるとしたら、あのゴジラの同類がまた世界のどこかへ現れてくるかもしれない」

「ゴジラ」
監督／本多猪四郎
特技監督／円谷英二
主演／志村喬
製作国／日本
日本公開／1954年11月3日

混乱期、転変する男と女

浮雲

戦後10年の正月、1955年1月15日に東宝系で公開された。原作は林芙美子の小説で、脚本は水木洋子、監督が成瀬巳喜男。主演が高峰秀子と森雅之。これで駄作になるはずがない。実際、しばしば成瀬の最高傑作といわれる。

ひとくちにいえば、戦中戦後の混乱期を舞台にした、男と女の腐れ縁の悲劇である。男はあきれるほど身勝手であり、女はいたたまれなくなるほど未練がましい。

こういえば、未見の人は「何だ」と思うかもしれない。だが、表面がそういう構図であっても、そのつかみどころのないような複雑な内面世界の表現は深く、見るたびに発見がある。敗戦後なかなか吹っ切れない過去の記憶や「新しい生き方」への懊悩《おうのう》。時代の流れに合わせて器用に転換、便乗した日本人たちが多い中で、乗れずに苦しんだ人々。そういう姿もこの男女に重ね見ることができるのではないか。

幸田ゆき子（高峰）は農林省（当時）のタイピストとして、日本軍が占領中の仏領インドシナ、ベトナムに派遣された。そこで同省の技官富岡兼吾（森）と出会う。ゆき子は皮肉屋の富岡の毒舌に表面は反発するが、内心は引かれた。２人は結ばれる。

南方占領地の夢幻のような日々も、敗戦で幕を下ろす。富岡は、妻と別れて東京で待っているとゆき子に約束し、先の船便で帰還。遅れてゆき子も引き揚げ、代々木の富岡宅を訪ねるが、富岡は約束を履行しておらず、態度は煮え切らない。彼は役所を辞め、事業を起こそうとしているが、それもうまくいっていない。

彩り豊かな果肉がにおい立つような南方の世界とは対照的に、焼け跡に闇市が立つ東京。その灰色世界で2人は殺伐とした逢瀬《おうせ》を繰り返す。

ゆき子は富岡に会えば少女のような喜色を浮かべ、やがて泣き、なじる。

「あなたは見え坊で、移り気で、そのくせ気が小さくて、酒の力で大胆になって、気取り屋で、人間のずるさをいっぱい持って隠している人なのよ」

寄る辺のないゆき子は、進駐軍兵士のオンリーになって食いつなぐ。その闇市かいわいの、電気もない小屋のような部屋。訪ねてきた富岡とロウソクをはさみ、密造酒のカストリを飲みながら語らうシーンがいい。

心中も念頭に2人は群馬の伊香保温泉に逗留《とうりゅう》するが、ここでも富岡は料理店主の若い妻と関係し、察知したゆき子は絶望に泣く。伊香保の石段の場面である。

転変は続き、ゆき子は過去に因縁のあるインチキ宗教の男の囲われ者になるが、大金を持ち逃げし、伊豆の温泉に富岡を電報で呼び出す。

いぶかしげにやって来た富岡は諭すように言う。

「僕たちのロマンスは終戦と同時に消えたんだ。いい年をして昔の夢を見るのはやめた方がいい」

まことに勝手な言い草というほかないが、病の妻とも死別し、事業もできなかった彼は生活を清算する決意だった。農林省の勤めに戻り、鹿児島の屋久島の営林署に赴任することになっていた。

連れて行って、とせがむゆき子。そこで生活をするのは無理だと拒む富岡。しかし、強い求めに折れ、2人は夜行長距離列車に乗る。

この時、既にゆき子の体を病がむしばんでいた……。

屋久島での結末に至る終盤。2人がかつて占領地で過ごした夢の日々には遠いが、逆に2人の心が最も近づいた日々だっただろう。

原作者の林芙美子は戦争中、陸軍の報道班員としてインドシナなどを回った。その経験が作品の背景にある。戦後に、屋久島も取材に訪れた。

彼女は51年に亡くなり、映画化を見ることはなかった。見ていれば、放浪するような孤独とたくましさ、弱さと繊細さ、人恋しさを見事に織りなした高峰秀子の変幻の演技に心動いたに違いない。そこに自分を見たのではないか。

見終わった後の高ぶりに、しばらく夜道の風に吹かれていたいような映画である。

「浮雲」
監督／成瀬巳喜男
主演／高峰秀子、森雅之
製作国／日本
日本公開／１９５５年1月15日

ジミーはキャルそのもの

エデンの東

やや背を丸め、訴えかけるような、はにかむような上目づかいで相手を見る。目はなかなか合わせない。ぼそぼそっとした話の途中で相手に背を向けたり、何かに寄りかかったりする。

それまでにないジェームス（ジミー）・ディーンの演技表現は、大人たちをいらいらさせるものであったかもしれない。

実際、父親役のベテラン俳優レイモンド・マッセイはディーンの型破りを嫌い、それが映画中の父子の確執にそのまま表れているという。

この「エデンの東」（エリア・カザン監督）が東京で公開されたのは1955年10月。だが、主役のディーンは前月末自動車事故でこの世を去っていた。24歳だった。公開時の毎日新聞の映画評は惜しみながら「この若いスターらしい最期である」と結んでいる。

それから半世紀以上、次々に社会に登場する若い世代は、スクリーンの中に永遠の姿をとどめる「ジミー」のイメージを焼きつけ、その孤独や傷つきやすい繊細な心に共感してきた。

舞台は1917年、西海岸カリフォルニア州モントレー郊外の町サリナス。これは原作者スタインベックの生地である。原作は大河小説だが、カザンは親、兄弟の心の葛藤劇に絞った。

ストーリーはこうだ。

父と双子の兄弟の一家。母は早くに死んだことになっていて、兄弟に記憶はない。兄アロンは利発、父に忠実で信頼されている。アブラという将来を約した美しい恋人がいる。

一方、弟キャル（ディーン）は反抗的で何かと問題を起こし、父は彼に困惑と憤りの気持ちを抱いている。キャルはうまく気持ちを表現できないが、兄に偏っている父の愛を渇望している。

父は、この土地名産のレタスを氷詰めの冷凍貨車で鮮度を保ち東部に鉄道輸送する大事業に着手する。だが、災害で列車が途中で立ち往生してしまう。氷は解け、レタスは腐った。事業は無残な失敗に終わって財を失った。

そのころ、キャルは母が実は死んだのではなく、堅苦しい父と別れて、今は近郊で売春宿を営んでいることを突き止める。

この時期、アメリカは第一次世界大戦で欧州の対独戦線に加わろうとしていた。キャルは知恵を得て、戦争で値上がりするに違いない豆の先物取引をし、大金を得る。父の損害を穴埋めをして喜ばせ、自分を認めてもらうためだった。取引の元手資金は、母からひそかに借りた。

父の誕生祝いの日。キャルはいそいそと父に金を差し出す。だが、父が示した反応は——。

ここから一家の瓦解と新たな歩み、和解、救い、といった人間ドラマが展開していく。カリフォルニアの美しい自然が静かに見守る。

『エリア・カザン自伝』（佐々田英則・村川英訳、朝日新聞社）によると、カザンは配役でキャル役に薦められた無名の青年俳優とニューヨークで会うことになった。ディーンである。その初対面の印象。

〈待合室に入っていくと、彼は革張りのソファーの端にだらしない格好で座っていた。ぼろぼろのデニムを着て、脚を折り曲げて重ね、特別な理由はないのに怒っているように見えた〉

カザンは彼をしばらくほったらかしにしてからオフィスに呼び入れ、話し合った。ディーンは話し下手だった。カザンは誘われてディーン運転のオートバイの後ろに乗った。カザンは見抜く。

〈彼はひけらかしてみせたのだ——大都会の車の流れをものともしないカントリーボーイぶりを〉

彼はオフィスに戻ると脚本家に電話して言った。

〈あの子は『エデンの東』のキャルそのものだ〉。それは何か。〈先を見通す分別もなく、自分を〝読む〟こともできない〉

こうしてディーンの前に初めて主役の道が開けた。

前述したように父親役のマッセイは、ディーンを見るだけでいら立ち〈あいつが何をいったりしたりするのか、さっぱりわからん！〉と言った。〈ちゃんと書いてあるとおりに台詞《せりふ》を読むようにさせてくれ〉とカザンに指導の注文もした。

マッセイが自分をばかにしていることを知ってディーンは露骨にふてくされてみせたという。カザンはこの反目、不仲をとりなすどころか、むしろあおって画面に生かした。

カザンはトルコ生まれのギリシャ系移民だ。大学で演劇を学び、舞台の世界から映画の世界に入った。「紳士協定」（47年）、「欲望という名の電車」（51年）、「革命児サパタ」（52年）、「波止場」（54年）、「草原の輝き」（61年）等々、名画史にいくつも名を残す。

戦前、アメリカの共産党に短い間入っていた時期がある。第二次大戦後、米ソ冷戦を背景に「赤狩り」の猛威を振るった下院非米活動委員会に元仲間らの名を挙げた。52年のことだ。証言を拒みハリウッドを追われた映画人もいる中で、カザンは「密告者」「裏切り者」と非難され、終生このイメージが影を落とす。作風にも影響を与えずにはおかなかっただろう。

時代が生んだ癒やしがたい傷。「エデンの東」でキャルが時折表情ににじませる奥深い陰りにも、それがのぞいているのかもしれない。

「エデンの東」
監督／エリア・カザン
主演／ジェームス・ディーン
製作国／アメリカ合衆国
本国公開／１９５５年　日本公開／１９５５年10月１日

戦後の流行に抗す純愛

野菊の如き君なりき

原作は、歌人伊藤左千夫《さちお》が日露戦争直後の1906（明治39）年に発表した小説『野菊の墓』である。

千葉の出身である伊藤は、小説の舞台を東京・葛飾と江戸川の「矢切の渡し」をはさむ村（今の松戸市）に設定したが、木下恵介監督はこれを北信濃（長野県）に移した。山々、盆地、川。四季の移ろい。自然が大きくなり、それがこの恋愛物語の〝純度〟をさらに高めたように映る。

東京での劇場公開は55年11月29日。その2週間前、当時の自由党と日本民主党が結んで自由民主党（自民党）を旗揚げし、この保守合同によって戦後日本政治を方向づける「55年体制」が幕を開けた。

経済も復興から成長へと向かい、古いもの、伝統的な価値観、素朴な美しさ、といったものが、新しさ、効率、快適、といったものにのみ込まれていく時代。それにあえて抗するような、美しく悲しい佳品である。

原作は明治中期の少年時代の恋を10年余の後に回想するかたちを取っているが、映画では、主人公が半世紀の後、孫が来年大学を出るというころになって故郷を訪ねる設定になっている。

この老いた主人公・政夫を演じるのは笠智衆。戦後10年ごろ。便利な鉄道や車は使わず、船頭に頼んで昔のように川舟でゆっくり近づいていく。暗示的である。

独白で言う。「笑わないでください。老い先が短い年寄りには、昔の夢しか残っておりませんものを」

実家は地主の富農だったが、敗戦後の農地改革ですっかり村の様子は変わった。

だが、政夫の心が向いているのは、ただ民子の墓だ。時は秋。政夫は野菊を手向け、回想に浸る。

民子（有田紀子）は政夫（田中晋二）の母（杉村春子）の妹である叔母の娘で、政夫より2歳上。二人は幼なじみで、体が弱った政夫の母の世話をするため民子が住み込んでから、一層心が通い合うようになった。時に子供のようであり、時に大人の気配を見せ、時にけんかする。

天与の仲良さのように、はばかることなくむつまじい二人に、周囲はけげんな目を向け始める。民子は美しい。嫉妬からからかう者もいた。

しかし、二人の間に距離はできなかった。転換をもたらしたのは政夫の中学（旧制）進学である。遠く、寮に入らなければならない。

二人はしばらく離ればなれになるのを悲しむ。霧の渡し場で別れる場面は、これまで幾世代にもわたって涙を誘ってきたところだ。二人は恋を意識する。

政夫の不在中、民子の結婚話が強引に進められ、まとめられた。政夫の母は民子を「民や、民や」と実の娘同様にかわいがっていたが、泣き暮らす民子に政夫のことは諦めて結婚するよう説いた。

やっと民子は応じた。

休暇で帰った政夫はがく然とする。深い失意のうちに学業生活に戻るが、ある日、授業中に母から至急帰ってくるよう電報が届く。

民子は死んだ。嫁いだ後も政夫のことが忘れられず、婚家でも疎んじられた。流産し、体が衰弱する。周囲が後悔した時は遅かった。

民子が消え入るように息を引き取った後、手に握りしめていた往時の政夫の手紙とリンドウの花が見つかった。かつて、民子が野菊なら政夫はリンドウと言った二人の思い出にまつわるものだ。

物語の筋立ては平明、素朴であり、村人らの陰口やからかいも、特に悪意を持ってのことではない。とりたてて悪人はいない。しかし、時代の因習や貧しさ、境遇の違いなどが行く手を阻んで、この天衣無縫のような恋はついえた。そこにやりきれないせつなさがある。

民子の嫁入りのシーン。人力車上でうつむいていた民子が、何か意を決したようにきっと顔を上げ、前を見る。「民子、お嫁さんはうつむいて行きなさい」と祖母。ここも象徴的なところだ。

民子はまっすぐに何を見ようとしたのだろう。

この映画は、回想シーンではカメラに工作したマスクをかけて、画面を楕円《だえん》形に区切った。昔の肖像写真などを見るようだ。

そこにまた、戦後10年の流行に抗し、純粋で美しい恋物語を世に投じた意思を感じるのは、うがちすぎだろうか。

「野菊の如き君なりき」
監督／木下恵介
主演／有田紀子
製作国／日本
日本公開／1955年11月29日

サラリーマン社会へ風刺　早春

小津安二郎監督作品では珍しく「不倫」を物語の軸にした「早春」は、1956（昭和31）年1月29日に公開された。日曜日である。

『全日記　小津安二郎』（フィルムアート社）によれば、この日〈早春　封切大入〉で、八王子の料亭に何人かと行ったことを記している。

前年晩秋に保守合同の「自民党」が生まれて55年体制がスタートしていた。

不倫というなら、小津が戦後間もなく撮った「風の中の牝雞《めんどり》」（48年）もその類に入るかもしれない。

だが「風の―」では、戦地から復員して来ない夫を待つ妻が、窮乏生活の中で子供の医療費を得るため心ならずも売春の誘いに乗り、苦しむ。

「早春」は、生活に倦怠《けんたい》感を覚え始めたサラリーマンと、自由に生きたい女の遊びのような関係から展開する。

両作品をはさむ数年の間に、社会も、ものの考え方も急ぎ足に変わった。しかし「早春」は風俗映画ではない。

脚本は小津と野田高梧《こうご》のコンビによる。蒲田の借家の朝から始まる。夏である。杉山正二（池部良）と昌子（淡島千景）は恋愛結婚したが、2人の間には今、どこかけだるい空気がある。男の子が生きていれば来年は小学生のはずだったが、早くに疫痢《えきり》で失った。

東京駅前、丸ビルにある耐火れんがメーカーの総務部に勤める正二は、毎朝蒲田駅8時28分始発の京浜東北線電車で出勤するのが習いだ。

同じ時間、同じ方向に出勤する男女と会社を超えて仲良くなり、グループで飲食したり、ハイキングに行ったりする。その中に、「キンギョ」のあだ名を持つ金子千代（岸恵子）がいた。千代は、物おじしない奔放な雰囲気を発する女だ。主張もはっきりする。

彼女は正二が好きだった。誘われるように応じた正二は、その外泊を友の病気見舞いで遅くなったため、とごまかす。妻昌子は不信の表情だ。

やがてうわさが広がって露見し、昌子は家を出る……。

だが、この作品はこんな愛憎模様が主テーマではない。丸の内かいわいに象徴されるサラリーマン社会。それへの苦い風刺こそ狙いだったのではないか。

正二の勤める会社も各派の争いのようなものがある。嫌気が差して退職し、コーヒー店を開いた河合（山村聡）。遠くの営業所に「島流し」になった小野寺（笠智衆）。正二はこれらの先輩に親しいが、そのためか、社内で風当たりを感じている。

そして正二は、重役コースにちゃっかり乗った元労働組合委員長の荒川（中村伸郎）から「現場を見るのも君の将来のため」と、生産工場がある岡山県の三石《みついし》への転勤を持ちかけられた。正二は従った。家に妻はいない。独りで支度して旅立つ。執着を清算するような出直しの旅でもある。

この時代の東京のサラリーマン生活への憧れは、ライフスタイル多様化の今では実感しにくいかもしれない。

正二の同期入社の友人が、死期迫る病の床でこう語るシーンがとても印象的だ。

「時々、むやみに会社が恋しくなるんだよ。丸ビルを見たのは、修学旅行で初めて東京へ出てきた時だった。もう夕方で、どの窓にも灯がついていて、秋田県の田舎の中学生の目には、まるで外国のようだったよ。驚いたねえ。それ以来、丸ビルはおれの憧れだった……」

そうした思いを正二も三石に向かう列車の車窓から捨てたのか。三石では黙々と事務の仕事に打ち込み、下宿に戻れば、勉強し直すように本を読むばかり。

そんな生活を送る正二の前に長い旅装を解いた妻昌子が立ち現れ、物語は大団円を迎える。山陽本線を東京へ向かう列車が走り去って行く。2人はそれを穏やかに見送る。

作品はその時代のさまざまな反射鏡だ。この映画でも、例えば、千代のキャラクター。「太陽族」が登場する前の時代だが、戦後復興とともに進む若い女性の社会進出と意識変化が映じているようだ。

まだ若いとはいえ、正二は戦争では前線で戦った世代だ。映画では、戦友会で交わされる思い出話や嘆きが彼らの心情をよく表している。

朝、出勤者たちが路地や空き地から川のように通りに流れ集まり、駅に至ってプラットホームを埋める。電車が入ってくる。

その蒲田駅の光景はまさに時代の映像記録で、鉄道ファンならずとも、深く郷愁に触れてくるものがあるだろう。撮影前の入念なロケハンは日記からもうかがえる。

名画はさまざまな視点で楽しめる。

「早春」
監督／小津安二郎
主演／池辺良
製作国／日本
日本公開／１９５６年１月29日

吉原に生きた女たち

赤線地帯

溝口健二監督の大映作品「赤線地帯」は1956年3月18日に公開された。

この時期、全国に映画館の新築ブームが広がり、館の数は東京だけでも452になった。これは終戦時の4倍と『近代日本総合年表』（岩波書店）にある。日本映画界は黄金期だった。

溝口はこの年8月24日に病没した。58歳である。この「赤線地帯」が遺作になった。

戦後、売春目的の特殊飲食店街だった赤線（警察などが地図上で赤い線で区分したことに由来する）地帯。それを廃止する売春防止法制定前夜、吉原の赤線地帯の一軒「夢の里」に生きる女たちを映画は描く。

「夢の里」は江戸時代の遊郭から4代続く。売春防止法制定の動きに経営者の田谷（進藤英太郎）はいらだち、女たちに繰り返し説く。

「本当にお前たちのことを心配しているのは俺たち業者だ。こうやって店を作って商売させてるから、お前たちは食うのに困らないし、一家心中だってせずにすむんだ」

食わせてもらっているのはどっちだ、と女たちは言いたかろうが、赤線が消えた後、どう生計を立てるか、見当もつかない。

田谷は調子に乗って言いつのる。「俺たちはねえ、政治の行き届かないところを補っているんだ。国家に代わって社会事業をやっているんだ。人権だとか、国の恥だとか、演説さえぶってりゃ食いっぱぐれのない連中は、お前たちの苦労をこれっぽっちもわかっちゃいねえんだ」

女たちはそれぞれの事情と過去を負い、借金に縛られてここにいる。戦中戦後の変動と貧しさが濃い影を落としている。生きるには「夢」が必要だ。

最も人気があるやすみ（若尾文子）は客を巧みにだまして金を巻き上げ、女たちを相手に金貸しもする。高利貸しになって世に復讐しようとする「金色夜叉《こんじきやしゃ》」の貫一《かんいち》をもじって「女貫一」と陰で言われているが気にしない。

疑獄事件で拘留された父の保釈金20万円のために彼女はこの世界に落ち込んだ。金をため、このみじめったらしい境遇から抜け出すという目標ははっきりしていた。

神戸から流れてきたミッキー（京マチ子）は、客を横取りするなど傍若無人の振る舞いで周囲を驚かせる。

貿易商の娘。父の女道楽に苦しみ家出した。やがて「夢の里」で働いていることを知った父は、世間体と妹の縁談を理由に家に帰ってこいと説きにくる。父は苦労をかけた母と死別し、早々と再婚していた。それを聞かされたミッキーは怒り、父を追い返す。涙まみれの関西言葉がしみる。

ゆめ子（三益愛子）は旧満州（中国東北部）からの引き揚げ者。夫と死別し、一人息子を田舎に預けてここで働いている。金をため、将来、鉄筋アパートで母子二人暮らしすることを夢見ている。

だが、息子はひそかに上京し、厚化粧の母が客の袖を引いている姿を見て、がくぜんとする。後日会った息子は母を面罵し、突き放した。

ゆめ子はしばらく店でぼんやりしていたが、やがて旧満州時代の思い出の歌を調子外れに歌い始める。彼女はもはや精神のバランスを失っていた。鬼気迫るシーンだ。

ハナエ（木暮実千代）は勤めを失った結核の夫と赤ん坊のために働いている。首つりしようとする夫を間一髪で助けたり、アパートを追い出されそうになったりするなど、一身に苦労を負うが、くじけない。たくましくさえある。

やすみと所帯を持ちたいというメリヤス問屋の支配人は相当の金を貢ぎ、別府温泉まで新婚旅行だとチケットまで見せる。あっさり断るやすみ。激高した支配人が「だましたか」となじると、彼女は「私はこんなみじめな商売から足を洗いたいと無心したまでよ。こんなところの女に金を出して、後でかれこれ言うのはやぼよ」と言い放つ。

すべて勤め先の金をつぎ込んでいた支配人は錯乱し、やすみは危うく殺されそうになる。だが彼女の目的は揺るぎない。

やはりやすみに夢中になった客で、道楽のあげく夜逃げした貸布団店を買い取った。ついに彼女は嫌悪する世界を抜け出し、今度はその世界を相手に商売をする立場になったのだ。

やすみの立ち居振る舞い、表情、言葉遣いの変化がその〝勝利〟を表現する。

売春防止法は映画の封切りから2カ月余の後に公布。58年4月に罰則が施行された。この作品は社会啓発でも風刺でもない。境遇こそ違え、ひたむきに生きようとする普遍的な人間ドラマであって、だから古びないのだ。

「赤線地帯」
監督／溝口健二
主演／若尾文子
製作国／日本
日本公開／１９５６年３月18日

社会の下層、生き抜いた女

居酒屋

新聞社会面の小さな事件記事は物語の宝庫である。もっともそれは読む側の想像力がカギになる。それがなければ宝庫の扉は開かない。

例えば、1956（昭和31）年10月17日の毎日新聞夕刊社会面の隅。浅草の路上で売春の客引きをした女を浅草署の巡査が逮捕、連行しようとしたところ、仲間の女らが巡査をつるしあげ、その隙《すき》に女を逃がした騒ぎ。その隣には、戦前から結婚詐欺などで繰り返し逮捕され、服役しながら、出所するとまた医師を詐称し、夫を失った女性らを次々にだまして捕まった初老の男。

この年「もはや戦後ではない」という経済白書の文句に記憶されるように、経済は復興から成長軌道へと向かう頃だが、日々の市井の事件はそんなことは関係ない。人間くさい小さな事件記事に、ふと顔をのぞかせては消えていく名もない人々の、来し方行く末に思いをはせると尽きることがない。

その社会面をめくると、映画広告が、ルネ・クレマン監督のフランス作品「居酒屋」の翌18日公開を告げている。社会の下層で圧せられながら、生き抜こうとしたひとりの女。宣伝文句にいう。

「貧困、悪徳、情痴、嫉妬の渦巻くどん底の地獄絵！　殉情な若い妻の幸福とそのあまりに悲惨な末路！」

「殉情」とは情のおもむくままに任せることをいう。だらしないということではない。近代化が進む19世紀後半、フランス第二帝政時代のパリ。その裏町で、運と男と自らの感情に裏切られながらひたむきに生きる女ジェルヴェーズ。原作は、人間とその営み、社会の醜悪さをも飾りなく直視する自然主義文学の草分け、エミール・ゾラ（1840〜1902年）の代表作に数えられる。

ジェルヴェーズは10代半ばで遊び人のような男と内縁の関係となり、南仏の田舎町からパリへ出る。2人の子をなすが、夫ランチエは浮気性の口先だけの男で妻子に気を払わない。彼女は片足に不自由がある。それを押して洗濯女として身を粉にして働く。ランチエの浮気になすすべもないことをあざけられると、相手につかみかかる気性の激しさを持つ。

ついに夫はなけなしの金を持って女と家を出て行った。彼女は絶望から立ち上がり、働く中でやがて純朴な屋根職人クーポーの求愛を得て結婚する。幸せだった。ジェルヴェーズは独立した洗濯店を持つのが夢だった。

ところが、それがかなった時、クーポーが仕事中に屋根から転落、大けがをする。事態は暗転した。クーポーの友人である鍛冶工のグージェの助けで開いた店は、人も雇い入れて繁盛したが、夫のクーポーは屋根から転落した恐怖が忘れられない。仕事に戻れず酒に逃げる日々になった。

そこへ前夫ランチエが裏町に戻ってくる。ジェルヴェーズは心身がこわばるが、クーポーは自分の度量の広さを装うようにランチエに一部屋を与え、同居させる。

ジェルヴェーズは誠実な鍛冶工グージェに心を寄せ、彼の心も反応する。ところが、グージェは労働者にストライキを扇動したとして摘発され、遠くに去った。クーポーは居酒屋に毎日入り浸っては泥酔し、店はすたれ、気力が衰えたジェルヴェーズは心ならずも再びランチエと関係を持つ。だが、ランチエは警官の妻である愛人とこの店舗を乗っ取る魂胆だった。

アルコール依存症が高じたクーポーはある晩、幻覚から大暴れし、店をむちゃくちゃにして拘束された。もはや万事休した。取られた店舗は小ぎれいな菓子店になり、追い出されたジェルヴェーズは、ボロをまとって居酒屋の隅でやつれ果て、生気を失っている……。

ゾラはナポレオン3世による第二帝政時代（1852〜70年）を舞台に「一家族の自然的、社会的歴史」を描く20巻の『ルーゴン・マッカール叢書《そうしょ》』を創作、この「居酒屋」は第7巻で、大きな反響があった。映画にも出てくるジェルヴェーズの娘ナナは第9巻「ナナ」で高級娼婦《しょうふ》となる。

「居酒屋」は小説の発表当時、あまりに露悪的だ、不道徳だという非難もあったが、その透徹した目と表現は今日なおみずみずしい。

映画でジェルヴェーズを演じたマリア・シェルは「女の一生」（1958年）、「白夜」（57年）などの名作があるが、この「居酒屋」がとりわけ印象深い。

監督ルネ・クレマンは叙情あふれる「禁じられた遊び」（51年）、サスペンスの「太陽がいっぱい」（60年）など幅広い作風を持つ。こうした〝文芸映画〟も真に面白く見せるすべはしっかり発揮しているのだろう。終わってなおストーリーと画面が心の中に映じているような感動がある。

「居酒屋」
監督／ルネ・クレマン
主演／マリア・シェル
製作国／フランス
本国公開／1956年　日本公開／1956年10月18日

柳橋芸者と揺らぐ女心

流れる

この項を書く前、東京を予期せぬ大雪が襲った。

隅田川に注ぐ神田川河口の柳橋。風に流れ、横なぐりの雪が濃緑の橋梁《きょうりょう》を急いで化粧しているようだ。

映画のあるシーンを思い起こす。芸者置屋「つたの家《や》」を営むつた奴《やっこ》が、髪を整えながらこう語るのだ。

「もうダメね。昔の芸者はずいぶん丁寧に耳の後ろまで磨き込んだものだから、素人さんにはない清潔さがあったもんだけれど、今はもうみんなモジャモジャの髪でしょう、モジャモジャの耳の下まできれいだって信用は持てないもんねえ」

演じるのは山田五十鈴である。東京でも屈指の花柳界だった柳橋。時は1950年代半ば。やがて経済成長の時代の波に流されるようにその灯火は細っていくが、このセリフはそれを暗示する。

「私たちの若いころはねえ、素人さんの領分とこっちの領分がはっきりしていて、私たちは何となく素人には負けまいっていう突っ張りみたいなものを教え込まれたのよ。それがこのごろ違ってきた。着るものだって、髪の形だって、芸事だって、芸者に特別なものはなくなったでしょ。芸者は素人さんに押されているみたいよ」

柳橋芸者は誇り高く芸で売ったといわれる。

成瀬巳喜男がメガホンを執った東宝作品「流れる」は、56年11月20日に公開された。前日に東海道本線の全線電化が完成している。

原作は幸田文《あや》のベストセラー、脚本は田中澄江、井手俊郎。舞台の台東区柳橋のロケもしているが、細部に至るまで精密に作り込まれたオープンセットもいい。

物語は、この「つたの家」の家事に梨花（田中絹代）が住み込みで雇われたところから始まる。その目に映るのは、華やかな花柳界の陰で流れから外れ、没落していく置屋と、その中で打算と喜怒哀楽に生きる人間群像だ。

待遇に不満な若い芸者は抜けていき、今残るのは、なな子（岡田茉莉子）と中年の染香《そめか》（杉村春子）。つた奴の妹米子（中北千枝子）は男と別れて幼い娘とここに転がり込む。つた奴の一人娘勝代（高峰秀子）はいったん芸者になるが、その古い世界に嫌気がさしてやめ、職業安定所で仕事を探している。

あるじのつた奴は、ほれ込んだ男の事業話に金をつぎ込んだため、男と切れた後も多額の借金に苦しむ。昔の旦那に頼ろうとも考えるがかわされ、柳橋芸者の心を深く傷つけられる。

結局、昔世話になった芸者で、今は料亭の女将《おかみ》で羽振りがいいお浜（栗島すみ子）がここを買い取ることで話はつく。つた奴はこれで借金を払い、改めてここを置屋として借りるつもりだったが、お浜は腹の中で別のことを考えていた……。

若いなな子は当時の言葉でいえば、ドライな考え方をしていた。つた奴流にいうなら「モジャモジャ」の世代。

この世界に入る前に勤めをしていたころ関係があった当時の部長から、呼び出しの電話がくる。

なな子は10円玉を放って表が出たので行くと決め、小石川の旅館に出かけていくが、翌朝表情に怒気をみなぎらせて帰ってくる。

「幻滅よ。行って損しちゃった。落ち目になった男って身震いするほどいやらしいわね。昔のこと言いだして、タダで遊ぼうなんて男、さもしくって顔も見られなかったわよ」

染香は10歳年下の男とアパートに暮らしていたが、男が結婚話で故郷に帰ってしまい、荒れる。朝、泥酔して「つたの家」に現れた染香に軽蔑の目を向ける勝代。染香は「男を知らないあんたに何がわかる」と悪態をつき、もうここの世話にならない、と、やはり不満を持つなな子と出ていく。

だがこの世界は厳しい。若いなな子はよそでも売れっ子になれたが、年配の染香はそうはいかない。やがて愛想笑いをたたえ、菓子折りを持って現れ、ここにまた置いてくれ、とわびを入れる。

どこかおかしく、哀切な杉村春子の名演である。

思えば、これは女たちの物語である。登場する男は添えもの程度。あるいは筋の上で重要でも画面にはまったく出てこない。つた奴の元旦那。なな子に「さもしい」とさげすまれた部長。染香の世話になりながら、あっさり去ったヒモのような年下の男……。

女たちをそれを踏み越えていく。最後のシーンがそれを暗示しているように映るのだが、どうだろうか。

雪が激しくなった。無数の喜怒哀楽が往来した柳橋が、幻影のように煙った。

「流れる」
監督／成瀬巳喜男
主演／田中絹代
製作国／日本
日本公開／１９５６年11月20日

一般市民が裁く重み　十二人の怒れる男

２００９年春、いよいよ裁判員制度が始まるぞというころ。文京区のＤＶＤレンタル店で棚に「裁判員制度に必見」と記され、アメリカ映画「十二人の怒れる男」（１９５７年）が置かれていた。

古い伝統を持つアメリカの陪審制度と日本の裁判員制度はいくつも相違点があるが、司法の専門家ではない一般市民が無作為に選ばれて裁判に参加し、犯罪を裁く立場になることに違いはない。

そしてその重い悩みも。

ストーリーはこうだ。

ニューヨークの裁判所。父親を殺したとして起訴された18歳の不良少年。その法廷審理が終わり、12人の陪審員が別室で評議して有罪・無罪を決する段になった。多数決ではない。全員一致でなければ評決は成立しない制度だ。

少年は自分は事件当時現場におらず、無実だと主張している。だがアリバイ証明がない。彼は用意したナイフで計画的に父を刺殺したとして「第1級殺人罪」に問われており、有罪の結論が出れば死刑になる。

ニューヨークはこの夏一番の暑さ。その午後、冷房もない部屋で陪審員の多くはいらだち、結論を急いだ。ヤンキースのナイターに行きたがっている者もいる。

提案でいきなり挙手で全員の意見を示した。有罪11人、無罪1人。全員即座に有罪という結論になると思っていた11人はいぶかしんだ。無罪としたのは建築士（ヘンリー・フォンダが演じた）で、彼は静かに言うのだ。

「考えを変えろとは言わない。ただ、人の生死を5分間で決めていいのか。話し合おうじゃないか」

彼とて無罪を確信しているわけではない。こうも言う。「彼は不幸な子供だった。反抗的になったのも毎日頭を殴られたからだ。惨めな18年だ。少しは討論してやろう」

不平を漏らし、悪態をつきながら、陪審員たちはとりとめもなく語り始める。

そして少しずつ、矛盾点が浮かんでくる。

事件の目撃者は2人。一見筋の通っているその証言だが、くり返し検証するうち首をかしげる疑問がわく。

映画未見の人のため詳細は割愛するが、この意外な展開は見事だ。派手なアクションも彩りもない、室内だけの会話劇のような構成なのに、手が汗ばむほどの緊張感がある。

冤罪《えんざい》を生みかねない人間の思い込みの怖さ。

だが、この映画が訴えかけてくるのは、それだけではない。むしろ、テーマはこっちではないかとさえ思う。大都会に暮らす人々がそれぞれ抱えた孤独である。

例えば、陪審員たちの有罪の確信が崩れていく中で、最後まで有罪を言い張り、少年をののしる男。ゼロから宅配業を始め、今は37人の従業員を使う経営者だ。鍛えたつもりの最愛の息子に嫌われ、2年も会っていない。

その耐え難い孤独と愛憎の感情が、少年被告への偏見に転化しているのだった。

また、少年の叫び声を聞き、逃走を見たという一人住まいの老人の証言。これも矛盾を露呈するが、陪審員の中から「彼はなぜウソを」と不思議がる声が上がる。

すかさず老いた陪審員が言う。

「目立つためさ。彼の気持ちはよく分かる。人に認められたり、新聞に名が出たこともなく、顧みられない人生。一生に一度でいい、自分の言葉が引用されたらどんなにうれしいか。彼はウソをついたつもりはないいんだ」

この物語のもう一つの主人公は、陪審制度だ。

境遇も価値観も千差万別の見ず知らずの者同士が徹底的に話し合う。映画では、評議が紛糾した時に移民の陪審員がとつとつと皆にこう語りかけ、冷静さを求める場面がある。

「私たちはそれぞれ郵便で通知を受けて集まり、知らない人間の有罪か無罪かを決める。評決で私たちには何の得も損もない。この国が強い理由はここにある」

陪審制度は、民主主義と市民参加の理念を端的に表しているといわれる。私たちの国の裁判員制度もそうだ。

骨太な社会派監督、シドニー・ルメットがメガホンを取ったこの名画。見たことがある裁判員ならば、悩む時にふと胸中に再生される場面やせりふがあるに違いない。

「十二人の怒れる男」
監督／シドニー・ルメット
主演／ヘンリー・フォンダ
製作国／アメリカ合衆国
本国公開／1957年　日本公開／1957年4月1日

落語の世界を現代風に

幕末太陽傳

時は幕末、にぎわう品川の遊郭。佐平次《さへいじ》という男、町人仲間を引き連れて堂々「相模屋」に登楼し、飲めや歌えやのお大尽遊び。実は銭はまったく持っていない。

翌朝に仲間たちは早く帰らせ、彼だけ居残る。出された書付《かきつけ》（請求書）を前に「ほう、こんなものかい、あれだけ遊ばしてもらって、ばかに安いねえ」などと言ってはぐらかし、酒の追加を頼んだりして払いを先延ばしにする。気を持たせた揚げ句、ついにあっけらかんと、さも愉快そうに言い放つのだ。

「ところがだ、この俺が一文も懐に持ってないってんだから、面白いじゃねえか」

佐平次はタダ働きで借りを返すことになる。

ところが、この男、大変なマルチ才人。楼内を駆け巡って客のサービスをし、遊女たちの頼みごとをかなえ、トラブルを次々に解決する。「居残りさん」「いのさん」などと呼ばれて重宝がられ、すっかり人気者になってしまう。居残りが稼業だったのだ。

一方、この相模屋には高杉晋作ら長州の若い志士らが攘夷《じょうい》の機会を狙って居続けており、佐平次も絡んで物語は展開していく……。

1957年7月に封切られた川島雄三監督の日活作品「幕末太陽傳《でん》」は、この「居残り佐平次」を軸に「品川心中」「三枚起請《きしょう》」など遊郭が舞台の古い落語が織り込まれている。

タイトルは、前年「太陽の季節」などで一世を風靡《ふうび》した〝太陽族映画〟をひっかけたものだ。だが、趣はだいぶ違う。

主人公の佐平次はフランキー堺。一方、騒々しく体制に反抗的で、いわば幕末の太陽族的な役どころである志士たちは、石原裕次郎、小林旭、二谷英明らが演じた。競い合う遊女の左幸子、南田洋子がまた好演である。

当時売り出しの看板スターをわきに、喜劇作品が多かったフランキー堺を主役に起用したが、これが大成功だったと思う。落語が描いた世界を血肉化し、現代風のテンポで演じて見せた。

そして、陽気ながら他人とは深いかかわりを持とうとせず、独りの時に、表情にふとのぞかせる深い陰り。佐平次は重い胸の病を抱いているという設定である。

こうした底抜けの陽性と虚無の深淵をのぞくような落差は、フランキー堺にしか演じられなかったのではないか。

反骨も佐平次の持ち味だった。印象的なせりふ（脚本は田中啓一、川島、今村昌平）がちりばめられている。中でも品川沖の舟上で、高杉に秘密保持のため「斬る」と脅された時吐いたのがいい。

「へへえ、それが二本差しの理屈でござんすかい。ちょいと都合が悪けりゃ『こりゃ町人、命はもらった』と来やがら。どうせ旦那方は、百姓町人から絞りあげたおかみの金で、やれ攘夷の、勤王のと騒ぎ回っていりゃすむだろうが、こちとら町人はそうはいかねえ」

「手前一人の才覚で世渡りするからにゃあ、へへ、首が飛んでも動いてみせまさあ」

フランキー堺は1929年、鹿児島の生まれ。慶応大在学中からジャズのドラマーとして進駐軍キャンプにも出入りした。映画では、この「太陽傳」の後、東宝の「駅前シリーズ」「社長シリーズ」などコメディーや、テレビと映画になった「私は貝になりたい」のようなシリアスもの、「モスラ」のようなSFなど、その芸域はとらえどころのないほど広い。

「太陽傳」が一つの転機になったのではないか。彼は後に川島を恩師と書いている。

川島は18年、青森県の下北半島、田名部《たなぶ》(現むつ市)の旧家に生まれた。明治大の映画研究会に属し、日中戦争のさなか、まず松竹に入社した。進行性の病に侵されていたといわれる。63年、45歳で急逝した。ジャンルは広く、50本を超える作品を残している。

私は「洲崎パラダイス赤信号」「しとやかな獣」「愛のお荷物」「風船」などが好きだが、独特のおかしみ、風刺、ペーソス、情愛の表現は多様だ。まるで佐平次の多才がそこに映ってもいるようだ。

「太陽傳」公開の57年は敗戦色も消えたころ。2月に岸信介内閣が発足して新たな日米安保体制を目指した。経済は復興、成長し、街は彩りを増す。豊かさは「太陽族」など若者文化の台頭ももたらす。そして、ロックンロールの風が世界に吹いていた。

余談ながら、その7月、イギリスの港町の教会のバザーで、2人の少年が偶然出会った。ジョンとポールというこの2人は素人バンドを組む。後のビートルズである。

そういう時代だった。

「幕末太陽傳」
監督／川島雄三
主演／フランキー堺
製作国／日本
日本公開／1957年7月1日

崇高さと愚かさ、紙一重

戦場にかける橋

映画の主題歌とは知らなかった。あの口笛の行進曲「クワイ河マーチ」（原曲「ボギー大佐」）は小学校の運動会で何度鳴り響いたことか。

子供心にも不思議な感興がわく曲だった。わが田舎町の秋空から降ってくるような、山の向こうから異邦の人々が続々と現れてきそうな。

ずっと後年になって映画を見た。日本軍の捕虜になった英軍兵士たちの行進場面でこの曲が流れ、遠い日の運動会の入場行進を思い出した。

デビッド・リーン監督の英米合作品。東京では１９５７（昭和32）年12月25日、日比谷で封切られた。その日の毎日新聞夕刊は、前夜のクリスマスイブで酔い疲れ、新宿駅待合室で眠りほうける若者たちの写真を載せている。

「戦場にかける橋」は戦争映画には違いない。だが戦いと勝敗の手に汗握るスリルを描くのではない。人間の崇高な精神と度し難い愚かさは紙一重、あるいは一体であることを、軽快な主題歌とともに教えてくれるのである。

舞台は第二次世界大戦下、タイとビルマ（現ミャンマー）の境付近のジャングルにある日本軍捕虜収容所。ニコルスン大佐（アレック・ギネス）ら英軍将兵たちが送り込まれてきた。

所長の斎藤大佐（早川雪洲）は、彼らにクワイ川に架ける木造の鉄道橋建設を命じるが、ニコルスンは将校たちの労役はジュネーブ協定に反すると拒んで、殴られる。

土中に光を閉ざした懲罰の独房など、過酷な制裁が加えられても彼は屈しない。斎藤は、この鉄道（泰緬《たいめん》鉄道）敷設で課せられた工程ノルマが達成できないことに焦り、一転して酒食のもてなしなどをして懐柔を図る。ニコルスンは変わらない。

彼は部下の信頼を一身に集めていた。このままでは、捕虜たちは働かない。斎藤はついに折れ、ニコルスンの言い分を受け入れた。斎藤は悲痛な敗北感を味わう。

ニコルスンらには橋梁《きょうりょう》建設の技術や経験がある。彼は英軍人の優秀さと達成力を示す時だとして、てきぱきと仕事を指示する。

監視の目を盗み巧みにサボタージュするものと思っていた部下たちは戸惑うのだが、ニコルスンにとっては完璧な建設達成こそが、誇りをかけた目標になっている。

完成した。上から課せられたノルマを果たした斎藤だったが、捕虜を支配できなかった屈辱のうちに、ひそかに自決を決意する。

開通祝いの日本軍人らを載せた列車が来る前、ニコルスンは橋に不審な仕掛けがされていることに気づく。収容所から脱走していた米兵らの破壊工作隊が潜入、爆薬を付けていたのだ。

列車が近づいてくる。

ニコルスンは爆破を阻止しようと、導火線を引いた先をたどっていくが……。

彼には、たとえそれが敵（日本軍）に利することになろうと、心血を注いだ橋は軍人としての任務達成の誉れだったのだろう。

ほとんどの者たちは死んだ。美しいジャングルの山河の中で繰り広げられる破壊と争闘のシーン。

それが、戦争がもたらす底知れないむなしさと倒錯、最後に捕虜の軍医が「狂っている」と嘆息したような愚かしさを語っている。

映画はアカデミー賞の作品賞など7部門を受賞した。

公開の57年、日本は戦後の復興から経済成長への転換期だった。

前述したクリスマスイブは、警視庁築地署によると銀座に延べ100万人の人出があり、泥酔保護、器物損壊、けんかが相次いだ。

450人の警官が動員され忙殺された。こんな熱気、今は昔である。

気になるベタ記事がある。イブの夜中、銀座6丁目の路上で、16歳の店員から450円入りの定期入れをスリ取った5人組が警察に捕まった。30歳から16歳までの男女。上京したスリ団の一味で、コートの下に隠して締めたバンドに銀座のデパートで万引きした盗品をぶら下げていた。

スリ団メンバーは同郷で、上京後、盗品は駅留め荷物にして遠い郷里に送っていたと記事にある。
貧しさの中に豊かさも混在し、どこか荒々しいような、元気なような、そんな時代の空気を映しているようだ。

「戦場にかける橋」
監督／デビッド・リーン
主演／ウィリアム・ホールデン
製作国／アメリカ合衆国
本国公開／１９５７年　日本公開／１９５７年12月25日

上京青年の失意と絶望　張込み

うだるような夏、東京。

深川の質店に2人組の拳銃強盗が押し入り、主人を殺した。1人は捕まったが、もう1人の男、30歳の石井（田村高広）は姿をくらました。

共犯者の話では、石井は昔の女に会いたいと漏らしていた。女は割り出された。さだ子という。もう結婚しているが、石井は彼女に会いに行く可能性がある。

警視庁捜査一課の刑事柚木（大木実）とベテランの下岡（宮口精二）が派遣されることになった。2人は、東京駅では新聞記者の目に留まるかもしれないと、横浜駅に回り、発車間もない満員の下り夜行列車に飛び乗った。

暑熱の車内。行く先は女の嫁ぎ先である佐賀。着くのは翌日の夜だ……。

1958年1月、松竹の正月映画として公開された「張込み」は、松本清張の短編を原作に橋本忍が脚本を書いた。監督野村芳太郎はこれで一躍注目され、後に多くの清張作品を残すことになる。

犯人はわかっている。トリックも活劇もない。犯人が寄るかもしれぬという所に張り込み、じりじり待つ刑事。

この地味な小品が、映画の後も、何度もテレビドラマ化され、筋は承知でも見る人が多いのはなぜか。人間の内面に潜むもう一人の自分という、この世で一番ミステリアスなものを描くからだろう。

さだ子（高峰秀子）は、かつて故郷の山口で石井の恋人だったが、3年前、石井は東京の豊かさを夢想し、彼女と別れて上京した。現実は厳しい。石井は職を転々、胸も病み、自暴自棄になる。苛酷な職場で知り合った仲間と事件を起こす。

一方、さだ子は話があって、佐賀の銀行員横川（清水将夫）の後添えになる。横川は妻を亡くし、2男1女の子持ちだ。ケチな男で、さだ子には毎日100円を渡してそれで賄わせる。結婚してしばらくは米櫃《こめびつ》に錠を掛けて、炊く飯は自分で量るほどだった。

セールスマンと偽り、家の前にある旅館2階の部屋を取った刑事たち。ひそかに見張るさだ子の主婦としての日常は時計仕掛けのように決まっており、平板で何もない。

やや老けてさえ見え、往時石井と恋に燃えたような気配はみじんもない。柚木は障子の陰から見つめながら、イメージと実像の落差を不思議に思い、石井が来るかもしれないと思った自分のカンに自信が揺らぐのだった。

だが、来たのである。

柚木が一人で見張っている時、さだ子が出かけた。時計を見ると、いつも買い物に出る時間ではない。この何日もの間で、彼女は初めて説明のつかない行動に出た。

近くまで来た石井が人に伝言を託したのだ。

はっとした柚木は追うが、見失い、駆け回るうちに、それらしい2人の男女が温泉地行きのバスに乗ったことを突き止める。

汗みどろの追跡劇は、ワイド画面を生かしたカメラワークも素晴らしく、スリリングだ。クライマックスの温泉地の撮影は大分県の宝泉寺温泉で行われた。

柚木は電話で応援要請し、野外で熱く語らう2人に接近する。そこにいるさだ子は、まるで別人だった。あの無気力な、表情を失ったさだ子ではなかった。生命を燃焼させている女だ。

そして旅館。下岡や佐賀県警の警官たちも到着、包囲した。石井は風呂から出てきたところを逮捕された。

何も知らず、遅れて出てきたさだ子の眼前に初めて姿を現した柚木。「すぐにバスでお帰りなさい。今からだと、ご主人の帰宅に間に合います」と静かに促した。

さだ子は——。

原作では柚木が一人で張り込むのだが、脚本は下岡刑事を加えた。独身の柚木自身が結婚をめぐって生活上の難問を抱えて悩む、というストーリーも重ねている。

鉄道ファンにもたまらない一編だろう。当時の電気、蒸気機関車が続々と登場し、客車内や駅の映像も貴重だ。

掘割が美しい佐賀の街並み、さだ子が買い物する露天のマーケット、そのスピーカーから流れる美空ひばりの「港町十三番地」……。

石井の足跡を求めて、刑事たちが東京の零細工場街などをたどる場面も忘れ難い。現実にあった当時の東京の風景に、上京青年の失意と絶望がにじみ出ている。

さだ子の夫にも触れたい。実につまらぬ、ケチな男。職場でも気難しい小心者に違いない。だが、もしかしたら、彼のような男こそ、戦後の貧しい時代の一角を支えたのではなかったか。最近何度目かこの作品を見直して、ふと頭をよぎったことである。

「張込み」
監督／野村芳太郎
主演／宮口精二
製作国／日本
日本公開／１９５８年１月１日

青春期の揺れる心と共鳴

悲しみよこんにちは

1954年、フランソワーズ・サガンのデビュー作『悲しみよこんにちは』が出版されるやたちまちベストセラーになり、フランスにとどまらず各国に翻訳された。

文学界の大事件といっていい。18歳の少女が書いた多感で奔放、繊細な世界。底に流れる深い寂寥《せきりょう》と虚無感。背徳のにおいと清純さと。とらえどころのない青春期の心と強く共鳴する何かがあった。

3年後に映像化に挑んだのはアメリカのハリウッドだった。監督オットー・プレミンジャーは主人公の少女セシルにジーン・セバーグを登用、そのキュートで、旧弊を乗り越えていくようなボーイッシュな髪形が「セシルカット」として若い女性たちの流行になった。

映画は、東京では58年4月29日、日比谷スカラ座で公開された。

この月、衆議院が解散して政情は落ち着かず、4打席4三振の鮮烈デビューに、プロ野球界が長嶋茂雄人気でわいていた春である。

ドラマの筋書きは創作としても、その感性、内面の移ろいは、作者と主人公が形影をなす。

主舞台は南仏の地中海が眼下の岸を洗う別荘地の夏。17歳のセシルは、富裕な事業家の父レイモン（デビッド・ニーブン）と、端役の女優で父の若い愛人であるエルザ（ミレーヌ・ドモンジョ）の3人で、パリから避暑に来た。

父は15年前に妻（セシルの母）を亡くした。今40歳そこそこ。〝誠実な享楽主義者〟というべきか、遊興とアバンチュールに屈託なく生き、次から次に相手を替えて一人娘のセシルにも隠さない。彼女はそんな父が大好きだ。

セシルは試験に落ちて進学もままならぬ身だが、再び受験する準備は一向に気が乗らず、近くの別荘に来ている大学生と恋仲になる。

満たされた夏だった。

その平和に波が立ったのは、亡母の親友だったアンヌ（デボラ・カー）が、父の気まぐれな招きに応じてパリから別荘にやって来てからだ。

父と同世代のアンヌは服飾デザイナーとして活躍し、いかにもパリ社交界の上流階級向きの話題、価値観、作法をまとい、対照的に気さくで飾り気のないエルザとは話がかみ合わない。

父はそんな才気と美貌を備えたアンヌにひかれ、エルザから心は離れて、アンヌに近づく。そして結婚の申し入れに彼女も心が動き、2人は婚約を公にした。

アンヌはセシルの母親顔をするようになり、試験準備の勉強を命じ、大学生との付き合いも禁じた。セシルの内面に変化が起きる。父はアンヌに奪われた。そして私も支配しようとしている……。

セシルはひそかに2人の間を裂く計画を立てる。

その仕掛けに使うのはエルザだった。父から捨てられた格好の彼女はまだこの土地に残っていた。セシルは、エルザに新たに若い恋人ができたと父に思わせることに成功する。

案の定、そう思い込んだ父が落ち着かなくなった。若い男に負けるか、という中年男の焦り。ついに父はアンヌにうそをついて、エルザと密会する。その情事を目の当たりにしたアンヌは——。

その急展開と結末、心境は仕組んだセシル自身予想もしなかったことだった。

セバーグはヌーベルバーグの代表作である59年のフランス映画「勝手にしやがれ」（ジャン・リュック・ゴダール監督）に出演、さらに評価を高めた。

79年9月8日の夜、アパートにほど近いパリの路上に止めた車の中で、遺体で発見された。自殺とみられる。40歳だった。

サガンは『ブラームスはお好き』など秀作を発表し、現代の代表的な作家として地歩を占めたが、一方で、浪費癖やギャンブルなどをめぐりスキャンダルもあった。

特に、事故による入院治療がきっかけで薬物依存に長く苦しんだといわれる。2004年9月24日夜、ノルマンディー地方の病院で死去。69歳だった。

没後に製作され、09年に日本でも公開されたフランス映画「サガン—悲しみよこんにちは—」（ディアーヌ・キュリス監督）が、彼女の作家人生と孤独を描いている。

「悲しみよこんにちは」
監督／オットー・プレミンジャー
主演／ジーン・セバーグ
製作国／アメリカ合衆国
本国公開／1957年　日本公開／1958年4月29日

新旧混然の日本を風刺

駅前旅館

この年、東京は空梅雨だったという。

1958(昭和33)年7月、毎日新聞夕刊が面白い写真企画を連載した。復興したビル街屋上からの新光景。題して「東京の屋根の上」。往年のフランス映画「巴里の屋根の下」をもじったのだろう。

将来のスターを夢見て夜の有楽町、きらびやかなネオンを眼下に、日劇屋上で激しいレッスンを続けるレオタード姿の女たち。

建造中の東京タワー。はるかな天空へ向けて鉄骨を組み立てていくトビたち。見るだけで足がすくむ写真は、ヘリコプターから撮っている。

数寄屋橋ぎわの9階屋上ビアガーデンは連日満員。女性客がぐんぐん増えているのが一因だ。女性がビール、男性がジュースという「アベック」も珍しくない——と今書けば失笑を買うだろうが、新旧の感覚が入れ替わっていた、あの時代の雰囲気が伝わってくるようだ。

この7月、東宝系で公開された「駅前旅館」(監督・豊田四郎)は、そんな流れに意地を見せた、古い旅館の番頭らの物語である。

原作は井伏鱒二、舞台は上野駅かいわい。人々が旅行の余裕も取り戻した時代だ。

この道一筋の番頭次平に森繁久弥、けれんみたっぷりの番頭仲間に伴淳三郎、旅行会社添乗員にフランキー堺、次平を慕う飲み屋のおかみに淡島千景という芸達者の配役。

修学旅行、職場の慰安旅行など、団体がラッシュのように来ては去りの大忙しの中で、当時の世相風俗、上野駅前の情景が画面に映し出される。高層ビル林立の今から見れば、あのころの東京の空の広さは驚くばかりだ。

古さ（修学旅行生たちが宿へ米を持参している）と新しさ（女子高校生らの奔放さなど）が混然と描かれる。

戦後復興から成長へ、時代は活気づいていた。そして番頭次平は次第に「用のない」立場に追いやられつつあった。彼は路上を行き交う客の呼び込み、さばきに卓抜した技を持ち、誇っていた。

だが旅行会社の指定旅館になり、組まれたスケジュールに従ってさばいていれば安泰な世になったのだ。

そんな流儀に反発する次平に、旅館の経営者夫婦があきれたように言う。

「今日日《きょうび》、団体さんこそお客サマサマなんだ」

「ビジネス、ビジネス。番頭さんは単なる事務員でいいんですよ」

上野駅では、なじみ客の出迎えに行った次平が、業者仲間が打ってくれた符丁のような連絡電報を持っていたために、理解できない新世代の巡査に怪しまれる。これも象徴的な場面だ。

電文は「ソハヤマタオ一メ三イマノタ」。「ソハ」は名産のソバにちなんで長野県のこと。「ヤマタ」は山田、「オ一」は男性1名、「メ三」は女性3名、イマノタは今列車に乗ったの意。節約のため電文を極力縮めるこの世界の工夫だった。ケータイ万能の今の世にはあり得ない。

いろんな騒動の後で、次平はまだ自分を必要としてくれる旅館を求めて上野を旅立つ。ついてくる飲み屋のおかみ。この森繁、淡島コンビが醸し出す情感は、豊田監督が先に大阪を舞台に同じ2人で撮った「夫婦善哉」（原作・織田作之助）を思い起こさせる。法善寺横丁を上野に置き換えたという感じである。

「駅前旅館」の成功から3年後の1961年夏、原作のないオリジナル作品「喜劇　駅前団地」（監督・久松静児）が公開され、「駅前」シリーズが走り出す。高度経済成長期に重なって日本社会の喜怒哀楽を映し、風刺する長期シリーズとなった。

「駅前団地」は東京郊外に広がり始めた団地造成をめぐるコメディー。小田急線百合ケ丘駅や西生田駅（現読売ランド前駅）周辺の起伏豊かな丘陵地や駅前の店、共同住宅が点在する風景などがふんだんに出てくる。この辺りを知る人には隔世の感ひしひしといったところだろう。

つい昨日のようで、遠い幻影のような昔である。

「駅前旅館」
監督／豊田四郎
主演／森繁久彌
製作国／日本
日本公開／1958年7月1日

抑制できぬ思い表現

めまい

1958（昭和33）年。発展途上のテレビが新境地を開いていた。このころ民放開局も相次ぐ。「月光仮面」「事件記者」「バス通り裏」「ロッテ歌のアルバム」……。伝説の名テレビ番組が次々に登場した。

4月1日には売春防止法が施行され、赤線の灯は消えた。多摩動物公園が開園したのはこの年の5月だった。

11月には皇太子（現天皇陛下）ご婚約が発表された。12月、東京の冬空に東京タワーが映えた。

戦後13年。時代の風景は移り、彩りを増していた。

そして、この年公開の米映画で屈指の名作に挙げられるのが、ヒッチコック監督の「めまい」である。

主人公スコティ（ジェームズ・スチュワート）は高所恐怖症である。椅子の上に立つのさえ苦痛だ。元はサンフランシスコの刑事。それも将来は署長にと目される腕利きだった。発症のきっかけは、屋根上での犯罪者追跡だ。スコティが落ちかかり、彼を助けようとした警官が転落死してしまう。

この症状があっては刑事は務まらない。スコティは職を去った。そこへ、学生時代の旧友である造船会社社長から奇妙な依頼が来る。

妻マデリン（キム・ノバク）の行動を監視してほしいというのだ。時折、彼女は取りつかれたように出かける。古い墓や肖像画の前にたたずんだりするのだが、それはかつて子供を奪われる悲運のうちに心を病み、自ら命を絶った曽祖母のものだった。マデリンは曽祖母を知らない。旧友はマデリンは曽祖母の亡霊にとりつかれているのだという。このままでは死に誘われる。尾行するうち、マデリンに強い恋心を抱いたスコティは、彼女を救うことを真剣に考える。

突然、教会の高い鐘楼を駆け上った彼女を追って、スコティはめまいを覚えながららせん階段を上るが、先に上に着いた彼女が投身し、絶命する。スコティは精神のバランスを崩してしまう。

ようやく立ち直ったスコティはある日、街角ではっと立ち止まる。マデリンそっくりの女が歩きながら談笑しているではないか……。

仕掛けられていた犯罪のからくりが最後に明かされるが、この映画は謎解きを楽しむだけのものではない。

旧友の妻であろうと抑制できぬ思いを表に出すスコティ。演じるジェームズ・スチュワートは、それまでの彼が造形してきた善良、温厚な人物とは異なるイメージだ。

分別を見失った中年男のだらしない惑溺ではなく、情熱をストレートに表現し、思いを遂げようする野性味というべきか。明朗な元刑事が宿す二重人格の裏の方といえるかもしれない。だが、それを押し通すなら、その先には悲劇的な結末が待つだけだ。最後に息をのむ展開がある。

この作品が日比谷映画劇場で公開された58年10月26日、東京は雨が降った。日米親善野球で来日中の大リーグ・カージナルスの選手たちは、試合が繰り延べになったため、都内見物に出た。今に語り伝えられる名手ミュージアルが妻と帝国ホテルで仲良く買い物をする姿が、毎日新聞夕刊に載っている。

経済復興から成長へ、東京は時代を映して豊かさを増していたが、殺伐とした犯罪も相次いだ。

この日午前2時半ごろ、渋谷の会社社長宅にピストルを持った3人組強盗が、塀を乗り越えて押し入った。

社長が2万円を渡すと、賊は「こんなでかい家でこれっぱかりという話があるか」と家人に家の中を案内させ、現金二十数万円を強奪。トランジスタラジオ、スイス製腕時計なども持って行ったと記事にある。

同日午前0時半ごろ、警視庁のスリ班刑事たちが張り込んで総武線上り最終電車内でスリ団を摘発、10分余の大格闘の末、8人を逮捕した。

酔って寝ている乗客を取り囲んで財布を抜き取る手口。被害続発でサラリーマンらの間では

「魔の最終電車」と恐れられていたという。
55年昔の東京の秋である。

「めまい」
監督／アルフレッド・ヒッチコック
主演／ジェームズ・スチュワート
製作国／アメリカ合衆国
本国公開／1958年　日本公開／1958年10月26日

セクシー、無垢、孤影…

お熱いのがお好き

「お熱いのがお好き」が丸の内の松竹ピカデリーで公開されたのは、1959（昭和34）年4月29日だった。

早朝と学生は150円、一般は210円、指定は300円と当時の宣伝にある。

東京はこの月10日、皇太子（現在の天皇陛下）ご結婚祝賀にわき、23日は統一地方選で保革激突の末、新都知事に東龍太郎が当選した。

テレビが普及し始めたころでもある。29日の毎日新聞朝刊の家庭面では、テレビが子供に与える影響と対策例を記事にしている。

そしてテレビは劇場映画界への脅威になりつつあった。そんなころ、この喜劇の大傑作は登場した。

ハリウッドの名匠ビリー・ワイルダー監督が「七年目の浮気」に続いてマリリン・モンローと組んだ。

舞台は1929年、禁酒法時代のシカゴ。密造酒で増殖し、利権を争うギャング。その大量殺害現場を偶然にバンドマン2人が目撃する。

サックスのジョー（トニー・カーチス）とベースのジェリー（ジャック・レモン）だ。ギャングたちに気づかれたが、2人はかろうじて虎口を逃れた。

このままバンドの仕事を続けていたら、いずれ見つけ出される。そこで思いついた奇策。女と偽り、欠員を募集していた女ばかりの楽団に女装して潜り込んだのだ。

そこには、男と酒で失敗続きでこの世界を渡り歩いてきた歌手のシュガー（モンロー）がいた。ジョーとジェリー（ジョセフィンとダフネと女性名を名乗っていた）は、セクシーでお人よしの彼女に夢中になるが、男であることを明かすわけにはいかず、もんもんとする。このあたり笑いが止まらぬ名演である。

楽団の巡業先はフロリダ。そこですてきな富豪と出会い、大金持ちになる結婚を夢想するシュガー。またも奇策を思いついたジョーは、女装と男装を巧みに使い分け、男装では大石油会社の御曹司になりすましてシュガーに近づく。一方、女装のジェリーは老いた大富豪に見そめられ、真剣に求婚される。やがてギャングたちの足音が……。

最後はめでたしめでたしの大団円、ホロリともする人情喜劇だが、また見たくなるのはどこか透徹した人間観察があるからに違いない。

50年代初めからスターの座にあり、「セックスシンボル」と持ち上げられたモンロー。本人は「演技派」を志し、名優を輩出したニューヨークのアクターズ・スタジオでも勉強した。

54年に元大リーグ・ヤンキースのスター選手、ジョー・ディマジオと結婚するが間もなく離婚。劇作家アーサー・ミラーとの結婚も破綻した。この映画のころである。

わがままなふるまいや精神的に不安定な面も見せ、大幅な遅刻などで撮影は予定通り行かず、難航した。さしもの名監督も困り果てたらしい。しかし、切れない。

モーリス・ゾロトウ著『ビリー・ワイルダー・イン・ハリウッド』（河原畑寧訳、日本テレビ放送網）にこんな言葉がある。

「ほかの俳優には悪いけれども、いったんモンローが画面に出てくると、もう観客の目は彼女に釘《くぎ》づけになって離れない」

その魅惑。この映画でいえば、セクシーさと無垢《むく》の純真さが分裂しているのではなく、一体のものになっている、といえばよいか。

62年8月5日未明、自宅ベッドで息絶えているのを発見された。36歳。睡眠薬の過度の服用とされたが、自殺か他殺か、説や見方は分かれる。大統領ケネディとの関係などから謀略説もある。

ただ印象深いのはその孤影である。

54年2月、モンローは新婚のディマジオとハネムーンを兼ねて来日した。毎日新聞に、彼女が帝国ホテルで報道陣に囲まれた記者会見記事がある。腰を振って歩くモンロー・ウオークの起源など、質問が相次ぐ中で夫の寂しげな姿を記事は描写している。

〈すっかり置き忘れられたようすみのイスにポツン、心配そうに苦虫をかみつぶしていたが

……〉

帰国後の「七年目の浮気」で、地下鉄通気口でスカートがめくれる有名なシーン。これが離婚につながったともいわれる。だが、ディマジオは生涯、誠実にモンローを思い、愛し続けた。彼女の墓にバラの供花を続けたという逸話には、ほっと救われるものがある。

「お熱いのがお好き」
監督／ビリー・ワイルダー
主演／マリリン・モンロー
製作国／アメリカ合衆国
本国公開／1959年　日本公開／1959年4月29日

ポーランドの哀しみ

灰とダイヤモンド

当時の映画広告はこううたっている。

「鮮烈なドライタッチで描く若い世代の哀《かな》しみ」

「ドライタッチ」という形容が、いかにもこの時代らしい。このコピーは、ジェームズ・ディーンを連想させる。実際、主演のズビグニエフ・チブルスキーは「ポーランドのジェームズ・ディーン」と呼ばれた。

だが「灰とダイヤモンド」が描いたのは、親子の葛藤でも大人社会への抵抗でもない。コピーの「若い世代の哀しみ」は「ポーランドの哀しみ」とされるべきだったか。

巨匠アンジェイ・ワイダ監督の代表作に数えられるポーランド映画「灰とダイヤモンド」は1958年に製作され、東京では59年7月7日、日比谷で公開された。昭和でいえば、34年の七夕である。

東京は朝からうだるような暑さで、午前9時には30・9度を記録、気象庁は梅雨明けを宣した。神宮外苑絵画館前の泉水池は幼い子供用プールに使われ、午後には4000人が水遊びに興じたと毎日新聞夕刊は報じている。

外苑一帯は敗戦後の占領時代、長く進駐軍に接収され、将兵やその家族らがのびのびとスポーツやバーベキューを楽しんだ。

占領終了とともに返還され、敗戦の影は消えた。水遊びでにぎわう光景を空から撮った夕刊写真は「もはや戦後ではない」とでもいいたげである。この日、フジテレビは視聴者参加の「テレビ結婚式・ここに幸あれ」を始めた。

こんな時代の光とは対照的に、なお戦争に深く傷つき、皮肉な笑みの裏で苦悶《くもん》する若者と祖国を描く映画。この真夏の一日、冷房完備（広告にそう記されている）の映画館でどう見られただろう。

1945年、ソ連軍がドイツ軍を撃退し「解放」されたポーランドの地方都市。ドイツの降伏日の午後から翌朝にかけての物語である。

ソ連傘下の共産政権・労働者党の破壊を図る地下組織のテロリスト、マチェク（チブルスキー）。組織の指示で党の地区指導者であるシチュカ書記らの車を待ち伏せし、銃撃して2人を殺した。

だが人違いだった。戦勝の祝宴でにぎやかな町のホテルでマチェクはシチュカの隣部屋を取り、指示通り再度の機会をうかがう。

だがマチェクは、ホテルのバーで働く陰りを持った女クリスチーナにひかれ、思いがけぬ語らいの時を過ごす。

彼女は地主の娘だったが、親は戦争中に強制収容所で殺された。マチェクも孤独だった。いつもかけるサングラスは「祖国に対する報われない愛の記念さ」と気取る。ドイツ占領期に地下水道に立てこもって戦ったレジスタンスで視力を弱めたのだった。

そして今は新政府へ向けられたニヒルな殺し屋である。彼は生き方を見失っていた。夜の雨になった。クリスチーナに告白するように言う。

「今までは何も考えなかった。生き方を変えたい。普通に生きたい。勉強も」

マチェクは組織の同志に「人殺しはもうごめんだ」と申し出る。だが——。

破滅の階段を転げ落ちていくこの後の展開。一方で、ホテルで終夜続く戦勝祝宴。そこに交錯する有力者らの「戦後」処世の思惑、打算。

時代が転換する日、地位と生き残りをかけた駆け引きが始まっていた。大国間に挟まれ苦しみ続けてきたポーランドの哀しみがそこに映る。

マチェク最期のシーンは象徴的だ。追う保安部隊に撃たれ、洗濯シーツが何枚も干された空き地に逃げ込んだ。やがてその一枚に血がにじみ出て広がる。よろめき出たマチェクは、ついにガレキとごみの中に倒れ込み、身を丸めて悶死する。

私は黒澤明監督の「酔いどれ天使」（48年）で、三船敏郎演じるやくざが刺されて物干し台にさまよい出、風にはためく洗濯物の下で絶命するシーンを思い起こす。

洗濯物とのコントラストが、その最期のみじめさをいっそう際立たせるのだ。

一見、政権に害をなすテロリストが愚かに自滅するというストーリーである。共産圏の統制下ではそれが必要だっただろう。だが、マチェク像は若い世代の心を打ち、この映画とチブルスキーの演技は国を超えて絶賛された。今なおまったく色あせない。

チブルスキーは67年1月8日、発車直後のワルシャワ行き急行列車に飛び乗ろうとして事故死した。39歳だった。

外電による毎日新聞の訃報記事は10行足らずだが、「ポーランドの若い世代のあこがれの的だった」と結んだ。

「灰とダイヤモンド」
監督／アンジェイ・ワイダ
主演／ズビグニエフ・チブルスキー
製作国／ポーランド
本国公開／1958年　日本公開／1959年7月7日

失われた時代の記録

女が階段を上る時

成瀬巳喜男監督の東宝作品「女が階段を上《あが》る時」は1960（昭和35）年1月15日に都内で封切られた。世は「60年安保」をめぐって騒然としていた。

翌16日朝、新安保条約調印のため岸信介首相ら政府全権団が羽田からアメリカへ向け飛び立った。全学連は阻止しようとして警官隊と衝突、多数の負傷者を出し、委員長の唐牛《かろうじ》健太郎（北海道大）らが逮捕された。

蔵前国技館の大相撲初場所は、新入幕のすらりとした美青年力士、大鵬の目覚ましい連勝にわいている。

人々の暮らしはまだ貧しかったが、復興から成長へ切り替わる空気が街にあった。この作品には当時の銀座のほか、千住の「お化け煙突」、佃島の渡しといった今は消えた東京の風景が現れる。

「階段を上る」とは銀座のバーの雇われマダム圭子（高峰秀子）が出勤すること。彼女のモノローグで物語は始まる。脚本は、黒澤明とよく組んだ菊島隆三である。

「秋も深いある午後のことだった。昼間のバーは、化粧していない女の素顔だ」

「ビジネスガールが帰るころ、銀座へプロが出勤してくる。そして夜が来る。私は階段を上る時が一番いやだ。上ってしまえば、その日の風が吹く」

「ビジネスガール」はとうに死語だが、当時は女子事務員らを指した。後年、ＯＬ（オフィスレディー）という造語に代わられる。

物語は圭子を軸に男と女の駆け引き、打算、野望の交錯を描く。圭子は30歳。女学校を出て間もなく実直な男と結婚したが、夫は交通事故死。酒は嫌いだが、実家の窮乏も補うため、勧められてこの世界に入ったという設定だ。

社用族からブローカーまで客はさまざまだが、彼らの色目をたくみにかわし、身持ちは堅い。

一方、この世界で働く女たちのさまざまなエピソードが織り込まれる。例えば、自分の店を持ったが、借金で首が回らなくなる。取り立てをかわすため、薬で自殺未遂の芝居をしようとしたが、薬が過ぎて本当に死ぬ……。

大臣級の客に口説かれてもビクともしなかった女が、なぜか街のつまらない男にひっかかり、今は場末で……。

圭子のモノローグはホステスたちの帰宅をこう語る。「車で帰るのが一流。電車で帰るのは二流。客とどこかへしけ込むのは、最低」

圭子はタクシーでアパートに帰る。過労で倒れ、佃島の実家に帰るが、雇い主の顔色や頼りない母や兄のため、休養もそこそこに店に戻る。

客の一人、関根は、30人の従業員を抱える独身の町工場主として日々の苦労を語りながら、楽しく飲み、淡泊で不作法なことは全くない。

実家からの金の無心などで心身がすっかり参っていた圭子は、次第に和やかな関根にひかれる。ある夜、関根は思い切ったように圭子に結婚を申し込み、2人は結ばれた。

だが、この男、結婚詐欺の常習者で、話はすべてウソだった。圭子が関根の実際の妻から、彼の実像を聞かされるところで、当時あった東電千住火力発電所の「お化け煙突」が遠景に映っている。

4本の煙突が、角度によって本数が変化して見えるのでこの名がついた。

確かなものはない、人を信じられない人生。それを象徴するようなシーンである。

そして再び圭子は客にだまされ、心はどん底に失墜するが、まみれた泥を払うように立ち上がる。ここがいい。

成瀬巳喜男（1905～69年）はよく女性の内面を細やかに描いた。寡黙で「ヤルセナキオ」と呼ばれたが、たくまずしてその作風を映していると思う。映画作りの同志というべきか、高峰秀子（1924～2010年）と組んだ作品は実に多く、彼女はこの作品で衣装も担当した。

後年のエッセーで彼女は「たまに発する短い言葉を頼りに、その裏の裏の裏まで想像し、理解し、行動しなければならない『シンドイ人』である」と成瀬演出を評しているが、行間には微笑がある。

そして「風景も演技も、自然以外のすべてを嫌った。特にカラーフィルムを嫌い『周りの色が邪魔でかんじんの芝居が見えない』と言っては、俳優の周りにある額とか花とかいう小道具を取り除かせた」と書いている。(『わたしの渡世日記』)

「女が階段を上る時」はモノクロ作品だ。銀座という当時最も華やかな夜の街を舞台にしながら、視覚上の彩りを避けたのは、自然な、虚飾のない人間の内奥を描くためだったろうか。

やがて60年安保の季節が去って、時代は急速に彩りを増し、日本の街の風景を変えていく。人も生活もまた変わった。銀座もビルが高層化し、空が狭くなった。バーにはカラオケが入った。「お化け煙突」はとっくの昔、東京五輪と入れ替わるように消えた。

この映画は、失われた時代の記録でもある。

「女が階段を上る時」
監督/成瀬巳喜男
主演/高峰秀子
製作国/日本
日本公開/1960年1月15日

「人類最後の日」を迎えて

渚にて

偶発的な核戦争で北半球の人類が死滅し、南半球のオーストラリア大陸南部にわずかに社会が残った。しかし、時間の問題だ。

ここもやがて南下してくる放射能に覆われる。あと数カ月という時の刻みを意識しながら、人々はどう生き、愛し、しめくくるか。

スタンリー・クレイマー監督が、ハリウッドではなく、オーストラリアの開放的な風光の中に〝人類最後の日〟を描いた「渚にて」には、戦争シーンが一つもない。

それでいて、いや、それだからこそ、これほど核戦争の破滅的結末をリアルに感じさせるものはない。

東京で公開されたのは1960（昭和35）年2月10日。前月に政府が調印した新日米安保条約をめぐる国会論戦が始まっていた。

米ソの核兵器配備競争は果てしなく、上映中の13日にはフランスもサハラ砂漠で核実験に成功している。

当時の人々にとって映画は絵空事ではなかった。そして、もちろん今も。

時代設定は1964年。アメリカ海軍の原子力潜水艦がメルボルンに入港する。前年、太平洋で任務行動中に世界規模の核戦争が起きた。

本国の司令部とも連絡がつかなくなり、硫黄島方面に向かったが、放射能汚染がひどく転進。フィリピンのマニラも寄港や上陸は不可能で、やむをえず南下した。

メルボルン一帯ではまだ人々の生活があり、政府機能も残っていた。燃料が欠乏し、車を馬が引っ張っているありさまだったが。

艦長タワーズ（グレゴリー・ペック）は本国に妻と2人の子供がいるが、生存は望むべくもない。傷心を幾分かでも癒やせれば、と豪海軍の士官ホームズ（アンソニー・パーキンス）に快活な女性友達モイラ（エバ・ガードナー）を話し相手に紹介された。

明るいながら、内面で彼女もまた孤独と不安に苦しみ、酒に沈むこともある。2人はひかれ合うようになった。

もう一人、重要なキーマンは科学者のオズボーン（フレッド・アステア）だ。皮肉の憎まれ口をたたきながら、心はこんな事態を引き起こしてしまった科学と人類社会、学者としての自分への痛憤、後悔に満ちている。

「自分で自分を抹殺するほど人間がバカだったとはな。平和を保つため武器を持とうと考える。使えば人類が絶滅するような兵器を争ってつくる。制御が利かない。確かに俺も手を貸した」

誰が戦争を始めたのか。

「どこかで、誰かがレーダーに何かを見たんだ。千分の一秒遅れたら自国の滅亡だと思い、ボタンを押す。そして世界が狂う。そして……」

米西海岸のサンディエゴ方面から、でたらめに打たれてくるモールス信号があった。太平洋を越え何かを伝えようとしているのか。タワーズの潜水艦は発信源を求めて現地に達し、防護服の隊員が危険を冒して無人の街に上陸、探索する。そして、それは――。

巨大な核破滅の世界をあざ笑うような発信源の意外な正体。映画を見る者を笑わせ、後に皮肉の苦みを残す。

潜水艦は再びオーストラリアに戻った。体調を崩す人々が出始めた。「兄弟よ、まだ時間はある」と横断幕を掲げた宗教集会が広場で開かれる。医師から安楽死用の薬が市民に配られ始めた。

豪海軍のホームズには乳児がいた。妻は子に薬は飲ませられないと言い、精神の安定を失っていく。そんな妻をホームズは優しく抱く。

科学者オズボーンは手に入れたフェラーリでカーレースに出場する。昔からの夢を果たす時だ。レースは白熱し、クラッシュも相次いだ。どのレーサーも力の限り走った。悔いが無いように。

そして、理不尽にも全く自分に関係ないところで、突然運命を決められた人々が最後の抵抗をするように。

オズボーンは優勝した。彼は最期の迎え方を考えた。

タワーズは部下たちにこれからどうするか問うた。部下たちはアメリカ海軍として故国に向かいたいと言った。

潜水艦は最後の旅立ちを航跡にしるして去った。

数々のミュージカル映画で軽快、華麗なダンスでファンを魅了してきたフレッド・アステアが、極めてシリアスな役どころを得て、見事に演じ切った。年齢は、日本でいえば還暦のころである。

この作品を見る度に何かしら勇気づけられるのは、彼ゆえかもしれない。

「渚にて」
監督／スタンリー・クレイマー
主演／グレゴリー・ペック
製作国／アメリカ合衆国
本国公開／1959年　日本公開／1960年2月10日

青春の野望と破滅、鮮烈に

太陽がいっぱい

海辺のレストラン。ご気分はと聞かれて、屋外の椅子に身を伸ばす青年は答える。

「太陽がいっぱいだ。最高さ。一番高い飲み物を」

紺碧《こんぺき》の水平線と、世界にあまねく降り注ぐような南イタリアの陽光。青年は野望の達成感に酔いしれ、そして一転、破滅のふちに突き落とされる。地中海の風光はその舞台にふさわしい。

1960年6月11日、この仏伊合作映画「太陽がいっぱい」が日比谷スカラ座で公開された日。ここから1キロ余の近さにある国会議事堂周辺には、安保条約改定阻止のデモ隊が続々と集まった。

連日の反安保街頭行動はピークに達しようとしていた。前日には、米大統領訪日（実現せず）の打ち合わせに来日した報道官が羽田でデモ隊に囲まれ、海兵隊ヘリで脱出するという「ハガチー事件」が起きている。

午後5時ごろには、議事堂周囲の道路は約2キロにわたってデモ隊のプラカードと旗が埋め、首相私邸やアメリカ大使館にも向かった。デモは10時過ぎまで続いた。

当時の宣伝を見ると、スカラ座の上映は日に5回で、最終は午後7時20分。映画館から出てきた人々に、都心の夜空にどよもすシュプレヒコールや投光器の明かりはどう聞こえ、見えただろう。あるいは、その足でデモに加わった若者もいたかもしれない。

屈辱感、嫉妬、復讐《ふくしゅう》と野望。こうした厄介な内面世界を、見る者に嫌悪感を催させず演技表現できるのは、おそらく、若く、美しく、才覚ある俳優の特権ではないか。アラン・ドロンがそれだった。

原作はアメリカの女性作家パトリシア・ハイスミス。「鉄路の闘い」「禁じられた遊び」で知られる監督ルネ・クレマンは、その設定を生かしながら、独自の作品に練り上げた。

そのストーリー。

アメリカの貧しく寄る辺ない若者トム（ドロン）は、イタリアに遊びに行ったまま帰国しない友人フィリップ（モーリス・ロネ）を連れ戻すよう、その大富豪の父親から依頼された。成功の報酬は5000ドルで、トムにはまたとない大金だ。

だが、まったく金に不自由しないフィリップは、はるばるやって来たトムを下僕のように連れ回して放蕩《ほうとう》ざんまい。いかにも富裕知識層のお嬢様風である恋人マルジュ（マリー・ラフォレ）との語らいを見せつけたり、トムが食事作法を知らぬとバカにしたりする。奴隷のように命令し、侮辱するのだった。

3人はヨットの旅に出るが、トムはフィリップら2人の情事の間ヨットにつながれた小舟に追いやられ、漂流の日焼けで重傷を負う。

心に決する。フィリップを殺して彼になりすまし、富を得よう。トムは周到な殺害と偽装の計画を立て、マルジュを途中の港に降ろした後、洋上で決行、死体を沈める。

音楽（ニーノ・ロータの名曲）はここでは消え、犯行シーンの間、波と風と帆のはためきの音が激しく続く。

署名の筆跡をそっくりに習得したり、遠くのマルジュには電話で声音をまねたりして、トムはフィリップになりきる。思わぬほころびが出て、怪しむ人間が現れるが、トムはさらに犯罪を重ね、警察の目をそらした。そして最終的野望は、マルジュにフィリップはもう彼女から去ったと思わせ、自分に引き寄せることだった……。

未見の方のためここまでにするが、後半の急展開と破局は心が動く。やはり名画の条件、テンポのよさだろう。

そして映像表現の深さ。

例えば、浜のレストランで一番高い酒を手に至福の時を迎えていたトムの向こう、海にひっそり小舟を引いて浮かぶ帆掛けの漁船は、何を暗示しているのか。見る度に興趣をそそる。

この作品で世界的スターになったアラン・ドロンはこの時24歳。不安定な生い立ち、インドシナ戦争の経験など、決してその半生は平らかではないが、それが単にヤニ下がった二枚目俳優にとどめなかったゆえんかもしれない。

３年後の63年４月、東京で開催されたフランス映画祭で来日し、歓迎を受けた。

記者会見で彼は、日本映画では溝口健二や黒澤明の監督作品を見ているといい、黒澤作品で三船敏郎と共演できたらうれしいと夢を語った——と当時の記事にある。
三船との共演ということでは、71年のテレンス・ヤング監督の「レッド・サン」（チャールズ・ブロンソンも共演）で夢は実現した。

「太陽がいっぱい」
監督／ルネ・クレマン
主演／アラン・ドロン
製作国／フランス、イタリア合作
本国公開／1960年　日本公開／1960年6月11日

事件の「真犯人」は誰？　サイコ

1960年の6月をクライマックスに「60年安保」の熱気は次第に冷め、時代は物の豊かさを追い求める。高度経済成長の風が吹き募る。

7月には経済政策優先の池田勇人内閣が発足した。8月25日にはローマ・オリンピックが開幕し、男子体操で四つの金メダルを取るなど、日本勢の活躍にわいた。

日本には、64年の次回オリンピック、東京大会開催という大きな目標が与えられていた。ローマ大会閉幕の翌日、9月12日の毎日新聞夕刊は「東京大会に備えて」と特集を組み、ローマに学びローマ以上に、とハッパをかけた。

そんな季節である。9月17日、「日比谷映画」で米作品「サイコ」は封切られた。

アルフレッド・ヒッチコック監督のサスペンス映画は、既に日本でも多くのファンになじまれていた。

しかし、この新作は多重人格、異常心理という、それまでにないテーマをすえた。批評家たちは少々戸惑ったようだ。

それに加えて、ヒッチコックはこの作品に関しては徹底して秘密主義を通し、筋を明かさず、既に見た人々には誰にも話さないよう要望した。映画館では場内の緊迫感を維持するため、上映中の途中入場を禁じた。そのころの宣伝映像を見ると、「たとえ合衆国大統領でも、英国の女王陛下でも途中から入れません」という看板もあった。

当時の毎日新聞映画評は、そんな固い〝口封じ〟にいささかカチンときたのかもしれない。「それほどまでしなければならない義理もない」と、途中までの筋を明かしている。これにならおう。

アリゾナ州の町で不動産業のオフィスに勤めるマリオン。彼女には恋人がいる。しかし、彼は父が残した借金を負い、離婚した妻への扶養料支払いも重なり、短い逢瀬《おうせ》の安ホテル代も払えないほど困窮している。

このままでどうなる。

そんな焦慮の中、彼女は偶然取引の大金を預けられ、衝動的に着服して車で町を飛び出す。遠くに住む彼のもとに届けようとしたのだ。

だが、慣れぬ夜道に土砂降りの雨となり、幹線道路からそれた旧道に迷い込んでしまう。疲れた。ヘッドライトに古びたモーテルが浮かんだ。泊まることにした。

背後の小丘に洋館があり、年老いた女がいる気配がする。出てきたモーテルの経営者、ノーマン・ベイツは「あれは母で、心を病んでいる」と説明する。

他に泊まり客はいない。

若いノーマンはモーテルの応接室内を趣味の鳥の剥製で飾っている。マリオンの様子から「逃げているの?」と尋ね、「僕は思うんだが、人間は皆わなにかかっていて、それから逃れることはできない。暴れてもむなしく、互いに傷つけ合うだけで一歩も進めないんだ」と語る。

その晩、考えたマリオンは金を戻して出直す決意をする。そしてシャワーを浴びていると、刃物をかざした老女のような姿が現れ、彼女をめった刺しにして殺し、去る。

母を捜しながらやってきたノーマン。惨殺死体を見て凍りついたように息をのみ、気を取り直したように後始末を始める……。

ヒッチコック監督への義理ではなく、未見の方のために結末は伏せる。帰らぬマリオンの足取りを追って恋人と、マリオンの妹がモーテルを訪ねてきて、ノーマンに会う。そこから展開するのだが、最後は意表を突き、精神分析医の解説が謎を解いてくれる。

スリルとサスペンス。それはしばしば、狡猾《こうかつ》な犯罪者と善良な市民、警察のせめぎ合いという構図の中で描かれるが、これは異なる。

母と息子の心の絆、支配と服従。その愛憎の重なりと分裂。そうして起きた事件の「真犯人」とは、いったい誰になるだろう。高校時代に初めてこの映画を見て、異様な気分にとらわれたものだ。

既に巨匠の地位にあったヒッチコックだが、この映画は白黒にし、あえて低予算で作った。そういう作品で自分はどう評価されるか知りたかったといわれている。結果は——。大評判になった。あくまで私見ながら、これは数あるヒッチコック作品の中でもナンバーワンと思う。（ちなみに2位は「鳥」、3位は「疑惑の影」と私は思う）

繊細でどこか悲しげな、そして妖しい青年ノーマン・ベイツを演じたアンソニー・パーキンスは生涯、この役柄のイメージがついて回った。

彼にはほぼ同じ時期に「渚にて」（スタンリー・クレイマー監督）という出演作がある。核戦争で北半球が全滅し、放射能汚染の南下でむしばまれるオーストラリア。その絶望の中で海軍士官として、家庭人として苦悩し、行動する男を演じ、見事だった。

両方とも、心が圧せられ、追い詰められた人間という役どころ。アンソニー・パーキンスには天与の才を生かす機会となった。

それは少しも古くならない。いや、今はますます、その繊細な表現がマッチした時代ではないか。

「サイコ」
監督／アルフレッド・ヒッチコック
主演／アンソニー・パーキンス
製作国／アメリカ合衆国
本国公開／1960年　日本公開／1960年9月17日

巨大組織通し現代風刺

アパートの鍵貸します

主人公はニューヨークの大手保険会社社員。数字にめっぽう強い。映画は彼のナレーションで始まる。

「……1959年11月1日現在ニューヨークの人口は804万2783人、本社の従業員は3万1259人。僕は19階の普通保険部保険料計算課、デスク861、名前はバクスター、通称バッド。入社して3年10カ月、週給94ドル70セント、8時50分始業5時20分終業……」

彼がいるフロアだけでも優に1000人は働いていようかという大会社である。16のエレベーターが社員をさばけるよう、この高層ビルの階ごとに時差出勤させている。

1960年10月8日、東京で公開された。監督ビリー・ワイルダー。当時の日本人には驚嘆のマンモスオフィスの世界だ。それは進歩か。

確かに、とても進歩した風景に違いない。

しかし洞穴で暮らしていた太古と比べ、人類はいったい何歩先へ進んだのか。いや、ひょっとして後退さえしているのではないか。

そう思い惑うような映画でもある。最先端をゆく高層ビル街の無数の窓が、無数の洞穴にも見えないだろうか。

ジャック・レモン演じるバクスターは、よく残業をしている。セントラルパーク近くに、古いが住み心地よいアパートを借りているのだが、彼は好きな時に帰ることができないのだ。上司である課長連中の求めで部屋の鍵を貸し、彼らの浮気の場として部屋を提供している。

時間を区切っているが、守らない者もいる。真夜中に突然バーから「貸せ」と電話してくるむちゃな課長もいる。冬の夜でもバクスターは外で待ち、風邪をひいたりする。

なぜこんなバカなことを。

「昇進」だ。それぞれ人事に影響力を持つ課長たちは「君は有能だと褒めておいた」「勤務成績を上位10位以内に入れておく」「評判いい」などと彼にささやく。彼は断れない。鍵は課長たちの手から手へ、行ったり来たりする。

そんなバクスターだが、ひそかにエレベーター係のフラン（シャーリー・マクレーン）に思いを寄せている。きりっとして適度に愛嬌《あいきょう》があり、身持ちは固く、うわさの一つも立たない。

そんなある日、バクスターは最高幹部クラスの専用オフィスがある27階の部長から呼ばれる。昇進だ、と思ったバクスターは、それこそ欣喜雀躍《きんきじゃくやく》してフランのエレベーターに乗り込み、彼女に満面の喜色を向けながら部長のオフィスに向かう。

だが、部長の用件は予想外だった。課長たちが使っている「鍵」についてだ。叱責されると思ったバクスターは恐縮し、懸命に弁明するが、にやりとした部長は「今夜それを私に貸せ」

と言い、昇進をちらつかせる。バクスターの顔にたちまち笑みが戻った。

週2回、部長は部屋を情事に使うようになる。バクスターはその相手に関心もなかったが、偶然に知る。

フランだった。

妻子持ちの部長の煮え切らぬ態度に絶望し、自己嫌悪に陥ったフランは自殺を図り、バクスターがこれを助けて親身に世話をする。彼がテニスラケットを使ってスパゲティをゆで上げるシーンがいい。彼女とともにいるだけで彼は浮き浮きするのだ。

だが、そこでも彼は自分の思いは抑えて、彼女と部長との間を取り持とうとするのだ。そしてそれは成功するかに見えたのだが……。

状況変転の中でバクスターとフランの内面に大きな変化が起きる。このクライマックスは感動的だ。

バクスターは「功績」で19階の「平社員」の席から、ついに27階の上級管理職用個室にまで上り詰めた。トイレも専用。交際費も出る。部長が再び「鍵」を求めた。

だがバクスターは反射的に拒否する。驚いた部長は「19階から27階へは数年かかり、落ちるのは30秒だ」と脅すが、バクスターは私物をまとめ、「僕は人間になる」と会社を飛び出していく。

そしてその夜、部長との逢瀬《おうせ》でフランは――。

人間を疎外し、大事なものを見失わせる巨大組織の効率主義と昇進システム。それも客観的なルールではなく、実は人間のエゴや欲望、気まぐれで左右される。この映画には、そんな現代風刺も込められているだろう。

ただ一方で、この巨大なオフィス（ニューヨークに実在するオフィスでロケしたそうだ）や、アパートといっても内装も重厚な屋敷の一角のような部屋は、日本の観客を内心うならせたに違いない。

映画館を出て、眼前の街並みはどう見えただろう。

あの時代、映画だけでなく、テレビの輸入ホームドラマからもアメリカの豊かさを思い知らされた。

当時日本でも放送された「パパ大好き」。うっとりするほど良き父親役を演じたのが、この映画で好色な部長を演じたフレッド・マクマレイだった。名優である。

「アパートの鍵貸します」
監督／ビリー・ワイルダー
主演／ジャック・レモン
製作国／アメリカ合衆国
本国公開／1960年　日本公開／1960年10月8日

ひたむきに生きること

名もなく貧しく美しく

松山善三脚本・監督の「名もなく貧しく美しく」が東京で公開されたのは、1961年1月15日である。

日曜日のこの日は「成人の日」だった。何曜日であれ、祝日で休みの日は不動の時代だ。振り替え休日もない。みんなよく働いた。

各地で式典行事が行われたが、茨城・牛久の新成人たちは観光バス4台に分乗して東京に繰り出し、国立競技場の講堂で簡素な式を行った。

地元でやると、互いに見栄を張って服装にカネをかけ、タクシーで会場に乗りつけたりする悪習が生じたため、と毎日新聞は書いている。経済復興・成長の息吹を象徴するような話である。

その日、この映画を見た新成人がいたかもしれない。何を感じ取っただろう。ろうあ者夫婦の戦後の苦楽と哀歓の歩みを描く。ひたむきに生きる人間の輝き、といったらいいだろう。

秋子（高峰秀子）と道夫（小林桂樹）はろう学校の同窓会をきっかけに交際し、道夫の求婚で結婚する。子にも恵まれたが、夫婦は耳が聞こえないため子に起きた急変に気づかず、死なせてしまう。

夫婦は有楽町で靴磨きをし、ぎりぎりの生活を守る。再び男児に恵まれた。秋子は念願のミシンを得て内職を始め、道夫は印刷所で植字の仕事をする。曲折がある。

成長につれ、息子は親を疎んずるようになり、秋子は子を生むべきだったかと深く苦悩する。わずかな金にも困り、生計の苦労は絶えない。

この小さな家庭をめぐる戦後生活の変遷とさまざまな人間模様が織り込まれる。

松山と結婚6年目だった高峰は後に『わたしの渡世日記』で、撮影当時の苦労を書いている。

「私は手話の特訓を受けた。手話のあまりのむずかしさ、ややこしさに、私はへこたれて、心底『この映画が製作中止になってくれないかなァ』と願ったのも、いまとなっては遠い思い出の一つになったが、実際に使用される手話は、見た目には実にテンポが早く、いうなれば荒っぽい」

そこで彼女は「見た目に美しく、流れるように優雅な手話に、つまり材料の手話を勝手に料理してしまったのである」と明かしている。

非難されることも承知でやったが、そうした声は上がらなかったという。

それほど彼女が魂を入れた演技は、見る者に圧倒的に迫るものがあった。

生計の命綱であるミシンを不良の弟に売り飛ばされた秋子は絶望し、書き置きを残して家を飛び出す。読んだ道夫は急ぎ追い、大塚駅で山手線の国電（当時）に飛び乗った。満員の乗客を押し分け、秋子の姿を懸命に捜し求める。

いた。身動きできぬ車両の端で、道夫は窓ガラス越しに、連結された向こう側の車両にいる秋子と向き合った。走る電車に揺られながら、2人は手話を始める。

秋子「私たちは、はじめから苦しむために生まれてきたような気がします」

道夫「なぜ、あなたひとりが苦しまなければならないのですか……」

道夫の必死の説得と励ましが続く。秋子の表情が次第に光を取り戻していく。

この作品で最も有名なシーンである。林光《はやしひかる》の清澄な音楽が包み、走る満員電車の窓越しに2人が見つめ合う、そこだけ何ものにも侵されぬ小さな世界になったようだ。

ロケ撮影で60年当時の東京の風景がよく出てくる。

60年安保の混乱、新政権発足、社会党委員長刺殺など、歴史的な変転の陰で、人々の生活が営まれていた。映画のもう一つの主役はそれかもしれない。よく見ると、登場人物それぞれがこの時代を生きた人々の存在感と陰影を宿しているようだ。

例えば、米兵相手の女となって投げやりに生き、家を捨てて渇望した豊かさは手に入れたが、引き換えに富裕な外国人の愛人になった姉の信子（草笛光子）。

働こうとせず、問題や事件を起こしては周囲に迷惑をかける弟弘一（沼田曜一）。

どうしようもない秋子の姉弟である。しかし、それらも混とんとした戦後を生きた日本人の一つの類型であり、記録でもある――。そうは考えられないだろうか。

また、秋子に仕立ての内職を回してくれる洋服店主（多々良純）。愛想よく、秋子は一家の救い主のように感謝しているが、実は報酬は相場より低く抑えたものだった。

だからといって、この店主は狡猾《こうかつ》な悪人だろうか。貧しい時代を人々は自然に助け合い、しかし時には計算高く、出し抜くこともして営みを重ねてきたのではなかったか。映画の丁寧な人物造形から、そんな思いもめぐるのだ。

結末に衝撃がある。

ただ、この物語の貫くのは人間がひたむきに生きること、それは、他の人々と深く誠実に心を通い合わせ、支え合うということに違いない。

障害の有無、境涯の違いを超えたテーマである。

「名もなく貧しく美しく」
監督／松山善三
主演／高峰秀子、小林桂樹
製作国／日本
日本公開／１９６１年１月15日

不毛な抗争の愚かしさ

用心棒

新聞の地域面は、後世に市井の息づかいを伝える一級史料にもなる。1961年4月27日、毎日新聞の都内面にちょっといい話が載っている。

中野区に住む小学校4年生の少女、美穂子ちゃん。22日、見たこともない「白く長い毛が全身を覆った珍しい犬」が家に迷い込んできた。

本で調べたら、それはマルチーズ。飼い主さんが心配しているだろうと、彼女は犬を抱いて商店街に出た。質店、クリーニング店、電器店など多くの客が出入りする店を一軒一軒訪ね、「犬がいなくなって心配している人がいたら教えてね」と頼んで回った。

商店の人たちも「よしきた」と協力を約束。犬はその晩家に泊めたが、既に飼い犬がいて終夜鳴き騒ぐ。近所に迷惑になっては、と迷い犬を交番に届けた。

ところが、25日、飼い主不明として犬は都内の収容施設に送られた。このまま飼い主が現れないと処分される。

泣いて訴える美穂子ちゃんの悲しみように近所の人々も心動かされ、電話から電話へと話を伝えた。そして26日、飼い主が見つかった。

この記事から、あのころの街のたたずまい、人のつながり、暮らしぶり、人情といったものが浮かんでくる。

60年安保騒動の翌年、街には経済成長の彩りが増す一方で、昔ながらの人間関係。この25日公開された黒澤明監督の「用心棒」は、そんな時代に生まれた。

主人公の浪人、三十郎を演じるのは三船敏郎。立ち寄った上州の宿場は町を2分する流血抗争が続いていた。

跡目争いのやくざ、清兵衛一家と丑寅《うしとら》一家。それぞれのバックに名主の絹問屋、その座を狙う造り酒屋がつく。

冒頭、切り落とされた人間の片腕をくわえた犬が走り出てきてドキリとさせる。

双方、しゃかりきになってやくざや無宿人らを集めていた。助っ人役を頼まれた三十郎は一計を案じる。言葉巧みに双方の総勢を通りに引っ張り出して全面衝突させ、殺し合いの末の共倒れで町を〝浄化〟しようとするが……。

面白さにおいて黒澤作品中随一かもしれない。テンポ、意表をつくストーリー展開、殺陣、カメラワーク、セット等々どれもだが、風刺も深い。

限りない欲望と猜疑《さいぎ》心に突き動かされ歯止めのない争いを続け、破滅する愚かしさと卑劣さ。現代社会の生き方の縮図というだけではない。つまるところ、大国同士の軍拡競争、覇権争いも、各地の代理戦争も、結局、こんなばかばかしさの延長上にあるのではないかと思い至らせるのだ。

この三十郎、めっぽう腕が立つ。そしてクールな皮肉屋のようで、けっこう情にもろいところが魅力だ。不幸な親子の姿に、助けようとつい余計な手出しをして、自分の命を危うくすることもある。

悪のやくざ〝大国〟に独りひょうひょうとして挑み、「正義」をなす〝小国〟の浪人。そんな爽快さがいい。

後年、イタリアのセルジオ・レオーネ監督が、マカロニ・ウェスタン「荒野の用心棒」(クリント・イーストウッド主演)にリメークした。このことが示唆するように、「用心棒」は実に西部劇的面白さに満ちている。

ネッカチーフのようなものを首に巻いた拳銃使い、丑寅の卯之助《うのすけ》(仲代達矢)に至っては、着物姿の早撃ちガンマンといった趣だ。

オープンセットの宿場の通りは、運動場のように現実にはあり得ないほど広く造られ、風がもうもうと砂塵《さじん》を巻き上げる。ここで縦横にダイナミックな殺陣を繰り広げるのだが、ラグビーやアメリカンフットボールのせめぎ合いを見るようだ。

映画が公開された61年4月、誕生間もない米ケネディ政権は、亡命キューバ人部隊の侵攻によるキューバのカストロ革命政権転覆を企図し、失敗する。「ピッグス湾事件」である。

東西冷戦下の世界は緊張した。キューバとソ連は近づき、翌62年、ひそかにソ連がキューバで進めたミサイル基地建設をめぐり、米ソ核戦争の危機が一気に高まることになる。この「キューバ危機」に世界は震えた。

こんなことで人類があっさり滅んでいいのか、という怒りと情けない思いを世界は分かち持ったものだ。

その愚かしさを「用心棒」は既に予告していたといえるかもしれない。これからも。

「キューバ危機」は回避されたが、世界は破滅戦争の危機からいまだ逃れられない。

「用心棒」
監督／黒澤明
主演／三船敏郎
製作国／日本
日本公開／1961年4月25日

荒ぶる母が都市を圧倒

モスラ

「モスラ」はおどろおどろしい従来の怪獣映画を超え、家族で楽しめる作品を目指したらしい。1961年7月30日に封切られた。子供たちは夏休みである。

田舎町の小学4年生だった私も、親が映画館に連れて行ってくれるというので、その日は朝からわくわくし、ラジオ体操も上の空。セミがけたたましく鳴いていた。

監督・本多猪四郎《いしろう》、特技監督・円谷英二の黄金コンビ。カラーのワイドスクリーンは怪獣映画では初めてだった。原作が中村真一郎、福永武彦、堀田善衛《よしえ》という純文学畑の作家というのも異色だった。ロマンを求めたのである。

映画の筋立てはこうだ。

大国の「ロリシカ」は太平洋のインファント島を核実験場に使ってきた。汚染された島は荒れ、無人のはずだったが、嵐で漂着した日本船員たちが元気に生還した。島に先住民がおり、もらった赤いジュースで助かったという。

驚いた学者らはロリシカと日本の合同調査隊を組み、島へ行く。手のひらに載るほど小さい、妖精のような娘2人（ザ・ピーナッツ）が発見された。歌うように独特の言語を発する。新聞記者の福田（フランキー堺）が「小美人」と名づけた。

先住民があがめ、守ってきた小美人を、ロリシカの悪徳ブローカー、ネルソン（ジェリー伊藤）の一味が強奪し、東京の劇場（日比谷公会堂が登場する）でショーを開いて金もうけをする。

平和をかき乱された先住民の憤激と祈りにモスラが目覚め、巨大な蛾《が》の幼虫（いも虫）となって海に入り、小美人を島へ取り返すため東京へ向かう。

この61年という年は1月に米大統領にケネディが就任。4月にはソ連がガガーリン飛行士によって人類初の有人宇宙飛行に成功した。これに対し、ケネディは「10年以内に月に人間を送り込む」と表明した。

映画のロリシカとはロシア（ソ連）とアメリカのもじりだが、実際、戦後世界を東西に分けた両大国は宇宙だけではなく、核開発競争でも戦った。この時期、アメリカや日本で核戦争をテーマにした映画が相次いで作られている。

時代の不安が濃い影を落としていた。

モスラの名はMOTH（蛾）に由来するが、MOTHER（母）もかけているという。世界破滅の不安を包み込んでくれる母性である。

荒ぶる母でもある。この巨大で不死身の幼虫は防衛隊が繰り出す航空機、戦車の攻撃をはねのけ、小美人の歌声の発信源を目指して進む。

奥多摩のダムを破壊し、横田基地を横切り、青梅街道沿いの屋並みを次々と押しつぶしながら、ひたすら東進し、渋谷に至る。

東横デパートや銀座線の高架など当時の街がミニチュアでそっくりに造られた。宮益坂に砲列を敷き、道玄坂方向から迫るモスラを迎撃する防衛隊。モスラは衰えず、渋谷の街を破壊して進み、ついには芝公園の東京タワーに取り付いた。

そこで糸を吐き、巨大なまゆをつくる。そのころ、ネルソン一味は小美人を隠し持って日本を脱出、ロリシカへ帰国していた。

成虫となったモスラはまゆから飛び立ち、猛烈な風圧で地上のあらゆるものを吹き飛ばしながら、ロリシカに向かった……。

ニューカーク市（ニューヨークをもじった）のビル群が暴風でなぎ倒されていくシーンは圧巻。一つ一つ手づくりで生みだされた巨大都市のミニチュアだ。

コンピューターグラフィックス（ＣＧ）の発達で、どんなシーンでも自在につくれるようになった今である。では、それに比べ、ＣＧなどまだ世になく、ピアノ線で操るモスラの成虫や、人が中に入って懸命にはわせた幼虫の迫力は劣るのか。

否である。人間の懸命さが画面から伝わってくるからに違いない。

『東宝特撮映画全史』にこんな後日談が紹介されている。

円谷・特技監督は封切り日が来ても、気に入らないカットの修正作業を続けた。そのため、渋谷東宝では、１回目の上映の後に修正したフィルムに替えたのだという。常に粘り粘って完壁を期した円谷監督の面目躍如である。
映画は、やはり人がつくるものなのだ。

「モスラ」
監督／本多猪四郎
特技監督／円谷英二
主演／フランキー堺
製作国／日本
日本公開／１９６１年7月30日

ニューヨーク、見果てぬ夢

ティファニーで朝食を

夜明けから間もないニューヨーク5番街。街はまだ眠ったままだ。高級宝石店ティファニーの前。タクシーで乗り付けたドレス姿のオードリー・ヘプバーンが降り立った。

紙袋からふた付きカップのコーヒーとデニッシュを取り出し、ショーウインドーをのぞきながら飲み、かじる。そして、カップと袋を街路のゴミ箱に放り込んで立ち去る。バックにはヘンリー・マンシーニの「ムーン・リバー」が流れている。

この短い冒頭シーンがすべてを凝縮したようでいい。パーティーと酒と男の間を泳ぎ、もてはやされ、華やかな夢を追いながら、じっと孤独を抱える女。その生き方のいかがわしさと、愛らしさと。

『ティファニーで朝食を』はトルーマン・カポーティが1958年に発表した中編小説である。新潮文庫に村上春樹訳がある。61年ブレイク・エドワーズ監督によって映画化された。とはいえ、二つは別物語といった方がいいかもしれない。そして二つとも名作である。

冒頭の印象的なシーンがそうであるように、原作にはない人物設定など、映画独自のこしらえがある。第一、結末からして異なるのだ。まだそのどちらかを見てない人は、まず先に見た（読んだ）方を頭から外す準備をお勧めしたい（できればだが）。

ヘプバーン演じるホリー・ゴライトリーは、ニューヨークの俗物や芸術家気取りらが織り成す社交界を、それこそ天衣無縫に渡り歩く。

人気者だ。付き合う男はトイレへのチップと称して彼女に金を渡す。娼婦《しょうふ》同然の生活である。彼女の不実をなじる声も絶えないが、その世界こそまやかしなのだ。彼女が責められるいわれはあるまい。

そんな彼女のアパートの上階に越してきたポール青年（ジョージ・ペパード）はまだ売れない作家。金持ちの有閑マダムの火遊び相手になって生活費をもらうという、つまらない生活を送っているが、根は純粋で優しい。

ホリーとポールはやがて恋に落ちる。その表現や成就は屈折しており、練られたラブコメディーの面白さも堪能させてくれる。

ホリーには意外な過去があった。幼いころテキサスの奥深い地で、預け先から逃げ出す。放浪しているところを保護してくれた年配の獣医師とやがて結婚するのだが、心は満たされず、飛び出してニューヨークに流れ着いた。

多くの大都会がそうであるように、ニューヨークは、それぞれにわけありの半生を送り、見果てぬ夢を追う人々のるつぼである。ホリーが見境もなく男や女を招いて開く、らんちき騒ぎのパーティーがその象徴だ。

雨の日の結末。小説とは180度異なる、見事なハッピーエンドが待っているが、どうだろう、あのホリーはまた糸が切れたように、ニューヨークの夢の空を浮遊していくのではないかと思わせる。

映画から半世紀以上。今日もまた、新たなホリーが夢見心地にティファニーの前でデニッシュをかじっているかもしれない。

この物語の主人公は、たぶん、ニューヨークである。

公開されたのは1961年11月4日。アメリカ公開の翌月で、前評判はとても高かったらしい。ヘプバーンは「ローマの休日」(53年)以来、日本でも好感度トップクラスを維持した女優である。ワンパターンのアイドルスターではなく、苦労で培ったその演技の幅は驚くほど広い。

東西冷戦の時代だ。

この年の1月、アメリカでは若き大統領ケネディが就任する。4月にはソ連の有人宇宙船でガガーリン飛行士が人類史上初めて地球一周に成功した。これはアメリカをいたく刺激し、60年代のうちに月面に人間を送り込むことになる。アポロ計画である。

映画の中で、ホリーが夜空を仰ぎギターを手に「ムーン・リバー」をロマンチックに口ずさむ。だがホワイトハウスで見る月は、もはや川面の青い影に思いをはせるものではなく、冷戦の陣営を率いる大国のメンツをかけた宇宙科学競争の対象なのだった。

また映画公開のころ、ソ連がロシア革命記念日を前に強行した大型核実験の放射能汚染が懸念され、対策や観測強化の記事が連日新聞をにぎわしている。

そんないつ果てるともない緊張感や嫌気を、自由奔放の気みなぎる「ティファニーで朝食を」はしばらく忘れさせてくれたはずである。

「ティファニーで朝食を」
監督／ブレイク・エドワーズ
主演／オードリー・ヘプバーン
製作国／アメリカ合衆国
本国公開／1961年　日本公開／1961年11月4日

差別と格差を歌い込む　ウエスト・サイド物語

ミュージカル映画に社会性を持たせた。

こう言えば堅苦しいが、歌って踊る70ミリ画面に差別、格差の確執愛憎まで描くのは画期的なことだった。

ロバート・ワイズ、ジェローム・ロビンス監督の米映画「ウエスト・サイド物語」はもともとブロードウエーのミュージカルだ。

シェークスピアの『ロミオとジュリエット』に想を得、時代を20世紀に移し、ニューヨークの貧しい下町に舞台を据えた。

音楽はレナード・バーンスタイン。各楽曲は名曲として今に残る。東京での封切りは1961年12月23日、丸の内ピカデリーだった。曲はラジオ、テレビ番組で日本人の歌手によっても歌われた。

次の年の冬、田舎町のわが家にもようやくテレビが入り、隙間《すきま》風の入る部屋のこたつで「トゥナイト」の歌と踊りを見た記憶がある。子供心にも魅力的だったが、これが大ヒット・ミュージカルの最も代表的な曲と知ったのは、ずっと後のことだ。

映画は冒頭、ニューヨーク上空から威容を誇る高層ビル群を映し出す。カメラは移動し、ウエスト・サイドの一角、貧相な街区の上空に至り、その中の狭い運動場へ下りていく。神が見つめる物語という感覚がわく。

バスケットボールをするぐらいしかない、この狭い運動場をめぐって争う二つの不良グループ。白人の「ジェット団」を率いるリフは、前のリーダーで今はまじめに下町で働いているトニー（リチャード・ベイマー）を兄貴分と慕い、抗争に勝つため団に戻ってほしいと願っている。

これに対抗するプエルトリコ移民の「シャーク団」はベルナルド（ジョージ・チャキリス）がリーダー。彼には美しい妹マリア（ナタリー・ウッド）がいた。

二つのグループはいずれも社会から疎外され、つまはじきにされた者たちなのに（いや、それだからという面もあるかもしれない）互いに激しく憎悪し、争いは次第に危険なものになっていく。

悲劇は、トニーとマリアが偶然ダンスパーティーで出会い、一目で恋に落ちたところから始まる。2人は両グループの争いに巻き込まれ、誤解や事のはずみが重なって若者が相次いで命を落とす。そしてトニーにも銃口が……。

差別、格差を歌う。

とりわけ有名な「アメリカ」はプエルトリコ移民の「シャーク団」の掛け合いである。女たちが「すべて自由、アメリカ」と歌えば、男たちが「おれたちは低賃金、アメリカ」と返す。そして、狭い部屋、ごく限られた仕事、なまりや肌の色……と歌い込む。

一方「シャーク団」。グループを目の敵にする巡査をからかう歌で、親のでたらめと無情、警察、裁判所、少年相談所の尊大なきめつけをあざける。軽快な風刺調。だがそこに底深く哀調や怒りがにじんでいるようだ。

ラストシーン。悲劇の運動場で、頭に布をかぶったマリアが目を見開き、静かに立ち上がる。怒りも悲しみも何もかも心に収め、いつくしみ深く見届けたように。その姿は聖母マリアを思わせ、冒頭シーンで、空から下りてきたカメラの目と重なり合うように感じられるのだ。

公開日の12月23日は土曜日だった。24日が日曜日のため、銀座のバー、キャバレーなどはクリスマスイブのパーティーを1日早め（勝手な話だが）、営業時間延長の許可を取って客を待ち構えた。

翌日の毎日新聞によれば、そのアテはさっぱりで、ケーキばかりよく売れた。記事は「ホーム・パーティー組が増えたことを物語っていた」と分析するが、「トラ箱」の世話になる街の酔っぱらいは相変わらずだったという。

ページをめくると、特集記事面が、深刻な大気汚染が広がっていると報じている。高度経済成長にひた走っていたころである。街全体がかすみ、東京タワーだけが上半身をのぞかせている航空写真が使われている。

まだ高層ビルは無いが、さまざまに活気づいていた東京。見下ろす「神の目」もさぞ煙たかっただろう。

「ウエスト・サイド物語」
監督／ロバート・ワイズ、ジェローム・ロビンス
主演／ジョージ・チャキリス、ナタリー・ウッド
製作国／アメリカ合衆国
本国公開／1961年　日本公開／1961年12月23日

時代の変わり目の哀感

リバティ・バランスを射った男

西部開拓の途上、腕っぷしの強さと早撃ちが支配した世界も、やがて正規の手続きを踏んだ法が律する共同体に移行すべき時がくる。

いつの世も変わり目はそうであるように、新時代を担う新ヒーローと、ついていけない旧ヒーローがいる。

ジョン・フォード監督とジョン・ウェイン、ジェームズ・スチュワートが織りなす異色の西部劇「リバティ・バランスを射《う》った男」は、そういう物語である。

東京では１９６２（昭和37）年８月７日、日比谷映画で公開された。一般２８０円、学生２４０円。指定は６００円と４３０円だった。

前日の朝刊はマリリン・モンロー急死の外電を慌ただしく報じている。

生まれ育った東部で法律を学び、弁護士の資格を取ったランス（スチュワート）は、当時の「若者よ、西部を目指せ」キャンペーンに乗って未知の世界への旅を急ぐ。

その途中、リバティ・バランス（リー・マービン）が率いる無法者３人組に駅馬車を襲われ、有り金をすべて奪われたうえ、ムチでめった打ちにされた。

半死半生の彼を路上に見つけ、近くの小さな町シンボーンの料理屋に運んだのは牧場を営むトム（ウェイン）だった。彼は銃の名手で、他の住民のようにバランスをむやみに恐れはしないが、法で彼を裁くべきだというランスの主張を鼻で笑う。

「まず銃を手に入れることだ。西部じゃ自分で自分を守るしかないんだ」

ランスは「何てことを言うんだ」とあきれる。料理屋の娘ハリー（ベラ・マイルズ）のかいがいしい看護で回復したランスは、店の手伝いや小さな新聞社の仕事をしながら、啓発活動を始める。

住民の識字率は低かった。ハリーも、その親も字が読めなかった。読み書きは可能性を広げる。ランスは子供から老人までを対象に学校を開き、字だけではなく、アメリカの国の仕組みも教える。彼はこの地方を州に昇格させる運動にも力を注ぎ始めた。

そんなランスの情熱を見るトムの目にふと、不安の色が浮かぶ。トムはハリーを愛し、将来を約していた。だが、ハリーは今、明らかに東部から新しい風を持って来たこの熱血の正義漢に、心を傾け始めている。

一方、州昇格に反対する勢力を背景にバランスはランスを倒そうとし、正当な銃撃を装うため、銃を持とうとしないランスを挑発する。その暴虐に、ついに撃ち方もろくに知らない銃を手にしたランスはバランスと向き合う。

夜の町の通り。バランスが撃ち、ランスも同時に応射した。倒れて絶命したのはバランスだった。

この対決で負傷したランスを世話するハリーの姿に、トムはすべてを悟り、酔いつぶれて、結婚用に建て増していた家を焼いてしまう。

ランスは、正当防衛とはいえ、銃で人を殺してしまったことを悔い、すべてを放り出して東部へ帰ろうとする。

そこへ現れたのがトムだった。彼はあの「決闘」について意外な真実をランスに明かし、それは秘してハリーのためにも前へ進めと励ます。

「リバティ・バランスを射った男」という伝説の人物となったランスは政治の世界に名をはせた。知事、連邦議会上院議員、駐英大使……。副大統領候補ともなった彼だが、もはや身を引いて、あの町シンボーンに戻りたいと願うようになっていた。

映画は、米政界の有力者になったランスが、トムの訃報を聞いて妻ハリーを伴い、数十年ぶりにシンボーンに帰り、昔日を回想するところから始まる。

今度は駅馬車ではない。鉄道である。到着したランスが時計を見て「時刻表通りだ」と鉄道員を褒めるシーンがある。象徴的だ。汽笛とともに近代管理社会の風が西にも吹き寄せていた。

片や、前近代の象徴というべきトム。ランス夫妻が対面したみすぼらしい棺の中のトムは、ガンベルトを着けていなかった。昔のように銃を持ち歩くことはなくなっていたという。

「時代遅れ」といえば、ならず者バランスも、またその一人ではなかったか。

初めにランスの駅馬車を襲った時、ランスが持っていた法律書をめくって憎悪もあらわに引き裂く表情。

町でみんなが（保安官でさえ）おびえて避けるのを楽しむふうでいて、その目はどこか寂然としている。これを演じたリー・マービンは、この存在感のある悪役演技で高い評価を得た。

時代からどこかずれ、恋も失ったトムの哀感は、「無法松の一生」の無法松に通じるものがないだろうか。

再度見て思う。

「リバティ・バランスを射った男」
監督／ジョン・フォード
主演／ジョン・ウェイン
製作国／アメリカ合衆国
本国公開／1962年　日本公開／1962年8月4日

豊かさ追う人間、戯画化

キングコング対ゴジラ

お盆休みのシーズンは、映画館にとって家族連れ客を見込める書き入れ時だった。

監督・本多猪四郎、特技監督・円谷英二の特撮映画コンビが放った東宝作品「キングコング対ゴジラ」が東京で公開されたのは、1962年8月11日。新聞広告は〈スゴい大評判　みんなそろって見に行こう!〉と誘った。

この日、ソ連（現ロシア）が有人宇宙船ボストーク3号の打ち上げに成功した。翌朝の毎日新聞が1面でデカデカと報じている。ソ連と宇宙進出を激しく競っていたアメリカが、月面に人間を送り込んで世界を驚嘆させたのは、7年後のことだ。

土曜日である。テレビ番組欄を見ると、NHK午後10時15分に音楽バラエティー番組「夢であいましょう」、TBS午後11時にドラマ「七人の刑事」。子供の頃、夜更かしになるからと、なかなか見せてもらえなかった思い出を持つご同輩も多いだろう。

懐かしい。

全28作のゴジラシリーズ（当初はシリーズ化の企図はなかった）は1954年、ビキニ核実験で死の灰を浴びた第五福竜丸事件に触発された「ゴジラ」に始まる。

その大ヒットに、急ぎ第2作「ゴジラの逆襲」が製作されたのが55年。ゴジラは雪氷奥深く埋められた。

そして7年。かつてアメリカ映画が生んだ大怪獣の元祖キングコングと、雪氷の奥で目覚めて再び巨体を現したゴジラが対決する企画を得、第3作にしてシリーズ初の「総天然色」、つまりカラーの「キングコング対ゴジラ」が登場する。

観客動員数はシリーズ全作品中第1位という。この人気は企画の面白さと、全編に流れるある種の明るさからではないかと思う。

第1作の、核戦争への恐怖や不安、怒りをベースにした告発とは趣が異なり、この第3作は、経済成長時代にひたすら豊かさを追い求める人間を戯画化して風刺しているように映る。

そして、キングコングとゴジラがプロレスのような技を繰り出し激闘する痛快さ。そのいかつい顔に時折見せるユーモラスな表情。

後の作品でゴジラは「シェー」のポーズさえとるが、こうした陽性的な要素も活力ある時代の空気にマッチしたのではないだろうか。

またこの映画は「キングコング」(33年)への敬意、賛辞を込めた作品、オマージュとも見える。眠っているところを生け捕りにされ、海路を日本に向け運ばれるコング。転覆する満員電車。巨大な掌中で悲鳴を上げる若い女。国会議事堂の頂に登るコング……。

こうしたシーンが米作品に重なって見えるが、太く共通しているのは、コングを巨額の益をもたらす〝商品〟として利用することしか考えない人間の存在である。

米作品のコングは、南洋の孤島から連れて来られ、ニューヨークで見せ物にされたところで鉄鎖を切って逃げる。掌中にコングが〝恋心〟を抱いた女を連れて。そして当時完成して間もないエンパイア・ステート・ビルの頂に登り、群がる戦闘機の機銃弾を満身に浴び、哀感を表情にたたえながら墜死する。

60年代に舞台を移した「キングコング対ゴジラ」では、スポンサーになっているテレビ番組の低視聴率にいら立つ製薬会社の宣伝部長が、南の島で見つけたコングを徹底的に利用しようとし、ゴジラとどっちが強いか戦わせることなどを考える。

だが、事態は宣伝部長らの欲得計算を超えて展開し、東日本から富士の裾野にかけ、コング、ゴジラ、人間の三つどもえの戦いが続く。

その結末は――。

出演は高島忠夫、浜美枝、佐原健二、藤木悠、有島一郎ら。視聴率のためならどんな危険でも、のモーレツ宣伝部長を演じる有島の滑稽《こっけい》さが面白い。

丁寧に作り込まれたミニチュアセットで精密に再現された60年代初めの街並みや、疾駆する特急電車の模型などが素晴らしい。

主人公らが住んでいるアパートの彩りや家具、電化製品、デザインなども次第に豊かになっていた世情をのぞかせ、興味深い。

もっとも、現実には多くの人たちにとってはまだ手の届かぬ世界ではあったが。

「キングコング対ゴジラ」
監督／本多猪四郎
特技監督／円谷英二
主演／高島忠夫
製作国／日本
日本公開／1962年8月11日

「老い」を誠実に描く

秋刀魚の味

１９６2年11月、芸術祭参加作品として公開された松竹作品「秋刀魚《さんま》の味」は、小津安二郎の遺作となった。

翌年、誕生日と同じ12月12日に病没した。ちょうど60歳だった。北鎌倉の円覚寺の墓石には「無」と大きく一字刻まれている。

円熟期の小津は年1作のペースである。いつものように、脚本家の野田高梧《こうご》と信州蓼科の野田の別荘で構想を練り始める頃の62年2月、老母を急病で失った。

小津は生涯独身だった。そして母へ孝養を尽くした人だったから、深い喪失感と孤独がこの作品ににじんでいるかもしれない。

その秋、世界はキューバの秘密ミサイル基地をめぐって米ソ核戦争の不安が現実味を帯びた。「キューバ危機」である。危ういところで回避されたが、むろん、この映画にはそんな時代の景色はない。もっと普遍的で回避できない人間のかなしみとおかしみが、カラー作品の明るい色調の中に描かれている。

それは何か。

老いる、ということだ。

平山（笠智衆）、河合（中村伸郎）、堀江（北竜二）らは旧制中学以来の友人。大正末期の卒業から40年、その間に戦争や戦後復興で苦労はしたが、大企業の重役になったりして、それぞれの分野で成功した生活を送っている。

クラスの一人が、電車の中で新聞を拾っている老人を見かけた。「ヒョウタン」とあだ名をつけられていた中学時代の漢文教師（東野英治郎）だった。

クラス会に招かれたヒョウタンは、威張っていた昔の面影はなく、元教え子にへつらうふうで、だらしなく酔いつぶれた。教え子たちは顔を見合わせ、軽侮や憐《あわれ》みの表情を浮かべる。

今は工場街で小さなラーメン店を営むヒョウタンは妻を亡くした後、一人娘（杉村春子）に頼りきり、結婚の機会を阻んでしまったことをくどくどと悔いた。

平山もとうに妻を失い、24歳の長女路子（岩下志麻）と大学生の次男の3人暮らし。家事は会社勤めの路子が仕切る。身につまされた平山は、河合が持ち込んできた見合い話を娘にもちかける……。

これを軸にいくつかのエピソードが絡んで物語は展開していく。

だが、路子の結婚話の成否がこの映画の主テーマではない。もしそれが主テーマなら、価値観や生き方の選択肢、態様が大きく変わった今から見れば、単に古いホームドラマになってしまっただろう。

何の経済的不自由もなく、そこそこに〝人生の勝者〟であるはずの平山らだが、50代後半で早晩引退の時が来る。彼らそれぞれの苦笑の奥で、ヒョウタンの零落と寂寥《せきりょう》に自分たちの「この先」をちらりと見てしまったのだ。

「ああはなりたくないね」と毒舌の河合はつぶやくが、それはおのれの不安のつぶやきとも聞こえる。堀江は娘ほど若い相手と再婚し、クラスメートのからかいを受けるのだが、その笑いにもどこか空疎さがある。

平山が勤める会社の巨大な煙突の列。丸の内とおぼしきビル街屋上のゴルフ練習場。あちこちに登場する人気の「トリスバー」。

経済成長とともに街の風景は彩り豊かになる。路子が、ひそかに思いを寄せていた三浦（吉田輝雄）とたわいもない会話をする東急池上線石川台駅（大田区）は、郊外住宅地の丘と広々とした青空を見せる。たっぷりと未来の時間を持った若い世代を印象づけるようなシーンである。

もう一つ、本筋には関係ないながら、気になっていた映像がある。

平山らが集う小料理屋で、ほんの短時間テレビに映るプロ野球の大洋―阪神戦だ。川崎球場からの中継ということになっている。ブラウン管の中では、マウンドに阪神のバッキー、打席には大洋の主砲・桑田武が立っている。

それだけなのだが、いつの試合か。調べてみると、1962年のシーズン中に米国から入団したバッキーは8月にデビュー、その月の15日の川崎球場のナイターで大洋戦に先発した。途中交代して勝ち負けはつかなかったものの好投し、桑田ら強打陣を抑えたと記事にある。使われたのはこの映像ではないか。

戦後17年。焼け跡の混乱は遠い昔話になり、人々はビール片手にナイターも楽しんだ。こうした時代の活気、小津作品特有の哀調を帯びながらも軽快な音楽（斎藤高順《たかのぶ》）が、初老期を迎えた男たちの胸底のさびしさを逆に浮かび上がらせる。

路子が挙式した日の晩、酔って帰り、明かりも声もない台所で肩を落とす平山の後ろ姿。これがすべてを語る。

人は年とともに老い、愛する者たちと別れを重ねていく。必ず――。

人間ドラマにこれ以上のテーマがあるだろうか。それを誠実に描いた名品である。

「秋刀魚の味」
監督／小津安二郎
主演／笠智衆
製作国／日本
日本公開／1962年11月1日

無名兵士らの「一日」描く
史上最大の作戦

アメリカ映画「史上最大の作戦」が東京で公開されたのは、1962年12月15日だった。第二次世界大戦を終局に向かわせた、連合軍のノルマンディー（フランス）上陸作戦を描いた。

ただこの大作は、従来の戦争映画とは趣を異にした。主人公の英雄が物語を引っ張っていく戦争活劇でもないし、戦争の矛盾と非情をえぐる社会派の告発作品でもない。いわば、ドキュメンタリースタイルの群像劇である。

原作者のジャーナリスト、コーネリアス・ライアンは同書の「まえがき」でこう書いている。〈これから読まれるのは、戦史ではない。連合軍の兵士たち、彼らとたたかった敵たち、D・DAY（作戦決行日）の血なまぐさい混乱にまきこまれた市民たち――こうした、人間の物語である〉（筑摩書房・現代世界ノンフィクション全集11所収「史上最大の作戦」近藤等訳）

戦史ではない、というのは事実ではないという意味ではない。徹底した取材によって、人間の目の高さで再現された生身の人間たちの一日である。軍人や戦史研究者の目には入らない世界だ。

アイルランド出身のライアンは通信社記者などとして第二次大戦に従軍、ノルマンディー上陸作戦も取材した。

戦後はその大作戦の全貌を徹底的に調べ直した。資料や記録の渉猟だけではなく、尋ね人広告まで広く出して証言者を募り、軍人、一般市民らさまざまな分野の3000人以上から応答を得る。ものすごい努力と情熱である。

そしてその時代、戦争体験は「つい昨日」のように生々しく記憶されていた。

映画でも空挺《くうてい》部隊を指揮する役のジョン・ウェインら出演者の大半も、戦争体験世代だった。ロケもノルマンディーの海岸で行われた。

このリアリズム。今ではもう再現することは難しい。

1944年6月6日。イギリスに集結していた連合軍の大部隊は悪天候を突き、ドーバー海峡で最も海上距離のあるノルマンディーへの上陸作戦を敢行した。ドイツ軍が長く占領していた西ヨーロッパ解放の一歩だった。

ドイツ軍は大きなミスをいくつか犯した。敵は悪天候では動かず、上陸地点は海峡の最も距離の短い部分だという思い込み。この想定は完全に裏をかかれるが、司令部はなかなか頭を転換できない。ノルマンディーに来たのは、おとりの陽動部隊ではないかと思い迷ったりする。

やっと事態の重大性がわかり、予備の精鋭部隊を投入しようとするが、本国の総統ヒトラーの許可を得なければ動かせない。しかし、ヒトラーは就寝中で、そのカンシャクを恐れて取り巻きは起こそうとしない。現地軍にとっては事態はどんどん悪化し、情報は混乱する。

何やら今の時代にも「教訓」となりそうな組織機能崩壊の構図である。

映画はこうした状況を描きながら、名もなき兵士たちやレジスタンスに立つ市民らの「その日」をモザイクのように描いていく。この上陸作戦は繰り返し映画化され、今ではコンピューターグラフィックス（CG）などで大規模戦闘を再現させているが、この「史上最大の作戦」は実際の記録フィルムも取り入れ、緊迫感は劣らない。むしろリアルである。

だが、連合軍の主柱となったアメリカにとって、「得意になれる戦争」はあの時代までだったかもしれない。

映画公開の62年、世界を震わせたのは「キューバ事件」だった。ソ連がキューバに核弾頭ミサイルを配備しようとして両大国の緊張が一気に高まり、核戦争の恐れが現実味を帯びた。回避されたが、年配の方にはあの空気を覚えている人も多いだろう。

アメリカはその後、地域紛争的な戦いにも消耗し、対テロ戦に苦しむ。主題歌「史上最大の作戦マーチ」のような勇み立つ曲とともに戦争がスクリーンに描かれることが、再びあるだろうか。

余談を一つ。

この戦いを取材した記者にアメリカのアーニー・パイルがいる。彼は無名兵士らの日常や心境を描き、愛読された。欧州から太平洋戦線の取材に転じ、沖縄で殉職した。

戦後、東京宝塚劇場を接収した進駐軍は彼を記念し「アーニー・パイル劇場」と名づけ、55

年まで占有した。

そしてここはＮＨＫ紅白歌合戦の会場になる。映画とともにヒットした「史上最大の作戦マーチ」が歌われたのは63年の第14回紅白だった。

経済成長と目前の東京オリンピック（64年）に、気分が高揚していたころ。「マーチ」が似合う時代だった。

「史上最大の作戦」
監督／ケン・アナキン（英関連部分）、
ベルンハルトヴィッキ（独関連部分）、
アンドリュー・マートン（米関係部分）
主演／ジョン・ウェイン
製作国／アメリカ合衆国
本国公開／１９６２年　日本公開／１９６２年12月15日

虚像の団地に映る欲望

しとやかな獣

現在の中央区晴海1丁目にあった公団の晴海団地が舞台である。

1962（昭和37）年12月26日に公開された大映のカラー作品。原作・脚本が新藤兼人、監督は川島雄三だ。期待にたがわない。「しとやかな獣《けだもの》」は練り上げられたブラックユーモアの一級品だ。

敗戦から17年。元海軍中佐、前田時造（伊藤雄之助）の一家。海軍消滅とともに落ちぶれ果てたが、時造は成長して銀座で働くようになった長女友子（浜田ゆう子）を売れっ子作家吉沢（山茶花《さざんか》究《きゅう》）の愛人にして金づるにした。

さらには、長男実（川畑愛光）には勤め先の芸能プロダクション会社の金を着服させてせびり取っている。

妻よしの（山岡久乃）もしゃあしゃあとしたものだ。旧海軍佐官の妻らしく「もうおよしあそばせ。争いごとはいやですわ」などと言葉遣いは上品ながら、やることなすことえげつなく、息子、娘をそそのかす。夫同様、欲の皮がそのまま歩いているような女だ。

娘と息子のお陰で、夫婦は当時の人々あこがれの公団住宅の4階で、家庭電化製品、洋酒などに囲まれた生活を楽しんでいる。

こんな生活を娘や息子が皮肉ろうものなら、時造は感情をあらわにして言う。

「お前たちは、またあん時のような生活がしたいのか。雨漏りがするバラックで雑炊ばかり食っていた生活が。わしはもうごめんだよ。あれは人間の生活じゃないよ。犬だって猫だってあんなにみじめじゃないよ」

「あんな生活がもう一度できるもんか。貧乏が骨の髄まで染み込んで、体中が汚れてしまった。あの生活は人間の生活じゃないよ」

この映画の背骨ともいうべきセリフである。

だが、上には上がいる。

実が勤める会社の経理係の三谷幸枝（若尾文子）。この映画のタイトルそのままに、男たちにしとやかな女を演じて見せて引き寄せ、金を横取りする。実の不正に協力しながら、彼を夢中にさせてしまい、金を取る。社長も、税務署のきまじめな職員もみんなこれにひっかかる。

彼女からみれば「何が悪い」ということになる。頼まれて会社の金を持ち出して渡したり、税金として納めたりした。その後、私が愛してあげた報酬として金を受け取る。それは男の個人の金として受け取ったもので、何ら不正な金ではない、と。

夫と死別し、5歳の息子を一人で育てる彼女は、旅館経営が夢で、その目的に向かって突き進むことに何の迷いもなかった。

これは、破滅と貧乏のどん底からはい上がろうと頑張った、戦後社会の風刺と見える。それとともに、したたかなバイタリティーへの賛歌であるかもしれない。むき出しの欲望。無邪気なほど自己中心の打算。相手をおもんばかる気も余裕もない乾いた無関心。

笑って見ていながら、次第に顔がこわばってくる。なぜか人ごとではなく思えてきて……。それが、ブラックユーモアの真骨頂である。

いわば密室劇。膨大なセリフが飛び交い続ける。カメラと演者たちを２Ｋほどの公団住宅の部屋に閉じこめる。

画面も場も自在に変えることができる映画表現のメリットを、あえて封じたようなこの手法がむしろ迫力になった。さまざまなアングルを考え出したカメラワークも見事だ。人間の内面を透視する。観客も、まるで自分がそのレンズにとらえられているような気分になってくる。

ラストシーン。雨にぬれる当時の団地と晴海通りが出てくる。それは、今の再開発された高層オフィス、ショッピング施設、マンション群とはまた異なる、経済成長に煙る湾岸埋め立て地の街である。

「しとやかな獣」
監督／川島雄三
主演／若尾文子
製作国／日本
日本公開／１９６２年12月26日

1世紀経て「アラブの春」

アラビアのロレンス

往時の宣伝文句でいえば、この「総天然色70ミリ超大作」が日本で公開されたのは1963年2月。翌年のオリンピックを前に、東京の街が急ぎ装いを新たにしようとしていたころだ。首都高の工事も進み、4月には日本橋の上に橋げたが渡された。映画「ALWAYS 続・三丁目の夕日」(2007年)でも再現された日本橋かいわいの風景が一変するが、当時メディアがそれを格別嘆いた様子はない。

例えば、毎日新聞が深夜の架橋工事を報じた社会面記事は「新・旧〝二重の日本橋〟に」と明るい調子。当時、東京はどんどん深刻になる交通渋滞に苦しみ、折しも激戦が交わされていた都知事選挙の世論調査では、道路整備が有権者の望む最重要政策に挙げられていた。

「所得倍増」をうたう高度経済成長で、生活は濃淡こそあれ豊かにはなっていた。石油ストーブ、電気ごたつ。明るい共同住宅。しかし一方でまだ練炭の香りは街に漂い、サッシ窓も普及していない。未舗装の砂利道は、オフィス勤めの若い女性たちのハイヒールを容赦なく傷めた。そんなころだ。

民族衣装をひるがえす「アラビアのロレンス」の大看板が映画街に登場した。

英国映画、207分（完成時はもっと長かった）。巨匠デビッド・リーンがメガホンをとった。ずっと以前から温めていた企画。いざやるとなれば冒険だったが、1957年のリーン監督作品「戦場にかける橋」の大成功がプロデューサーを動かしたという。（ちなみに「戦場にかける橋」の主題曲「クワイ河マーチ」は以来私の学校で運動会の音楽の定番になった）

さて、映画の時代は第一次世界大戦時の中東戦線である。オスマン帝国の支配から脱しようとするアラブ民族を、取り込む工作で派遣された英軍情報将校ロレンス。優秀だが、規律や権威に反抗的で皮肉屋で、服装もだらしない変わり者だ。

軍隊社会にはそぐわない彼が次第に任務にのめり込み、アラブ独立に協力すべく戦いの先頭に立つ。オスマン帝国が占拠する港湾アカバ。背後の地獄のような砂漠をロレンスの指揮で乗り越えたラクダと馬の部隊が奇襲、陥落させるシーンは圧巻だ。

だが、銃口が生んだ勝利、革命成就の後の内部抗争は世の常である。英軍もロレンスは利用しただけで、彼が抱いたアラブ独立の理想にもとより関心はない。アラブ民族内の不信や対立も根深く、思惑が交錯する。長い戦闘生活ですさんだロレンスの心は次第にアラブから離れていく。

巨大な力学にきしむ国や民族の歯車。それに挟まれ、すり減っていく英雄……。

主人公のモデルは実在した英軍人で考古学者、トーマス・エドワード・ロレンスだ。その砂漠での活躍は米国人記者の記事、写真で広く報じられ、日本でもロレンスを気取る軍人がいたらしい。除隊後の35年、ラクダで何度も死線をくぐった英雄は、オートバイの事故で落命した。

撮影は、ヨルダンの広大な砂漠で長期ロケが行われた。今のようにコンピューターグラフィックス（CG）の技術はないから、炎熱にうだる中で自然のまま移ろう砂漠を舞台にした。苦労は絶えない。例えば、水分補給のコップが一つ風に転がっても拾いに行き、足跡を丹念に消しながら戻ってくる。1日にワンショット。酷暑によるフィルムの変質を防ぐため撮影中のカメラにぬれた布をかけ、保管時は冷蔵庫に入れた。文字通り、手作りの超大作だった。

アメリカで公開時、映画館でこの作品を見て圧倒され、あまりの衝撃に1カ月間感想も口にできなかった高校生がいた。少年は長じて世界的な映画監督になる。スティーブン・スピルバーグである。

豊かになりつつあったとはいえ、日本人の多くはまだ自分の事で精いっぱいだった。留学や仕事でなくても制限なく海外旅行に行ける「海外渡航自由化」は翌年（64年）のこと。映画とテレビの輸入ドラマが海の外の世界を見せてくれたが、その大半はアメリカだった。あの富裕で魅力的な家庭生活。少しでも近づきたい。それがほとんど夢に近い目標だった時代である。その夢はやがて覚めたが。

当時、アラブ世界や歴史に予備知識なくこの映画を見た人が多かっただろう。しかし人々をひきつけたのは、非情で狡猾《こうかつ》な政略と人間の葛藤、凝視するようにとらえた砂漠世界の映像美など、作品を貫く普遍性に違いない。

さて、ロレンスが砂漠を疾駆してから1世紀の時を経ようとしている。かたちこそ大きく違え、アラブは今も緊張が解けない。それは往時よりもっと複雑になり、世界の緊張と深くつながっている。

深い失意のうちに去ったロレンス。もし今あれば、混とんとして未来を描ききれないアラブ世界に何を思うか。

「アラビアのロレンス」
監督／デビッド・リーン
主演／ピーター・オトゥール
製作国／イギリス
本国公開／1962年　日本公開／1962年2月1日

物づくり守る男の葛藤

天国と地獄

金持ちの自分の子と間違えてつつましい他人の子が誘拐され、巨額の身代金を要求されたらどうするか。

しかも、財産を費やすその金は命運をかけた極秘計画に使うため準備したもので、犯人に渡せば、自分は確実に破滅だ。それでも……。

米国のエド・マクベインの警察小説「87分署シリーズ」。その一作『キングの身代金』に想を得た黒澤明監督の東宝作品である。

東京での封切りは１９６３年3月1日。この朝、都立高校入試が始まり、毎日新聞夕刊は「終戦っ子の関門」の見出しで報じている。

「終戦っ子」とは、戦後の第1次ベビーブーマー、後に「団塊」と呼ばれる世代である。その「15の春」は厳しく、全日制の競争率1・77倍。日比谷公園野外音楽堂で「中学浪人を出すな」と求める1万人以上の集会があった。

一方この早朝、タクシー強盗で運転手を刺殺した大田区の少年工員が世田谷、目黒区と逃げ回り、警視庁の大がかりな追跡で捕まった。少年が奪った布袋には、売上金２４９０円が入っていた。

オリンピックを翌年に控えた東京の早春の一日である。

映画の舞台は横浜。街や港を見下ろす浅間台《せんげんだい》に豪邸を構える権藤（三船敏郎）は大手製靴会社の重役である。

職人からたたき上げた彼は、丹精込めた丈夫で長持ちする靴こそ命と考えるが、他の重役たちはそうではない。低コストでデザインが目を引き、適当に消耗して売り上げが伸びる商品を求める。権藤は戦う決意をする。

筆頭の地位を得るためひそかに株を買い集め始め、その資金づくりで邸宅を抵当に入れ借金もした。いよいよ計画の仕上げという時に事件は起きる。権藤の息子と間違えられて連れ去られたのは、権藤の運転手の息子だった。

犯人からの身代金要求の電話に、権藤は子供を間違っていることを言うが、犯人はせせら笑うように「それでもあんたが払うんだ」と迫る。

権藤は苦悩する。狡猾《こうかつ》な犯人とだけではなく、権藤は自分自身と戦うのだ。

株買収工作に使われている秘書（三橋達也）は犯人の言うことを聞いてはならない、といさめるが、権藤の妻（香川京子）はその金で運転手の子を救って、と泣訴する。板挟みで葛藤する権藤から持ち前の自信と意欲に満ちた表情は消え、落ち着きのない貧相な目つきになる。

そして、彼は犯人の要求に応じることを決める。権藤の没落を確信した秘書は、素早く反権藤派へ寝返った。

東海道本線の下り特急こだまに乗り、車内電話で指示された酒匂川《さかわ》（神奈川県）鉄橋付近で金を詰め込んだバッグを投棄する。

実際に車両を本物通りに走行させ、スタッフが車内を駆け回って一発勝負の撮影をしたシーンは迫力がある。スタジオでは絶対に出せまい。

さて物語である。

戸倉警部（仲代達矢）が指揮する県警の捜査は、わずかな物証や、保護された子供が誘拐中に見た富士山の風景、男の特徴的記憶などから、犯人を追い込んでいく。

たどり着いたのは研修医の竹内（山崎努）だった。

ごみごみした密集地の老朽アパートから、高台に陽光を照り返す権藤邸を見上げて暮らす竹内は、暗い憎悪の情念を燃やす。こっちは「地獄」、あっちは「天国」……。

逮捕劇までの意表を突く展開や大きな失敗、権藤のその後など、後半のストーリーは、未見の方のために伏せた方がよいかもしれない。

ただ、こんな見方があってもいい。あの疾駆する特急こだま（翌年登場する新幹線に主役を譲ることになるが）に象徴される高度経済成長時代、大量消費の波に乗ろうとする反権藤派の重役たちと、物づくりの原点を守ろうとする権藤の確執は、列島のあちこちで起きていたのではなかったか、と。

そして今もどうだろう。

この映画は、その後の実際の誘拐事件などに影響を与えたともいわれる。その一つに「草加次郎」を名乗った者の事件がある。「草加」は62年から63年にかけ歌手後援会に爆発物を送ったのをはじめ、地下鉄に仕掛けて重傷者を出したりした連続爆弾事件を起こした。

その中で63年9月、人気女優宅に100万円を要求する「草加」の脅迫状が届き「9月9日午後7時10分上野発青森行急行十和田」に乗るよう指示。左のデッキから外を見て、青の懐中電灯の点滅する場所に金を投下せよ、というのである。映画をヒントにしたのだろう。

列車内や沿線に大勢の刑事が動員され、潜んだのはいうまでもない。だが結局「草加」は現れなかった。

事件は迷宮入りした。

「天国と地獄」
監督／黒澤明
主演／三船敏郎
製作国／日本
日本公開／1963年3月1日

現代に続く被虐の連鎖

武士道残酷物語

冒頭にモノローグ。静かに、しかし苦悶《くもん》を帯びて。

「侍の生命《いのち》は侍の生命ならず。常に主君のものなれば、主君のために死に場所を得ることこそ、誉れと知れ。おのれを殺して主君に仕えることこそ、忠節の初《はじめ》と知れ」

今井正監督の東映映画「武士道残酷物語」は1963（昭和38）年4月28日に公開された。ゴールデンウイーク向けだが、家族連れ向け娯楽作品というわけではない。

江戸時代、信州の小藩に仕えた飯倉家の現代に至るまで7代の男たちの物語。仕える主家への、かたくなまでな忠節がもたらす悲劇を描く。

その代々の当主役を中村錦之助（のちに萬屋《よろずや》錦之介）が一人で演じた。

映画封切りの28日は日曜日である。午前、連休を待ちかねたように勤め人たちは行楽地へ出かけた。毎日新聞夕刊1面には、名残のスキーをと、谷川岳ふもとの駅に到着した人の波を報じている。

休みが明ければ、会社という現代の主家からひたすら忠節を求められる日々が待つ。そんなサラリーマンらはこの映画をどう見ただろう。

映画では、現代の飯倉家の当主進が、先祖が書き継いだ日記を偶然発見し、その数奇な人生を知る。

関ケ原合戦後、浪人になった次郎左衛門は信州の小大名に拾われ、微禄《びろく》ながら忠勤に励み、島原の乱で主君が失策した時にその罪を負って割腹した。悲劇が始まる。

太平の世。主君も代々嗜虐《しぎゃく》的な性癖者や残忍な者が継いでいくが、飯倉家の当主たちは絶対的な忠誠を守り続ける。

冷遇されながらも亡君の後を追って切腹。小姓として主君の放縦な慰みものにされ、深く傷つけられた揚げ句、愛妾《あいしょう》を押しつけられても感謝して拝領……。

中でも、過酷な年貢取り立てで領民を疲弊させ、乱行がやまぬ主君をいさめようとした修蔵の場合は悲惨を極めた。目隠しをして罪人2人を斬り、その評判の太刀さばきを見せよ、と主君に命じられた。斬って目隠しを外すと娘と婚約者が果てていた。

忠節を最優先させた飯倉家の被虐の歴史が続く。

時代は移り、昭和も戦後社会に生きる飯倉進に「忠節の鎖」は何もないはずだった。あった。会社である。

建設会社社員の進は、学生時代から付き合っていたライバル会社のタイピスト杏子《きょうこ》（三田佳子）と婚約し、上司に仲人を頼む。事情を知った上司は、どうしても取りたいダム工事の競争入札を前に、杏子を通じてライバル社の見積価格をつかめないかと進に求める。

苦悩する進と杏子。ついに杏子は書類を持ち出して進に渡し、これによって進の会社は勝った。喜色満面の上司が次に命じたのは結婚の延期だった。「疑われぬよう、ほとぼりを冷ませ」と。

杏子が睡眠薬自殺を図る。かろうじて助かり、2人は何ものにも縛られず、歩もうと誓い合う。

被虐の連鎖はここで断ち切られるはずである……。

この作品はベルリン国際映画祭で金熊賞を得る。普遍的に訴えるものがあった。

原作は南條範夫《なんじょうのりお》の小説『被虐の系譜』(講談社)。現代のサラリーマンなどは映画で付け加えられた。

南條は小説の中でこう書いている。

〈……本来は利害関係に基づく主従関係は、滅私奉公と言う美称を被《かぶ》せられて、次第により深く固定観念化してゆき、終《つい》に、利害を離れた没我的服従心にまで育て上げられていった〉

〈豪壮、闊達《かったつ》、恬淡《てんたん》で、自負と独立とに基礎をおいたものであった筈《はず》の武士道は、完全に衰弱した〉

ひたすら経済成長レースを走る60年代初めの企業社会も、そんな封建主義的な色を濃く残していた。会社の要職を占める年長者たちの大半は、まだ旧制学校の教育を受けた世代である。

東宝の大ヒット「社長シリーズ」の滑稽《こっけい》感も、そんなサラリーマン世界の時代がかった上下関係から生まれるのではないか。

成長の時代とはいえ、社会が総じて豊かになっていたわけではない。「ホワイトカラー」と呼ばれ、あこがれの「団地」に電化製品に囲まれて住めたサラリーマンは限られていた。

南條が〈扶持《ふち》を喪《うしな》って浪人の身となると言うことは、凡《すべ》ての武士にとって、不断の脅威であり、最も恐るべき夢魔であった。／これを避ける為《ため》には、いかなる屈辱も困苦も、受容しなければならない〉と書いているように、競争の中で勝ち得たサラリー（扶持）と地位を失う恐怖、そして服従の心理は、昭和のサラリーマンとて無縁ではなかったに違いない。

そして、格差と困窮、若者流出と農山村の疲弊……。サラリーマン社会の外に広がるそれらの現実も、高度経済成長時代の素顔だった。

「武士道残酷物語」
監督／今井正
主演／中村錦之助
製作国／日本
日本公開／１９６３年４月28日

追い詰められた妻への愛情

酒とバラの日々

名匠ヘンリー・マンシーニ作曲の主題曲「酒とバラの日々」は、今も街のどこかで流れている。

題名を知らなくても、聴けば多くの人は「これはどこかで」となるはずである。

さまざまな歌手やジャズ・プレーヤーがカバーし、代表的なスタンダード曲に数えられてきた。この陶然とするような曲が、アルコール依存症との凄惨《せいさん》な闘いを描いた米映画の音楽なのだ。その美しさと哀感が、いっそう映画のテーマを際立たせる。

ケネディ政権下の1962年、サンフランシスコにロケして撮影された。遠くに金門橋らしきものが映っているシーンがある。

主人公ジョー（ジャック・レモン）は宣伝会社のやり手営業マン。顧客の洋上接待で、偶然知り合った得意先の秘書カーステイン（リー・レミック）と恋に落ち、結婚する。娘も生まれた。彼女は酒好きではなかったが、ジョーの勧めで少しずつ飲むようになり、次第に量を増す。

それは多忙な仕事や接待で疲れきって帰宅するジョーの求めでもあった。気づいた時、2人はアルコール依存症に陥っている。ジョーは仕事で失敗し、カーステインは酔ってボヤ騒ぎまで起こす。

カースティンの父は園芸農園を営んでおり、ジョーとカースティンはそこで働きながら酒を断ち、一から出直す決意をする。新生活は順調だった。だが、ある夜、「ここまで頑張ったのだから、少しは」とウイスキーの栓を切り、元の世界に戻る。

ジャック・レモンも、監督のブレイク・エドワーズも、その生涯にアルコール依存の体験があったといわれる。それも投影しているのか、錯乱症状を描くシーンでは、レモンの演技は途中でストップがかかるほど真に迫った。

ジョーは依存症患者の互助組織に入り、再び立ち直る。脱しきれない妻は家を飛び出し、行きずりの男たちと転々とする。安モーテルで飲みつぶれているという通報を受けたジョーは、急ぎ駆けつけ、妻を連れ戻そうとする。

彼女は拒み、夫と自分の世界が隔たった寂しさを切々と語るのだった。ほだされたジョーは禁断のグラスを手にする……。彼には妻をこんな世界に引き込んだのは自分だという負い目があった。

再び保護・隔離された2人。互助会の熱心な支えもあって、ジョーはまた酒を断った。幼い娘を育てなければならない。仕事も得た。住まいを別にした妻が立ち直って再び一家3人の生活が戻ることを願って。しかし、妻はどうしても酒を断ち切ることができない。

ある晩、妻がジョーと娘のアパートを訪ねてくる。彼女は、酒があっても何とかうまくやっていける、昔はちゃんとやった、酒を断つのは怖い、と泣きながら語り、失った日々に戻りたがる。

ジョーは拒む。そうなれば、また地獄のような日々に戻るのは分かりきっていた。

そこからラストへ、2人の会話のすれ違いはあまりに哀切だ。

アルコール依存症をテーマにしたり、登場人物のキャラクターにした米映画は多い。古典的名作である「失われた週末」（ビリー・ワイルダー監督、1945年）は、レイ・ミランドが演じる売れない作家が主人公だった。彼は幻覚に悩まされるほど症状が進み、酒を買うために他人の金に手をつけようとするまでに落ちぶれ果てるが、恋人らの献身的な支えで新しく生き直す道を歩み始める。

一方、「酒とバラの日々」は決してハッピーエンドではない。再び去って行く妻の、いつとも知れぬ立ち直りをじっと待ち続けるジョーのまなざしが締めくくりだ。ガラスには夜景の「BAR」のネオンが映っている。

彼は妻へ扉は閉ざしていない。しかし、酒を断てない限り、親娘3人の生活を再スタートさせることはできない。

これはたぶんアルコール依存症問題の啓発映画ではないのだろう。ぎりぎりに追い詰められた状況での妻への愛情物語ではないか。その普遍性があるから、世代を超えて今も見続けられるに違いない。

東京で公開されたのは1963年5月。それまでのコメディー「お熱いのがお好き」や三枚目の「アパートの鍵貸します」などとはまた違ったジャック・レモンをファンはスクリーンに見た。
アメリカの名優たちの鍛えあげた演技力の深さを見せた一品でもある。

「酒とバラの日々」
監督／ブレイク・エドワーズ
主演／ジャック・レモン
製作国／アメリカ合衆国
本国公開／1962年　日本公開／1963年5月1日

「静かな勇気」正義示す

アラバマ物語

もしこれが、ただ定型的な啓発教育映画のようなものだったら、おそらく、今に至るまでみずみずしい感動で幾世代もつなぐことはなかっただろうと思う。

声高に正義を主張することもなく、素朴に、誠実にどの人間とも向き合い、静かに使命を果たす田舎町の中年弁護士アティカス・フィンチ。

名優グレゴリー・ペック（1916〜2003年）が演じたこの役は、いたくアメリカ人の琴線に触れたらしい。2003年、米映画協会はフィンチ弁護士を映画史上最も偉大なヒーローに選んだ。

この作品は作家ハーパー・リーの自伝的小説に基づく。生まれ育った南部アラバマ州の町。そこでの少女期の体験を回想する形をとっている。

時は1930年代前半、人々は大不況のさなかにあった。小学校に上がる年ごろの少女スカウト（リーが投影している）の家族は、父アティカス・フィンチと兄のジェム。母は先立って、スカウトの記憶にはその面影はない。

町に事件が起きる。黒人の農民トム・ロビンソンが、白人女性を暴行したというのだ。トムは否認している。彼女の父親が被害を届け出、トムは逮捕されて裁判にかけられることになった。

法でも、人格的にも、徹底的に黒人が差別されていた30年代である。とりわけ差別の強い南部のアラバマで、進んで黒人の弁護人をする者などいない。夜、困惑した表情で訪ねて来た判事に「やってくれないか」と頼まれ、フィンチは引き受ける。

白人たちの反発は強く、幼いスカウトも悪口や嫌みを言われることになる。彼女は、なぜこんな役回りを受けたのか父に聞く。彼は少し考え、娘の肩を抱いて淡々と言う。最も印象深いせりふだ。

「もし受けなかったら、父さんは不公平な人間ということになる。そうなったら、これからお前やジェムをしかる資格がなくなってしまう」

フィンチは被告トムの弁護に力を尽くした。

殴られたという女性の顔の傷は右目側。犯人の左手で殴られたとみられるが、トムは昔の事故で左手がまったく使えない。一方、彼女の父親は左が利き腕だった。

矛盾が徐々に明らかになり、暴力を振るったのは父親らしいことがわかってくる。トムを家に呼び入れ、誘惑しようとした娘に怒ったとみられる。だが、白人の陪審員たちの評決は……。

スカウトら子供たちは、そんな大人たちの世界をじっと見つめている。

一方、当然ながら、子供たちにも世界があるのだ。

近所に、家に引きこもったまま姿を現さない男がいる。子供たちの間ではえたいの知れない「怪物」のイメージで広がり、ネコやリスを食べているなどとうわさする。勝手につけられた名前が「ブー」。その姿をのぞき見ようとジェムらは冒険するのだが、なかなか成功しない。ところが、思わぬめぐり合わせでスカウトとジェムはブーによって命を救われる。彼は心優しい青年だった。

トムの裁判でフィンチに追い込まれた女性の父親が逆恨みし、森でスカウトらを殺そうとしたのだが、ブーが駆けつけてもみ合い、逆に相手を死なせてしまったのだ。

ブーは言葉を発しない。だが、保安官はすべてをのみこんで「事故」と処理し、ブーを一切不問にする。「私は優秀な保安官じゃないが、ここは私の管内だ」。このあたり、ホロッとくるようなタッチである。

このエピソードが物語を重層的にし、見る者に時代を超えて古き良き時への郷愁のような感情を起こさせる。

名画のゆえんである。

東京で公開された1963年6月22日、毎日新聞の都内版は、隅田川で引き船がタンカーに接触して沈没したという記事をトップに展開している。都心の交通混雑などで間に合わぬと、水上輸送が盛んになったためという。その下には銀座の百貨店で「切手にみるオリンピックのあゆみ展」を開催という記事……。

東京五輪を翌年に控え、首都は急ピッチに装いを新たにしていた。

そのころ、アメリカでは黒人が差別撤廃を求める公民権運動が広く高揚し、アラバマ州でも黒人学生の大学入学などをめぐって状況が刻々と動いていた。

人々のたゆまぬ意思表示の行動の中には、田舎町の弁護士フィンチの「静かな勇気」に触発されたものもあったに違いない。

「アラバマ物語」
監督／ロバート・マリガン
主演／グレゴリー・ペック
製作国／アメリカ合衆国
本国公開／1962年　日本公開／1963年6月22日

「自由」求めた男気ドラマ　大脱走

東京で公開されたのは1963（昭和38）年8月3日だった。土曜日。学校は夏休みのさなかである。

丸の内東映パラス、浅草東映パラス、新宿ミラノ座、渋谷パンテオン。懐かしい人も多いに違いない。

あの夏、デートで映画館に並んだ若者たちも古希を超えていよう。

助け合い、至難の障壁をくぐり抜ける脱走ドラマ。客席で手に汗握った若者たちはその後の曲折の人生ドラマで、ふと場面を思い起こし、心に何かを点じたかもしれない。

ジョン・スタージェス監督の米映画「大脱走」は3時間近い大作だ。架空の戦争活劇ではない。原作者ポール・ブリックヒルの体験がベースになっている。

第二次世界大戦中、ドイツの捕虜収容所。英空軍を中心に収容された連合国軍士官の捕虜たちは協力し、ひそかに床下から複数のトンネルを掘り進め、250人に上る空前の集団脱走を計画する。脱走によって敵の後方をかく乱する意図もあった。

彼らはそれぞれに技能がある。人一人が腹ばいで進める程度の、モグラの穴のようなトンネルを設計する。たびたびの崩落対策にベッドの板などを支柱に使い、手動式送風機も作る。

問題は掘り出した土をどう隠すかだった。床下のスペースでは限界がある。

アイデアがひらめく。ズボンの中に土を詰めた袋を2本提げ、ヒモを引っ張れば袋の口が開いて土がズボンの裾から地面に落ちる仕掛けだ。これなら目立たない。

捕虜たちはペンギンのように収容所の敷地内を歩き、掘り出した土を始末した。

だが、もっと難しいのは逃げ出た後、監視だらけのドイツ支配地内をどう逃げるか。

書類偽造や仕立ての腕を持つ者の出番だ。精密な身分証明書が作られ、軍服も染め直され、一般市民の背広に直された。

米軍士官ヒルツ（スティーブ・マックイーン）は最初この集団脱走計画にはくみせず、単独で実行するつもりだった。行動力と胆力を持つ彼は、それまで何度も試みてはドイツ兵に連れ戻され、懲罰の暗い独房に長く放り込まれたが屈しなかった。そんな彼に、脱走計画のリーダーは次に脱走に成功したら、収容所外の地理や駅、施設の位置などを覚え、わざと捕まってここへ戻り、その情報を我々に教えてほしいと頼む。

「冗談じゃない。俺はできるだけ遠くに逃げるだけだ」と拒んだヒルツが結局これを引き受ける。ある意味、自己犠牲をいとわぬ男気のドラマである。

だが、これはシリアスな現実の人間ドラマである。

トンネルの1本がドイツ兵に見つけられ、絶望のあまり突然鉄条網をよじ登って射殺された者。

狭く閉ざされた空間に耐えきれず、大詰めの段階で離脱しようとする者。

そして、頼みのトンネルも裏切った。出口は森の中のはずだったが、収容所内からの計測に誤りがあり、出てみたら、森と鉄条網の間の草地だった。指呼の間に監視兵が行き来している。その間隔を縫うように捕虜たちは穴から森へ駆け込むが、70人余りのところでドイツ兵に感づかれ、それ以上は逃げられなかった。

外へ出た捕虜たちは互いに知らぬ者同士を装って距離をとり、列車やバス、自転車、ボート、あるいは盗んだ小型練習機などでドイツ支配地の外を目指す。遠い。

ドイツ兵に化けたヒルツはオートバイで国境越えを目指すが、追っ手が迫る。雪をかぶる山岳を背にした美しい牧草丘陵地でスリリングな場面が展開する。

そして、有刺鉄線にからめとられるようにしてヒルツの脱走劇は終わった。

ヒルツは再び独房に放り込まれた。またやるぞ、の面魂を提げて。収容所長は解任され、絶望的な対ソ連の東部戦線に送られた。

他の脱走者たちはどうなったか。逃げおおせた例はごくわずかで、次々に捕まる。

そして大きな惨劇が待ち受けていた——。

戦争映画はしばしばスポーツを描くような調子になる。この「大脱走」も白熱したゲームを見る趣があるが、「自由」を渇望してやまない人間の普遍的な物語である。

「第十七捕虜収容所」「戦場にかける橋」「戦場のメリークリスマス」「太陽の帝国」など、名画史に捕虜収容所が絡む作品は少なくない。

「大脱走」は活劇らしく、最も率直に自由を求める不屈の闘志を描いた点で、黄金期の西部劇の味わいにも通じるものがあると思う。

日本公開の翌年には東京オリンピックを控えていた。

今なおテレビのＣＭで流れるほどなじまれた主題曲「大脱走のマーチ」は軽快で、この時代の日本人たちの気分に合ったのかもしれない。

「大脱走」
監督／ジョン・スタージェス
主演／スティーブ・マックイーン
製作国／アメリカ合衆国
本国公開／１９６３年　日本公開／１９６３年８月３日

求める豊かさへの冷笑

マタンゴ

1963（昭和38）年も大事件、大事故が相次いだが、この年がどこか明るい彩りを帯びて記憶されるのは、経済の上り調子と、アジア初のオリンピック、東京大会を翌年に控えて街のかたちも変わっていたからだろう。

本多猪四郎監督、円谷英二特技監督の東宝特撮映画「マタンゴ」が公開されたのは8月11日である。

前の月、名神高速道路の滋賀・栗東《りっとう》―兵庫・尼崎間が開通、日本のハイウエー時代の幕が開いている。

人間たちが物質的豊かさを引き寄せる自信とバイタリティーに満ちていた夏。そんな気分に「マタンゴ」は際限なく湧き出すような冷笑を発しながら、まとわりついてきた……ネバネバと。

物語は大海原を快走する豪華ヨットから始まる。

乗り組んでいるのは7人。持ち主で富豪の青年実業家・笠井（土屋嘉男）、彼がパトロンをしている歌手の麻美（水野久美）、笠井の会社の社員で艇長を務める作田（小泉博）、流行作家の吉田（太刀川寛）、新進の心理学者である村井（久保明）と恋人の明子（八代美紀）、雇われのヨットマン・小山（佐原健二）だ。笠井を取り巻く者たちは、それぞれに利己的な思惑や反感、打算を胸に、このクルージングに参加した。

いかにもあの時代に実在したような人物造形である。

嵐の接近を伝えるラジオに艇長の作田は慎重になったが、社長の笠井らは強気を見せ、ヨットは針路を変えぬまま嵐に突入、難破船になってしまう。自分を棚に上げて部下の艇長をなじる笠井。組織社会の縮図のようだ。

だが、そんな風刺ばかりがこの映画の主眼ではない。むき出しの人間のエゴを命懸けでぶつけ合う、生き残りの闘いが待っている。

たどり着いた無人島は多くの日を霧に包まれ、鳥さえ近寄らない。

海岸に座礁した破船を見つけたが、乗り込んで見ると誰もおらず、奇妙なキノコがびっしり生えていた。

残された記録から、核爆発実験による放射能の調査船で、このキノコは「マタンゴ」と名づけられていた。

電池が切れて無線もラジオも役に立たず、笠井らはこの船を宿にして救助を待つことにする。だが霧深いこの島で時間は無意味に流れた。そして夜中に奇妙な姿の生き物が近づく気配がするなど、不気味な出来事も重なる。

やがて遭難者たちは、缶詰など残り少ない食料をめぐって、刃物や銃を持ち出す争いになる。マタンゴを食用にという考えも出たが、その正体が分からない。「危険だ」と村井は反対する。

だが、飢えに抗しきれなくなる。一人、二人、と島の中に生え広がったマタンゴを口にし、その美味にむさぼり食べるようになる。

最後まで手を出さなかったのは村井だった。彼が励ましていた明子もついに口にし、そのマタンゴの群生の中から「先生、先生……」と陶然とした笑顔で村井を呼び招く。

彼を除き、遭難者たちは次第に体がマタンゴ化していく。だが、醜く変化していくその顔は悦楽に満ち、先に遭難した大型船の乗組員らしきマタンゴとともに笑っている。ヒャッ、ヒャッ、ヒャッ……というように。

奇跡的に島を脱出した村井は救助されるが、彼の話を信じる者はいない。村井は東京で遮断された病室に収容され、精神科医らが観察する。

窓の向こうに妖しげにも映る繁華街のネオン。村井は「帰らなきゃよかった。東京だって、みな人間らしさを失って……」と、静かに失意を語るのだった。

息をのむようなラストが用意されている。

映画の原作は海洋怪奇小説で知られるイギリスの作家、ウィリアム・H・ホジスン（1877〜1918年）の短編「夜の声」（邦題では「闇の声」なども）。SFマガジン編集長だった福島正実、星新一が共同で翻案し、木村武が脚本化した。（『東宝特撮映画全史』）

ホジスンの作品群には、長い航海士の体験が生きているようだ。第一次世界大戦に志願し、戦争末期に戦死した。40歳の若さだった。

時代が別で、映画の構成内容もかなり異なるが、読後に残る味わいは変わらない。その映画製作からも半世紀余。「マタンゴ」の寓意《ぐうい》、文明批判は今なおあせない。目には見えなくとも、えたいの知れぬキノコが誘いの笑み浮かべて、ほら、そこにも、ここにも……。

「マタンゴ」
監督／本多猪四郎
特技監督／円谷英二
主演／久保明
製作国／日本
日本公開／1963年8月11日

地球の滅亡を冷たく笑う

博士の異常な愛情　または私は如何にして心配するのを止めて水爆を愛するようになったか

1964（昭和39）年10月6日といえば、東京オリンピック開会まであと4日。

この日、日比谷で公開されたスタンリー・キューブリック監督の「博士の異常な愛情」は、スポーツの国際平和祭典ムードとは裏腹の、重く冷たい笑いに満ちた〝人類喜劇〟である。見終えた人々は、映画館からよろけ出るような思いだったかもしれない。ひとりの将軍の、あまりにばかばかしい妄想から、あっさりと（こういうほかない）地球が滅ぶのだ。不安を抱き始めたらとめどなく続くだろう。

この映画のタイトルは長く、邦題は「または私は如何《いか》にして心配するのを止めて水爆を愛するようになったか」と続いている。

冒頭、静かに字幕が出る。「合衆国空軍は、この映画で描かれているような事態は決して起きないことを保証する……」。安心どころか、むしろぞっとする効果がある。

そして画面に現れる、ランデブー飛行のような大型爆撃機Ｂ52の空中給油シーン。甘美な音楽が流れる。ラストに地球上に百花開くように核爆発が連続するシーンでも、イギリスの女性歌手ヴェラ・リンの「また会いましょう」が甘く、せつなく流れる。

救いがたい悲劇のバックにまことにふさわしく、胸を震わせるようである。

物語は、米本土の空軍基地司令官リッパーが突然勝手に、パトロール飛行中のB52にソ連攻撃の指令を出して始まる。妨害防止のため、マニュアル通りに34機の無線は封じられ、止められない。

リッパーは、共産主義者たちが陰謀で水道水にフッ素を入れて米国人の体液を汚し、変質させているなどという妄想にとらわれていた。共産主義の総本山はソ連である。

予想もしなかった緊急事態に大統領は、慌てて国防総省の作戦司令室に将軍たちや政府高官を集めた。

愛人と密会中呼び出され、不機嫌だったタージドソン将軍は事情を知って、この際これで勝利しよう、報復もあるだろうが、今なら犠牲は2000万人、ぐずぐずしてたら1億5000万人、どちらをとるか、と大統領に迫る。

大統領は受けつけない。

ホットラインでモスクワを呼び、愛人と酒に酔っていたソ連指導者に不測の事態を説明するが、ここでとんでもない事がわかる。ソ連は究極兵器「皆殺し」装置を完成させ、近く大々的に発表の段取りだったのだ。

攻撃を受けたら自動的に全面報復し、地球のすべての生物を死滅させる。装置を解除しようとしただけで作動する仕組みだ。世界がこれを知れば、ソ連への攻撃は完全に抑止されるはずだった。

大統領は爆撃機の位置をソ連に伝え、迎撃を求めた。一方、基地で自殺したリッパーだけが知っていた無線封鎖を解く暗号をやっと割り出し、中止命令が各機に伝わる。一部はソ連のミサイルに撃墜され、残りは引き返した。そのはずだった。

だが、わずかに1機、レーダーにひっかからずに低空でソ連基地に達し、水爆搭載の弾倉を開いた……。

失意に沈んだ国防総省。「人類が一握り生き残るチャンスはあります」と大統領に進言したのは、最新兵器開発を担ってきたストレンジラブ博士だった。戦後ドイツから米国に移り重用されている。

右手が勝手に動きナチ式敬礼をしたり、大統領に思わず「わが総統！」と叫んだりする。そういう素性である。

進言の計画では、まず深く掘った炭鉱を選ぶ。放射能を避けて1000メートルの地底に居住設備を整え、100年程度こもる。エネルギーは原子炉から得る。

収容者は若さ、健康、知能などのデータでコンピューターで選ぶが「もちろん、政府高官や軍人は優先される権利があります」。一夫一妻制は崩し、男1に対し女10の割合にする……。

タージドソン将軍はなおソ連の陰謀は続くと主張し、「わが炭鉱領土の優位を断固確保せよ」などと叫ぶ。

作戦司令室で高官や将軍たちがこんな議論や妄想にうつつを抜かしている間に、次々に核爆発が起こり、世界は放射能にむしばまれていく。

博士の思考は完全に異常をきたしているのか。いや、世の異常さを彼が体現しているにすぎないのではないか。

人類を何度も消し去るほどの核を有し、その上で「平和」をうたう世界。それ以上の「異常」はない。

まじめだが、どこか頼りなげな大統領▽懸命にリッパー将軍の攻撃命令を何とか止めようとする、どこかお人よしの副官▽そして妄執の博士。この3役を、イギリスの名優ピーター・セラーズが1人で見事に演じ分けた。

思えば、今も世界の主だった指導者たちは核危機の現実に対し言が定まらず、時と場合によって何役も演じ分けているふうである。

「博士の異常な愛情　または私は如何にして心配するのを止めて水爆を愛するようになったか」
監督／スタンリー・キューブリック
主演／ピーター・セラーズ
製作国／アメリカ合衆国
本国公開／1963年　日本公開／1964年10月6日

黄金期呼び起こす夢世界

マイ・フェア・レディ

ジョージ・キューカー監督の米ミュージカル映画「マイ・フェア・レディ」が東京で公開されたのは、1964（昭和39）年12月1日、有楽座だった。

時間表を見ると初回上映は午前10時20分。館から遠くない日比谷公会堂では、10時17分に自民党の臨時党大会が開会している。既に前月、池田勇人《はやと》を継いで首相の座にあった佐藤栄作が、ここで正式に総裁に選ばれた。

高度経済成長という、やや前のめりの繁栄と、佐藤長期政権幕開けの時。その年秋の東京オリンピックの成功も、時代の空気に自信を帯びさせていた。

街にザ・ピーナッツの「ウナ・セラ・ディ東京」が流れていた師走である。

舞台は20世紀の初頭、第一次世界大戦前のロンドン。

イギリスは文字通り「大英帝国」の繁栄をほしいままにしていた。そして隔絶した階級格差もその一面だった。

物語は、貧しい花売り娘イライザ（オードリー・ヘプバーン）と富裕な言語学者ヒギンズ（レックス・ハリソン）の出会いから始まる。

偶然、イライザの粗野な言葉を耳にしたヒギンズは、彼女を訓練して半年で上流階級の貴婦人をつくり上げ、誰にも素性が分からぬようにして見せると豪語、いぶかる友人と賭けをする。イライザもまた、不安定な路上の花売りではなく花屋の店員になりたい、と言葉遣いを変えるつもりでヒギンズの特訓を受ける。

音声学を信奉する彼は、当時最新の録音機器などを武器に、イライザの発音を土台から変え、上流階級の言葉遣いやマナーを仕込む。その厳しさは、賭けをした友人さえ彼女に同情するほどだった。

月日がたった。ヒギンズはまず試しにイライザをアスコット競馬場に連れて行き、優美に集う上流階級の人々に貴婦人として紹介する。

彼女の美しさは飛び抜けていて、注目を一身に集めた。話の内容は冷や汗ものだったが、紳士淑女らは面白がって怪しまない。

競馬につい興奮して「ケツをひっぱたけ！」などと叫び、耳にした貴婦人が一人卒倒する場面もあったが、まずは大過なく、デビューは成功した。社交界のプレーボーイ、フレディ（後にテレビのシャーロック・ホームズ役で一世を風靡《ふうび》したジェレミー・ブレットが熱演）も完全にイライザの魅力に参ってしまう。

ヒギンズは内心不安で仕方なかった。しかし、次の王室も交えたパーティーではイライザは完璧に演じきり、その上品な美しさで舞踏の会場を支配した。

だが、自分は人間扱いされず、実験に使われているだけだと悟った彼女はヒギンズの元から飛び出してしまう。

「勝手なことを」と怒り、そしてうろたえるヒギンズ。思いがけぬ喪失感の中に沈みながら、やがて知る。

彼もまた強くイライザに引きつけられていたのだ……。

ブロードウェーで56年から大ヒットした同題名ミュージカルの映画化。その原作は英国の劇作家バーナード・ショーの戯曲『ピグマリオン』である。それはギリシャ神話に想を得ている。その神話の主人公は現実世界の女性に失望し、代わりに作った理想の彫像に恋をし、心を奪われてしまうのだ。

独身主義者のヒギンズもまた同じ罠《わな》にかかったか。映画は、しゃれて幸せな結末を用意している。

往時の大英帝国のように、全盛を誇ったミュージカル映画も、この作品のころをピークに近年では少なくなった。

ハリウッドのお家芸ともなったミュージカル映画は、いわば総合芸術の華だった。「夢の工場」である撮影所の、あらゆるセンス、才能と技術が注ぎ込まれる。

70ミリ大画面に繰り広げられるこの映画では、大勢の貴婦人たちの衣装一つ一つも丹念にデザインされた。

そうした大作志向が、コンパクトながら新しいスタイルの映画や映像表現の台頭に後退した面もあるだろう。

音楽映画というくくり方でいえば、「マイ・フェア・レディ」と同じ年に登場したリチャード・レスター監督「ビートルズがやって来るヤァ！ヤァ！ヤァ！（ハード・デイズ・ナイト）」などは、ドキュメンタリー・タッチの軽快な映像に音楽をからめ新鮮だった。大きな仕掛けはない。

しかし今、改めて重厚なミュージカル映画「マイ・フェア・レディ」の、しっかり作り込まれた映像と音楽、踊りに接して圧倒される。映画の面白さとはつまるところ、こういうものなのだ、と得心したような気分になる。

遠い日。映画館の分厚くカバーされた防音扉をそっと押して入れば、そこは世間と切り離された異世界。売り子から買う「アイスもなか」さえ特別な味がして。上映開始のブザーともども、そういう映画黄金期を走馬灯のように呼び起こしてくれる名画である。

「マイ・フェア・レディ」
監督／ジョージ・キューカー
主演／オードリー・ヘプバーン
製作国／アメリカ合衆国
本国公開／1964年　日本公開／1964年12月1日

愛憎の執念、突きつけ

飢餓海峡

秘めた過去を知られるのを恐れ、罪を犯す。推理小説によくあるパターンだ。それが飽かず読まれ続けるのは、誰にも犯人の焦慮やおびえにも共鳴する「隠しておきたい何か」があるからだろう。たとえ、たわいないことでも。

水上勉原作で内田吐夢《とむ》（1898〜1970年）がメガホンをとった東映作品「飢餓海峡」。主人公の樽見（三国連太郎）が八重（左幸子）を圧殺してまで封をしておきたかった過去とは何か。

戦後のどさくさに成り上がり、いつの間にか社会の表で人徳豊かな名士として通る人々は、おそらく、高価な衣装の裏地に少々脂汗をにじませながら見たことだろう。

東京で封切られたのは1965年1月15日だった。

冒頭のナレーションにテーマが凝縮されている。

「飢餓海峡。それは日本のどこでも見られる海峡である。その底流に我々は貧しい、善意に満ちた人間の、どろどろした愛と憎しみの執念を見ることができる」

54年9月、台風で遭難し北海道函館港外に沈んだ青函連絡船洞爺丸《とうやまる》。作品はこの事故を敗戦直後の47年に置き換え、船名を「層雲丸」とした。

ストーリーはこうだ。

樽見は以前は犬飼と名乗り、北海道の刑務所仲間２人が立てた強盗計画に見張り役で加担する。放火殺人を犯して質屋の金を奪った仲間２人と函館まで逃げ、連絡船で本州に渡ろうとするが、すでに台風で沈没事故が起き、海岸は大混乱していた。

３人は救助の消防団員を装い、舟で沖にこぎ出して津軽海峡の荒波を越えて下北半島を目指す。ところが、洋上、仲間割れから2人は死に、犬飼の手に大金が残った。

下北半島を南下する途中、一夜を過ごした娼家《しょうか》の女が八重。疲れきった犬飼をいたわり、爪を切ってやる。心が動いた犬飼は所持金からまとまった額を八重に与えて去る。

八重は実家の借金を清算し東京に働きに出るが、57年、新聞を見て驚く。巨額の寄付をする篤志家として紹介されている樽見京一郎という人物の写真は、間違いなく犬飼だった。八重はかつての恩の礼を言おうと、樽見が事業を成功させ名士となっている京都の舞鶴を訪ねる。樽見は冷めた顔で「知らない」と否定するが、納得しない純朴な八重に対し……。

函館署の初老の刑事、弓坂がキーマンとなる。コメディアン伴淳三郎がシリアスな役に初めて挑んだ。

弓坂は、層雲丸事故後に打ち上げられた男の死体に不審な傷を見つけて以来、こつこつと捜査を続けた。徒労に終わったかに見えたが、かつて犬飼という怪しい男の足跡を追って事情聴取したことがある八重が、変死体で発見され、捜査が動き始める。

その展開と劇的な終幕は未見の方のために伏せるが、富者の威厳を漂わせる樽見（犬飼）と、朴訥《ぼくとつ》で風采もあがらぬ弓坂刑事の対決は心動く見せ場である。

『私説　内田吐夢伝』（鈴木尚之著、岩波書店）に「飢餓海峡」の俳優たちと内田監督の逸話が紹介されている。シナリオ作家協会会長も務めた著者は、この映画の脚本のほか大作「宮本武蔵」でも内田と組んでいる。

それによると、異例の配役だった伴淳三郎への演技指導はしごきのようなものであったらしい。こんな具合だ。

〈吐夢の怒声がとんだ。

「伴くん、アジャパーやってるんじゃないんだ。きみはアドリブ芝居ばかりやってるからそういうことになるんだ！」

こうしたテストがくりかえされ、また監督の叱責が叩《たた》きつけられるたびに伴はますます緊張の極に達していった〉

伴は山形出身。喜劇や軽演劇で人気を博し、「アジャパー」のギャグは流行語になった。映画でも「二等兵物語」や「駅前旅館」シリーズで実績がある。この「飢餓海峡」撮影時には56歳、押しも押されもせぬといったところだった。だが、その撮影中の憔悴《しょうすい》ぶりが弓坂刑事の役づくりにはまった。内田の狙いもそこにあったらしい。

公開後、伴は絶賛され、毎日映画コンクールで男優助演賞を取る。彼自身、役づくりのため、警察で取り調べの実際を見たり、5年も1人の犯人を追い続けている刑事に学んだりしていた。

試写会の後、内田は「伴ちゃん、ご苦労だったね」と目を光らせて言った。

公開の1月、中央教育審議会は「期待される人間像」案を発表し、国がそういうことを示すべきか、と論議を呼んだ。前年の渡航自由化で海外旅行への関心が高まり、毎日新聞夕刊は「隣りの島ハワイ」を連載した。ベトナムの戦いは深刻になっている。

そんな時代に、すでに日本人が忘れかけていた「戦後間もないころ」を突きつけた映画だった。

「飢餓海峡」
監督／内田吐夢
主演／三国連太郎
製作国／日本
日本公開／1965年1月15日

「人間」主役に描く五輪　東京オリンピック

「人間の力でどうにもならぬものがお天気だ」

1964年10月10日、毎日新聞朝刊1面のコラム「余録」はこう書き出している。そして祈るような調子で続く。

「きょうのオリンピック開会式をひかえて、秋晴れとはいかないまでも、秋雨よ、降らないでくれと祈らぬものはないだろう」

前日、東京の街は雨に打たれ、開会式が危ぶまれた。公式記録映画「東京オリンピック」総監督の市川崑は気をもんだが、一夜明けるとうそのように晴れた。

実況でNHKの北出清五郎アナウンサーが名調子でたとえた「世界中の秋晴れを全部東京に持ってきてしまったような、素晴らしい秋日和でございます」である。

後年、市川はあるインタビューで「ピーカンの日本晴れ」と表現している。

「ピーカン」とは快晴の意味で、映画界から生まれたという。由来は、よく晴れていてピントが完璧に合うからとか、たばこの缶ピースの缶の色が快晴の空色に似ているとか、諸説あるそうだが、いかにも明るげで語感がいい。

戦後復興から高度経済成長の上昇気流に乗り、オリンピック開催を実現した日本もまた、このピーカン気分の中にあった。

10月10日から24日まで15日間開催された大会は、多くの日本人には初めて見るものだった。国際スポーツ競技会はそれまでもあったが、参加94カ国に及ぶ規模と多様さ、スポーツを通じた平和の祭典という概念は新鮮だった。

ましてや多くの競技・種目には初めて目にするものがあり、にわか解説者があちこちに生まれた。

だが、この映画はルールを解説したり、タイムや距離の優劣を記録したり、施設を自慢したりするものではなかった。主役は勝敗を超えて限界に挑む人間そのものであり、その肉体の美しさ、発露する精神のしなやかさだった。

そして、スタートや試合前の緊迫にアスリートたちがふと見せる悲しみの表情。あれは何なのだろう。


100台以上のカメラが投じられ、スタッフは500人を超えた。望遠レンズの駆使、スローモーションの多用が瞬間の筋肉の動きや息づかいをとらえる。選手も観客も沿道の群衆も躍動感の中に一体になったように映る。

砲丸を投じる前に、不思議なまじないのような仕草を延々と繰り返す女子選手。そんな忘我の姿も印象的だ。

この大会は、アマチュアリズムをまだ濃く残していた。教師、自動車修理工、主婦など、登場する選手たちの日常の素顔がそれを語る。競技もどこか〃ゆったり〃していて、それがまた優美だった。

当時のチェコスロバキアの体操女子、チャスラフスカの優美を、後に超えた選手がいるだろうか。

36年のベルリンオリンピックを撮り、五輪記録映画で古典的名作とされる「オリンピア」(「民族の祭典」「美の祭典」の2部作)。ドイツの女性監督レニ・リーフェンシュタールの代表作だが、人間の美しさ、表情の機微をとらえ、演出も交えて映像美あふれる芸術的ドキュメンタリーを創造した。その技法、視点は「東京オリンピック」にも影響を与えた。

また、こんな逸話がある。

「東京オリンピック」の監督は初め黒澤明に予定されていた。黒澤は60年のローマ大会にも行き、綿密な構想を練ったらしい。だが、結局実現しなかった。大会組織委員会側と予算面で折り合わなかったともいわれる。

その黒澤が戦前、まだ助監督時代にロケ先の盛岡で女優の高峰秀子とこの映画を見たという。

高峰が『わたしの渡世日記』にその時の黒澤の様子をこう書いている。

「この大記録映画は強いショックだったのか、街の映画館から宿への帰り道、ただ黙々として自分の足もとに目をおとし、私の存在など気にもとめてくれなかった」

「東京オリンピック」のメガホンをとっていれば、期するものがあっただろう。

「東京オリンピック」は65年3月20日に公開された。

五輪担当国務相だった河野一郎は、その試写を見て不満を語った。「芸術性のために記録が犠牲になっては困る。これは『オリンピック外伝』といったところかね」

これを発端に「記録か芸術か」という論議にもなった。しかし、映画は空前のヒットになり、世界に高く評価されて今に伝わる。

情報や知識があふれ、機器も急進歩を続ける今、次の東京オリンピックはどう描かれるだろう。

願わくはその時もまた、主役はあくまで「人間」であってほしい。

「東京オリンピック」
監督／市川崑
製作国／日本
日本公開／1965年3月20日

貧民救済へ怒りと献身

赤ひげ

「これまで政治が貧困や無知に対して何かしたことがあるか。そのままにしておいてはならないという法令が出たことがあるか」

江戸末期。貧窮民のための施療施設「小石川養生所」の医師、「赤ひげ」こと新出去定《にいできょじょう》が吐き出すような怒り。山本周五郎の原作『赤ひげ診療譚《たん》』からだが、これこそが黒澤明監督が叫びたいことだったろう。

今、選挙たけなわの街にも掲げたくなる。

映画「赤ひげ」は黒澤最後の白黒作品であり、不動だった三船敏郎とのコンビもこれで終わった。

東京オリンピック前年の１９６３年秋に準備に入り、12月には撮影開始、１年後に終了した後、オリンピック翌年の65年４月３日に公開された。土曜日のこの日、東京地方は乾いて冷たい強風が吹き、午前10時、東京消防庁は火災警報を出した。

このころ、日本映画界にも寒風が吹いていた。

テレビの時代である。娯楽も多様化した。そうした経済成長期に、映画館の興行成績は陰り、危機が叫ばれる。

黒澤は、それを救うのは映画をつくる人々の情熱と誠実以外にない、と説いた。

そのスピリットが乗り移ったかのような、3時間を超す大作だ。製作期間は予定をオーバーし、精も根も尽きるほど黒澤はこれに打ち込んだ。

小石川養生所に青年医師・保本《やすもと》登（加山雄三）が訪ねてくるところから物語は始まる。

3年の長崎遊学で最新の蘭方《らんぽう》医学を学び、江戸に帰れば将軍家の「御目見《おめみえ》医」へ取り立てられ、さらに出世することを夢見ていた。ところが、待っていたはずの婚約者は別の男と結婚し、保本は養生所の見習医に回される。

運営者である去定（三船）や同僚医師、賄いの人々、そしてここに集まり、交錯する貧しい人々それぞれのドラマにもまれる保本。鼻持ちならぬエリート意識は次第にそぎ落とされ、自己中心だった世の中を見る目が変わる。彼は、もたらされた幕府へ出仕する話を断り、進んでこの養生所で働き続ける道を選ぶのだ。

オムニバス式にいくつかのドラマが組み合わされている。

精神を病む商家の娘（香川京子）に殺されかかる。遊郭で虐待され心を閉ざし、体もむしばまれた少女（二木てるみ）を救い出し、連日徹夜の看病で卒倒する……。医学書にはない現実世界を教材に、医師保本は育っていく。

去定は、貧しい人々には惜しみなく治療を施す一方、美食で肥満に苦しむ大名には、献立の指南をするだけで何十両と治療代を要求し、養生所の運営に回す。「合理化」を迫ってくる幕府側には断固抵抗する。

こうしたキャラクターは、映画を見た人々の共感を呼び、貧しい人々へ献身的で、豪放磊落《らいらく》な性格の医師らが「赤ひげ先生」などと呼ばれたりした。今もそういう人はいるだろう。

小石川養生所は実在した。18世紀、江戸の町医師、小川笙船《しょうせん》が願い出、八代将軍徳川吉宗の時代に設立された。病の貧民救済を目的にした施設である。かたちを変えながら幕末まで続いたという。

現在の小石川植物園内に跡地はあり、当時使われたという井戸が保存されている。

映画に、一家心中で服毒し担ぎ込まれた子供の魂を呼び戻そうと、俗信で女たちが井戸の底に向かって名を叫び続けるシーンがある。

魂を揺するような、その響きが聞こえてきそうである。

「赤ひげ」
監督／黒澤明
主演／三船敏郎
製作国／日本
日本公開／１９６５年４月３日

閉塞する世界に希望の歌

サウンド・オブ・ミュージック

ミュージカルは舞台のみならず、アメリカ映画の華である。「ウエスト・サイド物語」に続いてロバート・ワイズがメガホンをとった名作「サウンド・オブ・ミュージック」は、その真骨頂だ。

1965（昭和40）年6月に日本公開された時、毎日新聞の映画評欄でワイズ監督がこう語っている。

「舞台では通用するストーリーでも、より現実的なメディアである映画では通用しないおそれがある。これはミュージカル映画を作る場合、常に私が考えることだ」

特にこの作品は腐心した。

「センチメンタルに流れがちな、甘いところのあるストーリーなので、なんとかして現実感を打ち出し、観客に納得してもらえるようにしようと努力した」

ミュージカル映画は歌に入るところを不自然にならぬようにするのがとても難しいそうだ。見ると、せりふがうまく歌い出しにつながるよう工夫されているのに気づく。

実話を基にしたストーリーはよく知られている。

戦前のオーストリア、モーツァルトの生誕地であるザルツブルク。映画デビュー間もないジュリー・アンドリュースが演じる修道女マリアは、夫人を失った裕福な退役大佐トラップの屋敷（これがとてつもなく大きい）で子供7人の家庭教師になる。

トラップは万事軍隊式に号令と規律で子供たちを育てようとするが、マリアは優しさと音楽で子供たちと心を通わせる。その合唱は人々を魅了するまでになるのだった。

「ドレミのうた」「エーデルワイス」「私のお気に入り」等々、世界中が長く親しむ数々の名曲のみずみずしさに、改めて驚かされる。

やがてマリアとトラップは恋に落ち、結婚。そこにナチスドイツのオーストリア併合（1938年）が暗い影を落とす。併合を嫌悪し、ドイツ軍に組み入れられることを潔しとしない大佐は、一家とともにアルプスを越え、自由の地へ逃れる――。

舞台も映画も脚色されているが、実際、トラップ一家は合唱団としてアメリカなどで成功し、そのファミリー物語は読み物やアニメにもなって今に伝わっている。

映画公開の65年、音楽の世界には新潮流が兆していた。ビートルズに続いてローリング・ストーンズが台頭し、ボブ・ディランが権威にくみさない内面世界を深く歌い描いた。

私は中学生で文化委員に割り当てられ、音楽の先生の許可を得ては「レコードコンサート」を定期的に開いていた。クラシックが主で、ビートルズ、ストーンズなどはなかなか「うん」とはならなかった（あのころはそんなレコードを学校に持って行くのもご法度だった）が、「サウンド・オブ・ミュージック」の曲はOKだったと記憶する。「エーデルワイス」はとりわけお気に入りではなかったか。

映画に描かれるマリアは、まことに世界中の音楽の先生のあこがれだったかもしれない。子供の心をよくつかみ、夢見るようなハーモニーに導く大自然の中の理想の学校。

そのサウンドに思いを巡らせば、現実の教室の不協和音をいっとき忘れることもできただろう。きっと。

そうした思い出はあっても、いや、あるからこそか、見る度にこの映画の映像と音楽は新鮮だ。発見がある。

例えば、トラップ大佐がマリアと恋に落ちる前、再婚の相手と決めていた熟年の貴婦人の存在。エリノア・パーカーが演じている。

彼女が大佐の屋敷に招かれた時のこと。子供たちとボート遊びをしていてずぶぬれになったマリアを見て、エレガントに飾った彼女の目に不安の色が浮かぶ。化粧っ気のないマリアの若さ、力強さ。かなわない。これを、不安の目の色で表現するパーカーの演技力である。見事だ。

ワイズ監督はこの作品が世界中でヒットしていることに「観客が家族全部で楽しめる映画を待ちこがれていたからだろう」と語っている。その通りだが、脚本や演技、撮影のさまざまなところに「深い味」がある。例えば、長女の恋人らがナチズムに取り込まれていくところ。簡潔に、しかしどきっとさせる。

さて、そうした閉塞《へいそく》状況の中で人間が希望に向かって歩む力強さ。修道院のシーンでこんな言葉が出てくる。

「扉を閉める時、神様はどこかに窓を開けていてくださる」

意訳すれば、道は必ずどこかに通じている、という天性の楽観主義。それが壮大な自然と歌声に満ちたこの作品の主題であり、国を超えて愛され続ける力の源だろう。今こそ見たい名画だ。

「サウンド・オブ・ミュージック」
監督／ロバート・ワイズ
主演／ジュリー・アンドリュース
製作国／アメリカ合衆国
本国公開／1965年　日本公開／1965年6月1日

ヒトラーの成算なき賭け　バルジ大作戦

本土空襲も広がり、戦局悪化の一途をたどっていた1944（昭和19）年12月20日。毎日新聞の第1面（といっても、当時は統制下で新聞は紙1枚、表裏2面しかなかった）にこんな見出しの記事が地図付きで載った。

「独の大攻勢鋭し」「今時ぞ到《いた》る」

欧州の戦局を伝えるベルリン特電である。記事は「西部戦線は16日早暁、独軍の大規模反撃開始によって果然新展開を見せるに至った」とし、「西部要塞《ようさい》の前面に布陣する米軍陣地に突入、不意を食った米軍を随所に撃破し」と興奮気味に報じる。

記事の横には国軍の最長老で西部戦線の最高司令官、ルントシュテット元帥が将兵に対し「祖国と総統のために一切を捧《ささ》げ、超人的な行為を遂行するという神聖な義務」を説く布告が載っている。

この年6月、フランスのノルマンディーに連合国軍が上陸した。ドイツ軍は既に東部戦線でソ連軍に圧倒され、西部戦線も後退を続けて日々敗色を濃くしていた。

追い詰められたヒトラーの、最後のばくちのような作戦がこれだった。知らされた将軍たちの多くは内心あきれたが、結局従った。

米軍は後に「バルジの戦い」と呼んだ。バルジは英語で「出っ張り」などを意味する。突き出してきたドイツ軍戦車隊は奮戦したが……。

これを素材にしたケン・アナキン監督の米映画「バルジ大作戦」(1965年)で広く知られることになる。

映画は、空気に流されず、冷静に情報を分析、情勢を判断する米軍中佐(ヘンリー・フォンダ)を軸に展開する。

ベルギーのアントワープも失い、もはや反転攻勢の余力はなさそうなドイツ軍。冬季に米軍の進撃も停滞気味だったが、将兵の間には、ほどなくクリスマスで戦争も終わるという楽観的な気分が広がっていた。司令部も大勢は決したとみた。

だが、悪天候を突いて中佐は偵察飛行をし、写真を見て、ドイツ軍集結の気配を察知する。そして司令部に敵は近く攻勢をかけてくる可能性があると進言するが、情報担当者に否定される。

前線の士気も緩んでいた。そこを突くように、決戦のために集められたドイツ軍戦車隊は森の濃い霧に守られ進撃する。突然近づいてくる無限軌道の地響きと砲撃に米軍は雪中を敗走、捕虜も出る。

ドイツ軍の目標は、スピーディーな突進攻勢で米軍を分断してその戦列を大混乱に陥れ、西

部の戦局を転換することにあった。（そして講和をし、東の対ソ戦に軍を集中すると考えたといわれる）

アメリカ暮らしの経歴があり、英語が母国語のように堪能なドイツ軍将兵がひそかに米軍背後に送り込まれ、米将兵を装ってかき回した。標識を変えて米軍を誤った方向に行かせたり、撤退の妨害工作をしたりする。

だが、ドイツ軍には決定的な弱みがあった。燃料が足りないのだ……。

撮影はスペインで行われた。大量に動員された戦車がワイドスクリーンいっぱいに繰り広げる戦いは、迫力がある。近代戦の戦車は第一次世界大戦に登場するが、今では大がかりな戦車隊同士の正面戦が起きることはまずないだろう。戦略的攻撃兵器の主役は空へ、宇宙へと階段を上がって行った。

だが、映画の主役はあくまで人間だ。敵の動きを見抜いた米軍中佐をはじめ、さまざまな将兵がドラマを織りなしているが、中でも強烈な印象を残したのはドイツ軍の戦車隊を指揮した大佐だ。

これを演じた名優ロバート・ショウは「敵役」ながら、主役を食ってしまった観がある。合理的思考の持ち主ながら、軍人の誇りは高く、激戦地を何度もくぐって戦車戦術には絶対の自信を持つ。

作戦で彼に託された戦車兵たちを見て、あまりに未熟な若さにひそかに落胆するが、一人が歌い始め、合唱になった戦車隊の歌「パンツァーリート」に彼も和し、絶望的な戦いに臨む覚悟をするシーン。後半の激烈な戦車戦とともに記憶に深く残る。

さて、盟友ドイツ軍の大反攻の報を当時の日本の国民はどう受け止めただろう。空襲もあり、窮迫する戦時生活の中で、考える余裕もなかったか。あるいは、連日の大本営発表の虚飾を感知し、戦況記事そのものへの関心を次第に薄めていたか。

「バルジ大作戦」が東京で公開されたのは1966年4月16日だった。64年のオリンピックを境に東京の街のかたちも人の姿も変わり、経済的豊かさを増す中で戦争体験の「風化」がいわれた。

映画館で「そういえば、そんな記事があったな」と、思い出した人はまずいまい。

「バルジ大作戦」
監督／ケン・アナキン
主演／ヘンリー・フォンダ
製作国／アメリカ合衆国
本国公開／1965年　日本公開／1966年4月16日

「愛への渇き」抱き続け

市民ケーン

1961年1月19日、木曜日。新聞のテレビ番組欄はラジオ欄より面積は小さいけれど、ゴールデンアワーに輝くような(世代によるだろうが)タイトルが並んでいる。「ヒッチコック劇場」(日本)、「少年探偵団」「スター千一夜」(フジ)、「ララミー牧場」(NET)……。

そしてNHKでは「バス通り裏」に続いて、夜7時半から「市民ケーン」となる。この作品が「本邦初公開」されたのは、劇場ではなく、テレビ放映によってだった。

深夜のいわゆるB級映画などには、劇場公開はないままテレビで初めてという例がある。しかし、このハリウッド史上の最高傑作の一つといわれる作品が、日本での上映機会を長く逸してきたのは、まず戦争のせいだった。

アメリカで公開されたのが1941年5月。そのころ、日米関係は悪化の一途で、7カ月後には開戦する。

敗戦後の占領時代に、戦前戦中に輸入が止まっていたアメリカ映画が、次々に日本にも登場するようになった。

だが、楽しく明るい「教育的」作品の列に入っていないためか、あるいは占領軍の意向に制されたのか、「市民ケーン」は一般の日本人がただちに見る機会はなかった。

テレビ放映の後、東京で劇場公開されたのはずっと後の66年6月。ビートルズが羽田空港に降り立ったころだ。

この映画は、20世紀のアメリカに君臨した、今でいう「メディア王」の底なしの孤独を描いた。製作、監督、主演をし、脚本にもかかわった「天才」オーソン・ウェルズの映画第1作である。

公開時、ウェルズは26歳。公開前から注目され、雑誌をにぎわしたのは、主人公のモデルが、当時世界に響いた新聞王ウィリアム・ランドルフ・ハースト（1863〜1951年）らしいと言い広められたからだ。

ハースト系メディアの圧力は相当なものだったらしい。後難を恐れたりした劇場は相次いで上映を断った。しかし、予定より4カ月遅れでニューヨークで封切られて以降、批評家たちの評価は極めて高かった。

興行的にはかんばしくなかった。それまで「夢の工場」ハリウッドが多く生みだしてきた、喜怒哀楽の波乱を最後は善意と幸せが包むといったパターンと全く無縁だったせいもあるだろう。

新しかった。テーマも、脚本構成も、撮影技法もとても斬新で、意表を突いた。

ストーリーはこうだ。

主人公の死から始まる。荒廃した王宮のような大邸宅の病床。巨万の富を築いたメディア王チャールズ・フォスター・ケーンが、「バラのつぼみ（ローズバッド）」とつぶやいて息を引き取った。家族はいない。

バラのつぼみ……いったい何の意味か。「突き止めろ」というニュース映画編集長の指示で、記者が取材に回る。時間がさかのぼり、行きつ戻りつする。

ケーンの亡母は雪深いコロラドで小さな下宿屋を営んでいたが、滞納の部屋代のカタに廃鉱の権利書を渡された。ところがその廃鉱が有数の金鉱としてよみがえり、幼い一人息子ケーンは大金持ちに。母はこれを管理運用するには教育が必要だとして、別離を嫌がるケーンを説いてニューヨークに送り出す。

成人したケーンは、興味を持った新聞経営に乗り出し、傾いた社を買収。弱者の味方、悪の追及を掲げながら、扇情的な記事で売り出し、出版、放送にも手を広げる。

その精力的な行動力とウイットに富んだ言葉は人々を引きつけるが、敵もつくる。

大統領のめいと結婚。政界進出を企図し、将来大統領になれる男との触れ込みで知事選に立候補するが、投票直前に愛人スーザンの存在が暴露され、敗れる。

妻と離婚し、スーザンと結婚したケーンは、趣味程度の歌い手にすぎない彼女のためにオペラハウスを建て、全米公演を組んでやる。動員された聴衆は歌のひどさに居眠りし、おしゃべりをする。

スーザンはその精神的苦痛のあまり自殺未遂まで起こすが、ケーンは彼女の心がわからない。フロリダに、世界の美術品を集め、動物園もある大邸宅を建てる。スーザンの心は何一つ満たされず、「欲しい物は何でもやる。ただ私を愛してくれ」と願うケーンを置いて出ていく。

富に任せ身勝手なケーンとけんか別れした旧友が、このような述懐をする場面がある。胸を突くようだ。「ケーンは人生に愛だけを求め、ついに得られなかったが、彼は他人に与える愛を持っていなかった」

幼くして母と別れさせられたケーンが抱き続けた「愛への渇き」のようなもの。「バラのつぼみ」はそれを暗示したようにも思える。

劇中、それと表現されるわけではないが、見る者を「ああ、そういうことか」とハッとさせる映像演出がされている。見事だ。

「市民ケーン」
監督／オーソン・ウェルズ
主演／オーソン・ウェルズ
製作国／アメリカ合衆国
本国公開／1941年　日本公開／1966年6月1日

革命の渦中、希望つなぐ　ドクトル・ジバゴ

試験勉強を気にしながら、しかし、スクリーンにひきつけられて身動きできない。こんな経験はないだろうか。巨匠デビッド・リーン監督の大作は、映画ファンの受験生泣かせだったに違いない。

今のように、後でビデオやＤＶＤでというわけにはいかない。劇場公開時に見逃したら、次の機会はいつになるかわからない。

大勢の観客がいても、映画館の闇の中では、自分と作品が一対一で向き合うような緊張感があったものだ。

「ドクトル・ジバゴ」が東京で公開されたのは１９６６年６月11日だ。

余談ながら、その月の末、ビートルズが東京に来る。

欧米公演の熱狂的騒ぎと混乱から警視庁は大規模な警備体制を敷くことになり、学校は生徒に武道館公演に行くことを禁じた。ビートルズはツアーにうんざりしていたようで、あまり気の乗らないふうの演奏を残した後、次のスケジュールへと飛び立って行った。８月のアメリカを最後に公演を一切やめ、スタジオに引きこもった。

さて同じイギリス人の（といっても関係ないが）リーン監督は、「旅情」（55年）「戦場にかける橋」（57年）「アラビアのロレンス」（62年）などで日本にも多くのファンを持っていた。

3時間20分に及ぶ70ミリ大作「ドクトル・ジバゴ」は「アラビアのロレンス」の次の作品だが、前者の炎熱の大砂漠を凍《い》てつく大雪原に置き換えれば、両者に重なるテーマが見えてくるようだ。

時代を転換させる革命の力と変質。その歯車に巻き込まれる人間の流転、しかし希望をつなぐ強さである。

ロシア革命（1917年）前後。モスクワで医学を学ぶユーリ・ジバゴ（オマー・シャリフ）は詩人でもある。ラーラ（ジュリー・クリスティ）は女性仕立て屋の一人娘。パーシャ（トム・コートネイ）という恋人がいるが、母のパトロンである年配の弁護士コマロフスキー（ロッド・スタイガー）に引き込まれ、愛人にされてしまう。

革命前。街にはデモ隊の「ワルシャワ労働歌」「インターナショナル」が流れ、騎兵隊が襲いかかる。一方で、貴族たちの華麗な夜会が開かれ、ワルツが流れている。

こうして壮大な叙事詩のような物語が始まる。

生きる世界が異なったジバゴとラーラ。互いに妻や夫、子を持つ身になったが、偶然の接点が重なって恋に落ち、2人の間に娘も生まれる。

革命は果てしない抗争と殺し合いも引き起こし、人々の絆を断ち切っていた。ジバゴの詩にも、革命にそぐわないという批判が出始めた。雄大で美しい四季と、人生の移ろいを対比させるように、物語はいくつかのエピソードを織り込んで進む。

米映画「風と共に去りぬ」のように大地の生命力を象徴するようなヒロインが登場するわけではない。時代にもてあそばれながらも、何度も立ち上がって歩く。そういう強さである。見る度に新しい感想がある。名画のゆえんである。

例えば、時流に合わせて巧みに立ち回り、革命政府の要職に就いていたコマロフスキー。革命前には娘ほど若い17歳のラーラをもてあそび、関係を断とうとした彼女に銃で撃たれ、負傷した男だ。その彼が、結ばれたジバゴとラーラのもとへ突然訪ねて来て、反革命として処刑される前に逃げろ、と救助を申し出たりする。

役どころでいえば、狡猾《こうかつ》で低劣な男だが、名優ロッド・スタイガーによって人間の業の深さのようなものが出た。むしろ、彼の方がラーラの魅力に溺れ、時代や境遇がどう変転しても忘れられず、危険を冒してまで救おうとしたのではなかったか。

もう一人、ラーラの恋人で一時夫でもあったパーシャ。彼は平和的なデモなどでは何も変わらないと絶望し、革命党派に飛び込み、革命のためなら個人生活をすべて捨てる、鋼鉄のような意志を持った武闘指導者になる。

いつの世でも革命政権にとって、ある時期を過ぎればこんな人物は無用、危険な存在だ。当然粛清の対象になる。

演じたトム・コートネイには、イギリス映画「長距離ランナーの孤独」（62年）という主演作がある。矯正施設に送られた貧しい非行少年。脚力を認められ、長距離走のレースに出るが、最後に抵抗の意思表示をする。その面魂に見せた大人への不信は、「ドクトル・ジバゴ」で感情を失ったような革命闘士の顔によく表れている。

原作者ボリス・パステルナークは1890年にモスクワに生まれた革命世代。だからこそ、その時代の実相を描き得たのだろう。革命批判の作品として国内では刊行を禁じられ、1957年に国外で出版された。パステルナークにはノーベル文学賞授与が決まるが、ソ連共産党は彼に辞退させてしまう。

そんな時代だった。

1960年、病没した。その失意は、ジバゴが革命の現実にかみしめたものと同じであったかもしれない。

「ドクトル・ジバゴ」
監督／デビッド・リーン
主演／オマー・シャリフ
製作国／イギリス、アメリカ合衆国合作
本国公開／1965年　日本公開／1966年6月11日

ひたむきに生きるインド

大地のうた

この映画は1955年の作品だが、日本での公開は66年10月まで待たなければならなかった。極めて国際的評価が高いので、一つ見てみるかといった空気だったろうが、インド映画を見たことがある日本人は当時はとてもまれだった。

この月15日、毎日新聞夕刊の映画批評は書く。

「インド映画が日本で公開されるのは珍しく、これで三本目。インド映画とは、一体どんなものなんだろうと思う気持で見たが、ここに描かれた、土にしがみついて生きる人々の感情と生活は、びっくりするほど日本人の胸にジカに伝わってくるのである。正直いって驚いた」

そのころ、海の向こうはベトナム戦争と中国の文化大革命で騒然とし、日本では働き手が流れ出る農山村の過疎化がどんどん進んでいる。

東京の上映館の暗がりで、そっと望郷の涙をぬぐった若者がいたかもしれない。

舞台は1920年代、インド東部、ベンガル地方の草深い農村。少年オプーとその両親、姉、老いた伯母という5人の一家の物語である。

貧しい。借金で果樹園を取り上げられて以来、せめて1日2食を、と願う生活である。父は教育を受けた男で、宗教儀式で経文を読むことができる。そんなことで報酬を受けたり、地主の会計を手伝ったりして食いつないでいる。

お人よしで給料の遅配にも文句を言わず、母をいらだたせる。父は夢見るような調子でこう言うのだ。

「貧しくとも私には学問がある。いいかね、私はものを書く。新しい詩、新しい芝居。うわさが広まれば、興行主が群れをなす」

貧乏の中のやりくりで表情が険しく、老伯母にもつらく当たってしまう母。父の明るさは一点の救いである。

遠くに鉄道が走り、風に乗って汽車の音が届く。電気も知らず、機械文明の届かない村と、文明と繁栄を象徴する汽車。ある日、オプーは姉ドゥルガに連れられて遠出し、初めて走る列車を見た。どこまでも伸びるレール。空に低く残るばい煙。線路に沿って立つ電柱。

電柱にそっと耳を寄せるオプーの姿がいじらしい。

当時の結婚年齢は早い。「いい夫を見つけなきゃ」といわれる思春期。姉ドゥルガは幼いオプーの知らない側面を持っている。なぜか老いた伯母とうまが合い、果樹園から伯母のために果実を盗んで来て与えたりする。だから村の大人の中には露骨にさげすむ者もいる。事件があった。村の少女たちが一緒に遊んだ時、1人が大事にしまっていた首飾りが消えたのだ。疑われたのは彼女だったが、未解決になった。

姉弟がハスの池のほとりに遊んだ日、にわかに土砂降りになった。ドゥルガは木陰に雨宿りせず、びしょぬれのまま、無心に踊るように体を回転させ続ける。体をすっかり冷やした彼女は高熱を発し、寝込んだ。夜、暴風雨が村を襲う。父は稼ぎを求め都市に行ったまま、長く帰ってきていない。母は老朽の家に吹き入る嵐と戦いながら、ドゥルガを守る。

明け方風雨はやみ、ドゥルガは死んだ。

しばらくして、父が陽気に家族の名を呼びながら帰ってきた。望む以上の収入があり、手に土産を抱えて……。

打ちのめされた父。一家はこの村を離れて出直すことを決め、都市に向かう。

はっとさせられるシーンがある。引っ越しの際、オプーの手が当たって姉の容器が落ち、首飾りが出てきたのだ。オプーは黙って池に沈めた。

そして一家が出て行った後の崩れかけた家屋に1匹の蛇がゆっくり滑り込んでいく。

オプーは突然床にくねくねとさらされた首飾りを見て、姉が内奥に秘めていた苦悩や悲しみに初めて触れたのかもしれない。

蛇は、深い池底に沈められ首飾りに代わって登場した化身だろうか。

監督サタジット・レイ（1921〜93年）はコルカタ（カルカッタ）の生まれ。フランスのジャン・ルノワールらに学ぶ。文筆にも秀でた。低予算で、曲折を経てようやく完成にこぎ着けたのが、この第1作だった。

インドの風土に深く根差した叙情性や人間表現、映像美に反響は大きく、カンヌ国際映画祭などで数多くの賞に輝く。意欲的に創作活動を続け、アジアで黒澤明と並び立つ巨匠と称された。

「大地のうた」は3部作構想で作られた1作目で、この後「大河のうた」「大樹のうた」と2作続いて完結した。オプーは父母と死別しながら少年から青年、そして子を持つ親となる。時代設定は20年代から50年代へと移ろう。インドは戦争と独立の時代だが、この3部作では時代背景はさして描かれない。

悲運の中にもひたむきに生き、葛藤を繰り返す名もない人々の営みは、時代を超え、普遍的に訴えかける。

白黒ながら、とても彩り豊かなイメージで記憶に残る作品である。

「大地のうた」
監督／サタジット・レイ
主演／S・バナールジ
製作国／インド
本国公開／1955年　日本公開／1966年10月1日

破滅に向け疾走する若者

俺たちに明日はない

アーサー・ペン監督の米映画「俺たちに明日はない」が新宿ピカデリー、東劇、渋谷東急で封切られたのは、1968年2月24日だった。

この日は大きな事件ニュースがあった。午後、殺人事件の後に静岡県寸又峡温泉の旅館に人質をとって4日間立てこもり、メディアを通じて差別体験も訴えていた在日韓国人2世・金《キム》嬉老《ヒロ》元受刑者が逮捕されたのだ。後に「劇場型犯罪」ともいわれる「金嬉老事件」である。

このころ、ベトナム戦争は、旧正月の解放戦線側「テト攻勢」以来、激しい戦いが展開され、アメリカは勝利の見えない泥沼に引き込まれたような状況に苦しんでいた。掃討戦の名でソンミ村住民の虐殺事件が起きるのは、翌月のことだ。

学生運動、大学紛争が加速的に広がった年でもある。欧米では反戦、反体制運動に学生たちが立ち、「スチューデント・パワー」と呼ばれた。とりわけ「パリ五月革命」は旧世代の政治や社会体制に転換を迫り、その街頭光景や社会変化は、日本も含む世界の若者たちに影響した。

映画館の外には、そんな時代の風景があった。

当時の映画広告はこううたっている。「若い愛にとどめをさした八十七発！　つかのまの幸福も無情に消えた短い愛と生命！」

有名な衝撃のラストシーンを表現したものらしい。少々悲恋物語風で甘い。もっとハードだ。破滅に向かって疾走する若い男女のギャング。そこにハッピーエンドも英雄的な死もない。激しい銃撃音の後、ただ蜂の巣のようになって転がる2人の死体がある。それで終わり。

明かりがついても、席を立つ気にならないほどだった。

モデルは実在した。1930年代前半、アメリカ中西部を荒らし回り、多数を殺傷したクライド・バロウ、ボニー・パーカー。劇中でもこの名が使われ、原題は「ボニーとクライド」。ウォーレン・ビーティとフェイ・ダナウェイが2人を演じた。

カフェで働いていたボニーは、出会ったクライドと意気投合し犯罪を重ねていく。可能にしたのは開発が進んでパワーアップした車と、州境を越えれば捜査権が及ばないという司法制度だった。

「ブルーグラス」と呼ばれる伝統音楽のバンジョーに乗って、カーチェースを繰り広げるシーンは圧巻だ。

あまりの逃げ足の速さに、2人がフォードの社長に御礼の手紙を書いたという伝説さえ生まれた。

一方でこの時代、世界的な恐慌が社会格差を広げ、ギャングやアウトローたちを生む土壌になっている。また禁酒法が、結果的に密造酒や密輸でマフィアを肥え太らせた。

ふるい落とされた人々は文字通り路上へさまよい出た。

映画では象徴的なシーンがある。まだ2人が本格的な犯罪に手を染めていなかった時。不況で破産し、家を銀行に差し押さえられた農民一家と出会う。一家は車にわずかな家財を積んで旅立とうとしている。事情を知ったクライドは亭主に銃を渡し、銀行差し押さえの看板と家を好きなだけ撃たせてやる。

自分の仕事を思いついたようにクライドは言う。

「商売は銀行強盗だ」

そうして始めた銀行襲撃は、間違って破産銀行に飛び込んだり、危うく殺されかかったりと失敗を重ねながら、警察の追っ手をかいくぐる。クライドの兄夫婦らも加わって5人組の「バロウ・ギャング」を名乗った。

実際の2人も、仲間を加えてギャング団を組んで強盗、殺人を繰り返し、新聞をにぎわした。次第に網を絞られ、1934年5月、待ち伏せた警官隊などに射殺される。

映画では、破局の前、警察の目を盗んで2人がボニーの母親ら一族の人々に会いに行き、野外で交歓する場面がある。光彩を落とした画面で、夢幻のようなイメージだ。ボニーは果てしなく逃げ回る生活に疲れ切っており、母親のそばで暮らすことを望んだが、母親は静かに言う。

「一生逃げ回るしかないよ。若い人同士でおやり。私は年だし、何もわからない」

この映画は「アメリカン・ニューシネマ」のはしりといわれる。調和した幸せな大団円も、正義の勝利もそこにはない。体制に刃向かって、あえなくはね返されたり、自分の情熱に従って破滅する。「イージー・ライダー」「明日に向って撃て」「真夜中のカーボーイ」など、70年代にかけ、そんな若者像を描いた作品群は、特に若い世代に支持された。まさに重なるものがあったのだろう。

ボニーの母親の突き放したような言葉は示唆的だ。

無軌道に乱射される銃弾、疾駆する車、ボニーとクライドの物語を流布する新聞。暴力とスピード、メディア、そして孤立の30年代は、映画公開当時の60年代も、そして今もさらに「進化」して私たちを囲んでいるのではないか。

バンジョーの音色に乗って疾駆するような、あのつかの間の解放感ともますます縁遠くなった時代なのかもしれない。

「俺たちに明日はない」
監督／アーサー・ペン
主演／ウォーレン・ビーティ、フェイ・ダナウェイ
製作国／アメリカ合衆国
本国公開／1967年　日本公開／1968年2月24日

肌の色越えた家族の絆

招かれざる客

社会派、スタンリー・クレイマー監督の米映画「招かれざる客」が有楽座で公開されたのは、1968年4月6日の土曜日だった。

同じ日、丸の内松竹では「俺たちに明日はない」が公開されている。米映画がとても実り豊かな頃だ。

日本時間でいうと前日の5日午前、黒人を差別から解放する公民権運動をリードしていたマーチン・ルーサー・キング牧師が、米テネシー州メンフィスで白人の銃撃を受けて暗殺された。

この映画は黒人、白人の壁を越えた結婚と家族の絆の物語である。東京で封切られた6日、毎日新聞夕刊は、全米でキング牧師暗殺抗議の騒乱が広がり、ついに州兵が出動、ジョンソン大統領はホノルルで予定したベトナム戦争対策の会議を急きょ取りやめたと報じている。

反体制を掲げるスチューデント・パワーの季節でもあった。3月には東京大学安田講堂が学生たちに占拠され、卒業式が中止になった。

学生、労働者がパリの大通りを埋めつくし、体制を揺るがしたフランスの「五月革命」に世界は注目する。

そんな春だった。

会話劇といったらよいかもしれない。舞台は主にサンフランシスコの高級地にあるマット・ドレイトン（スペンサー・トレイシー）の邸宅。地元新聞社のトップで、公正なジャーナリストの良心を保つ名望家である。妻クリスティーナ（キャサリン・ヘプバーン）との間に一人娘のジョアンナ（キャサリン・ホートン）がいる。23歳だ。

そのジョアンナが勉強に行っていたハワイから、黒人の医学者ジョン・プレンティス（シドニー・ポワチエ）を連れて帰ってきた。知り合ってたちまち恋に落ち、結婚したいというのだ。プレンティスは熱帯医学に優れた37歳。国際貢献でも活躍し、世界に認められた人材だ。8年前、事故で妻子を亡くして以来、再び家庭は持たないつもりだったが、ジョアンナにひかれ、彼女の両親の承諾を求めにきた。

マットやクリスティーナにとっては、思いもかけぬことだった。偏見、差別の壁がなお厚い時代、社会は容易に二人の結婚と家庭を受容しないだろう。将来は安穏としていない……。マットは分別くさげに、そういう理屈で考え直すよう促すのだが、これには大きな矛盾があった。

なぜなら、ジョアンナが幼いころから、人種偏見を戒め、白人種が有色人種より優秀だなどという間違った考えを持たぬよう教えてきたのだ。それが、現実の事となると避けて通れというのか。

「あの子は親の望み通りに育って、教えた通りに信じている。信念を通す娘を、私は誇りにしたい」

そう心が定まった母クリスティーナはジョアンナの味方になり、心から祝福した。

マットはいらいらとして不機嫌になり、親友のライアン司教に「わが事になれば本音がのぞく」と皮肉られる。司教はずばりと言った。

「君はあの男（ジョン）に対して腹を立てているんじゃない。自分自身にいら立っているんだ」

連絡を受けてジョンの両親が訪ねてくる。白人女性と結婚すると知って驚いた父は強く反対し、母はやがて受け入れた。母は「恋を語る年を過ぎると男の人は忘れてしまう。いちずに求めたあの頃の気持ちを」と静かに諭す。

父は納得しない。貧しい中でジョンに勉強させるために懸命に働いてきたのだ、と失意と怒りを込めて言う。

ジョンがたまりかねたように言い返した。「恩を振りかざすのはやめてほしい。子供は親の思い通りになる所有物じゃない。古い世代でいる限り、自由になれない。僕は黒人としてではなく、人間として生まれたんだ」

サンフラシスコの夜景をじっと見つめているマット。彼が何か吹っ切れたような表情になった瞬間から、物語は大団円に向かう。

この頃、やはり根深い人種差別を背景にした米映画に「夜の大捜査線」(67年、ノーマン・ジュイソン監督)がある。主役の優秀な捜査官はシドニー・ポワチエ。ひょんな経緯から見知らぬ南部の田舎町の殺人事件捜査を手伝うはめになり、白人警官や住民らの反発、妨害、憎悪、殺意さえ受けながら解決する。

白人の中年署長は言葉や態度は粗雑だが、内心ではこの誇り高く優秀な捜査官に舌を巻き、友情を感じ始めている……。ロッド・スタイガー一代の名演だった。

ちなみに、「招かれざる客」で、ジョン(ポワチエ)の聡明で上品な母親役をやったベア・リチャーズが、「夜の大捜査線」では事件のカギとなる闇の堕胎業者の役を演じている。

対照的でいて、いずれも深く心に残る2作品である。

「招かれざる客」
監督/スタンリー・クレイマー
主演/シドニー・ポワチエ
製作国/アメリカ合衆国
本国公開/1967年　日本公開/1968年4月6日

人間、文明、知性を問う

2001年宇宙の旅

構想から4年がかりで世に送り出された。

米英合作のSF映画「2001年宇宙の旅」が東京で公開されたのはアメリカとほぼ同時期、1968（昭和43）年の4月11日である。

愚かしい人類が核戦争で破滅するブラックコメディー「博士の異常な愛情」で大成功を収めたスタンリー・キューブリック監督が、SF小説の大家、アーサー・C・クラークにもちかけたのがはじまりだった。

ハヤカワ文庫「2001年宇宙の旅・決定版」（伊藤典夫訳）の序文で作者のクラーク自身が書いている。

それによると、キューブリックが手紙で「語り草になるようないいSF映画」をつくりたいのだが、何かアイデアはないかと問うてきた。

64年春のことだ。秋には東京オリンピック開催という年である。アメリカ公演の大反響でビートルズが一躍世界に名を広めたころだ。

こうしていわば二人三脚で「語り草」の名作は誕生するが、その間に世の中はあらゆる分野で急速に変転した（何しろ、あの60年代だ）。

アメリカとソ連（ロシア）の宇宙進出競争はヒートアップし、アメリカはついに月に人類を送り込もうという段階まで進んでいた。アポロ計画である。月面到達は映画公開の翌年、アポロ11号で現実のものとなる。

だがこの映画が踏み入るのは科学進歩の光が照らす宇宙の闇ではない。人間とは何か、文明人とは何か、その知性の根源は何かという、とてつもない闇といえばよいか。

冒頭は、数百万年前の猿人たちが小さな群れに分かれ、とぼしい食物を探しては細々と生き延びている世界。彼らは言葉もなく、思索はおろか、喜怒哀楽の感情も未分化のままだ。その地表へある日、何者によってか、不思議な黒色の石板が立てられた。

怪しみ、近づいて触れ、見上げる猿人。そして彼らに少しずつ変化が表れる。動物の骨などを道具にすることを覚えた。たたいたり、払ったりすることは武器にもなった。

それで、乾いた地表の小さな水飲み場から他の群れを駆逐する。襲って殺害もする。うかれて凱歌《がいか》を上げるように放り上げた骨の棒。

太古の青空に、スローモーションで浮かぶ骨が次の瞬間現代の宇宙船に変わる。この象徴的シーンが素晴らしい。

人類の祖先が初めて異物を手にし、加工し始め、利用し、気の遠くなるような時間の先に生まれた宇宙船である。

ストーリーはここから展開する。人間が住む基地も整った月で地中から黒色の石板が見つかった。かつて知的生命体がここにいたらしい。石板が発する電波の方角から、木星を探査すべく宇宙船が飛び立った。

乗り組むのは科学者ら5人、そして史上最高で絶対ミスは犯さないとされる人工頭脳型コンピューター「ハル」。

ハルは宇宙船を全面的に制御し、乗組員と会話や討論もできる。ある日、ハルは宇宙船の部分的な不具合を警告した。早速乗組員が調べたが何の異常もない。完璧といわれるハルだが、制御を任せておけないのではないか。乗組員はそう考え、ハルに声が届かない所で、ハルの機能停止を相談する。

だが、ハルはそのレンズで乗組員たちの唇の動きを読んでいた。宇宙空間で人間とコンピューターが互いの生き残りを懸けた戦いが始まり、ハルは乗組員の生命を奪っていく――。これを、まったく奇想天外の設定と思う現代人は、まずいないのではないか。今の時代、ぞっとするようなリアリティーがある。

〝断末魔〟にハルは製造当時人間に最初に教え込まれたという歌をうつろに口ずさみ、声を落としていく。耳にいつまでも残りそうだ。

生き残った1人の乗組員が目標に達する。石板があった。そこからのめまぐるしく、また不思議な展開について解釈は見る人によって分かれる。また、そう仕向けられているようにも思える。

あの石はつまるところ何だったか。思いは巡り、映画館を出た人々はそれを背負うて街を行く気分だっただろう。

時は大学紛争、高度経済成長の世。銀座の館で第1回上映が始まったころ、神田の学士会館で東大学長が記者会見し、一部の学生が実力阻止を言う翌日の入学式は「何としても平穏な雰囲気の中でやりたい」と語った。

景気はいい。東京に人は集まり、新聞は求人欄がページを埋めた。この11日の毎日新聞朝刊は東京の「殺人的ラッシュ」緩和のため地下鉄3路線新設を審議会が答申したと、1面で報じている。

公害など矛盾をはらみながら、浮かれたような空気が「昭和元禄」ともいわれたころである。

どこかに黒い石板がそっと立っていたかもしれない

「2001年宇宙の旅」
監督／スタンリー・キューブリック
主演／ケア・ダレー
製作国／アメリカ合衆国
本国公開／1967年　日本公開／1968年4月11日

新宿の炎に浮かぶ戦争

さらば友よ

　１９６８年10月21日から22日未明にかけ、新宿駅周辺は激化したデモ隊で騒然とし、投石が飛び交い、駅舎の一部が炎上、電車は止まった。

21日は「国際反戦デー」である。警察は騒乱罪を適用し、大量検挙に乗り出した。

泥沼化したベトナム戦争や世界各地に起こる学生運動。国内では大学紛争が広がり、既成価値が罵倒され、しばしば年配の教授らもつるし上げられた。何と言えばよいか、あのいちどきに発熱したような空気を説明するのは難しい。たぶん不可能だろう。

　走り抜けていった若者たちはどうしているだろう。歌ではないけれど、髪を切り、ひげをそり落として就職した人々は、今は柔和な笑顔で孫の相手をしているのかもしれない。あるいは、あの時代そのものを忘れて、時々テレビ画面に現れる回顧映像に懐かしさを覚える程度かもしれない。

　騒乱の跡がまだ生々しい29日、フランス映画「さらば友よ」（ジャン・エルマン監督）が東京で公開された。いわば犯罪映画だが、テーマは同志的友情と信義である、と私は思う。主演のアラン・ドロンとチャールズ・ブロンソンという仏米２人の名優がぴたりとこれにはまる。

アルジェリア戦争からマルセイユの港に帰還した部隊。上陸した軍医バラン（ドロン）は見知らぬ女から、パリの大企業で社員たちの健康診断をしてほしいと依頼される。そこには大きな犯罪のわなが仕掛けられていた……。

やはりアルジェリアから帰還した外人部隊のプロップ（ブロンソン）は、話にカネのにおいをかぎ、バランに近づく。戦争に心がすさんだバランと、したたかにカネもうけをたくらむプロップの奇妙なコンビが生まれる。

「おれは医者じゃない。兵の傷を治し、戦場に送っただけだ」と自己嫌悪をのぞかせるバラン。「戦場で勝つのはいつも相手。おれには多くの負け戦が待っている」と虚無感を漂わせるプロップ。

曲折、裏切りも経て、互いに一目を置く。

パリのオルリー空港。警察に捕まりそうになったバランを逃すため、プロップは大声を上げておとりになり、刑事らを引きつけて走る。この映画にスリルのある見せ場はたくさんあるが、他人を助けるために人間が全速力で走る姿は理屈抜きで心が動く。

プロップは捕まり、厳しく取り調べられるが、ひょうひょうとして口は割らない。バランは助かる。

サスペンスの展開も面白いが、この映画の背景にある戦争の影が作品の奥行きを感じさせる。

プロップは、かつてディエンビエンフーの水につかって戦った経験があるという設定だ。

ディエンビエンフーは、50年代、インドシナ戦争でフランスが決定的な敗北を喫したベトナムの戦場だ。

フランスはインドシナの植民地を失い、代わって介入する立場になったアメリカが、後年長いベトナム戦争で苦しむことになる。それは因果の糸となって、この映画がつくられたころの世界情勢や反戦運動、そして新宿の炎にもつながっているのである。

植民地のアルジェリアでもフランスは独立の戦いに敗れた。帰還兵士らの士気の低下や厭戦《えんせん》気分はこの映画にも描かれている。

もう一つ感慨深いのは、名画「禁じられた遊び」(ルネ・クレマン監督、52年)で、戦争で両親を失った少女ポレットを演じたブリジット・フォッセーが成人し、医学生役で出演していることだ。

わずかに十数年のことなのに、隔世の感しみじみである。二つの映画が登場する間に時代の風景はすっかり変わってしまった。50年代から60年代は何とめまぐるしく世界は変化したことか。

１９３５年生まれのアラン・ドロンは「二枚目俳優」の代名詞のように日本でも長い人気がある。しかし、甘いラブストーリーより、この映画や「太陽がいっぱい」(59年)などのように、多くの作品で暗い陰りや野心をにじませた役どころに真骨頂がある。

少年期から苦労し、実際にインドシナ戦争に従軍するなどした数奇な半生の体験が、演技に投影しているのだろうか。彼にそう問うたとしよう。バランのせりふを借りれば、彼はこうニヒルに答えるに違いない。
「お前につきまとわれるのはうんざりだ。とっとと、うせろ」

「さらば友よ」
監督／ジャン・エルマン
主演／アラン・ドロン
製作国／フランス
本国公開／1968年　日本公開／1968年10月29日

日常の中に潜む恐怖　ローズマリーの赤ちゃん

ホラー映画は何もおどろおどろしい場面でこれでもか、これでもか、と怪異を押しつけてくるものとは限らない。いや、そんなおどろおどろしいものはむしろ〝二流〟なのかもしれない（私は〝二流〟の味が大好きだが）。

本当に怖い幽霊は昼間に出るというように、身の毛のよだつ恐怖は日常のありふれた生活風景の中にこそ潜む。

そんなロマン・ポランスキー監督の米映画「ローズマリーの赤ちゃん」が東京で公開されたのは、１９６９年1月11日だった。

毎日新聞の夕刊は、その日の朝の東京大学安田講堂の荒れた全景と、東京駅で、東京見物に招いた郷里の親たちを出迎える元集団就職者たちの交歓光景を載せている。

全共闘の学生らに占拠されていた安田講堂は、この1週間後には警官隊と激しい攻防戦を繰り広げ、陥落する。

これを一転機に大学紛争は次第に収束に向かい、高度経済成長の世は全国から大都会に吸い寄せられた若い労働力に支えられて「昭和元禄」の春をうたう。

物語の舞台はニューヨーク。意欲を持ちながら、なかなか注目される役に恵まれない若手俳優のガイ（ジョン・カサベテス）と妻のローズマリー（ミア・ファロー）。2人はセントラルパークに面した古い高級アパートが気に入って暮らし始めた。

隣には妙におせっかい好きの老夫婦。食事の招きや差し入れなどが煩わしかったが、なぜかガイはやがて老夫婦と気心を知れたように親しくなる。

ある日、ガイは自分たちの子供を持とうとローズマリーに持ち掛ける。彼女も幸せな期待をするが、受胎の前後から、奇妙で不安がよぎるようなことが次々に起こる。

聞いたこともない処方をする有名な産婦人科医の様子が何かおかしい。老夫婦がしつこく毎日飲めと勧める奇妙な飲み物はいったい何なのか。ローズマリーの風貌の変化に真剣に心配してくれた年配の友人の思いがけぬ死。残された本に記されていた悪魔の系譜……。

主役俳優の突然の失明というアクシデントで思わぬ大役が回ってきたガイは、役作りに夢中の様子で、ローズマリーとは話もかみ合わない。

出産が近づいた。彼女は確信する。周囲の人々にあるに違いない。

その得体《えたい》の知れない悪巧みからおなかの子を守るのは自分しかいない、とひそかに意を決した彼女は、アパートを抜け出し、信頼していた若い開業医のもとへ助けを求めて駆け込む。だが……。

ユダヤ系ポーランド人の家庭に育ったポランスキーは、少年期の第二次世界大戦でナチの迫害にさらされた。その命がけの数奇な体験が作品の映像表現に重なるようだ。

例えば、ローズマリーがなかなかつながらない電話にいら立っている公衆電話ボックスで、自分の後ろに順番待ち顔で立っている男。悪巧みの一味か、無関係な市民か。

平穏な昼の陽光が満ちたニューヨークの街で、絶えずこみ上げてくる絶望的な不安と不信。新しい命を宿した彼女はそれを懸命に振り払う。

この物語からはさまざまな寓意《ぐうい》が読み取れる。

自身の夢と栄達のために、妻ローズマリーを踏み台にして悪魔とある取引をした夫ガイ。これで彼はハリウッドスターへの道も開けた。現代人のエゴイズム、手段を選ばぬ上昇志向が投影しているといえるかもしれない。

あるいは、奇妙な現象はすべては身ごもったローズマリーが膨らむ不安の中で抱いた妄想、という解釈の余地もあるだろう。しかし、そう割り切ったところで、恐怖は絶えずわき上がってくる。

ロケで撮影された古風なアパートは、ニューヨークの有名な観光名所ともなっている「ダコタハウス」である。

1884年10月の完成というから、日本では明治17年、困窮した埼玉県秩父地方の農民らが、明治政府に抗して武装蜂起した「秩父事件」の頃である。

瞬間的ではあるけれど、自治共同体〝コミューン〟の理念さえうかがわせたこの事件は、今も研究が絶えない。

著名人の住居として知られるダコタハウスだが、1980年12月、ここの住人だったジョン・レノンが玄関前で射殺された事件は世界を震わせた。

つい昨日のことのように衝撃を思い出すが、もはや「歴史」というべき歳月がたった。

「ローズマリーの赤ちゃん」
監督／ロマン・ポランスキー
主演／ミア・ファロー
製作国／アメリカ合衆国
本国公開／1968年　日本公開／1969年1月11日

粋な文句が郷愁誘う　男はつらいよ

全48作品「男はつらいよ」シリーズの第1作が東京の映画館にかかったのは、1969年8月27日だった。

前年から燃え盛った学園紛争も次第に下火になったころ。世は、経済成長を謳歌《おうか》するのと引き換えのように公害に苦しみ始めていた。

その27日の毎日新聞には、東京都民の6割が、何らかの公害被害を受けているという世論調査結果が載った。その記事はこう始まる。

「よごれた空気、耳ざわりな騒音、不快なにおい……東京都民の過半数は公害という名の生活破壊現象によって暮らしの中から〝喜びの感じ〟を奪い去られてしまった」

人間関係も変容していた。郊外に造成されるベッドタウンで電化製品に囲まれた給与生活者の家庭。こうしたものがあこがれの対象になり、隣人に無関心、付き合いは淡泊というのが「都会人の作法」と目された。

そんな風潮の対極にあるように登場したのが「寅さん」と、周辺のまことにおせっかいな人々、人情の小宇宙のような江戸川河畔の帝釈天門前町、柴又だった。

原作者山田洋次監督と一代の名優・渥美清が造形したテキ屋稼業の寅さん。これほど親しまれたシリーズ映画と主人公は空前にして、おそらく絶後だ。書かれた解説や研究書、エッセー、茶の間や飲み屋の談議まで、本当に星の数ほどだろう。

10代で父とけんかして家を飛び出し、20年ぶりに帰郷した寅さん。母親違いの妹さくら（倍賞千恵子）を育ててくれた団子屋のおじちゃん、おばちゃん、帝釈天の御前様らが温かく迎える。

テキ屋の口上は若き日に渥美自身が実地に学んだものという。

「わたくし、生まれも育ちも東京葛飾柴又です。姓は車、名は寅次郎、人呼んでフーテンの寅と発します。不思議な縁持ちまして、たった一人の妹のため粉骨砕身、売《ばい》に励もうと思っております。西に行きましても東に行きましても、とかく土地土地のお兄いさん、お姐《あね》えさんにご厄介かけがちなる若造でござんす。以後見苦しき面体お見知りおかれまして……」

そのテンポ、粋な文句が聞く者の郷愁を誘う。間髪いれぬ切り返しの話芸も魅力だ。例えば、この第1作では、さくらに恋する青年印刷工に同じ人間のように言われて、たちまちこう言い返す。「俺とお前は別な人間なんだぞ。早い話がだ、俺がイモ食ってお前の尻からプッて屁《へ》が出るか。どうだ」

力も富も無いが、懸命に働き、生きる「小市民」のおかしみとかなしさ。ペーソスがこのシリーズの骨だと私は思う。何度見ても迫るものがあるこんなシーンがある。

第28作「寅次郎紙風船」(81年)。柴又に帰ってきた寅さんが小学校の同窓会に出る。皆彼を煙たがり、2次会にも誘わず散ってしまう。悪酔いした彼を送ってくれたのは昔からおとなしく、寅さんにいじめられたクリーニング店主の安夫(東八郎)だ。

仕事があるから、と帰ろうとする安夫に「飲め、飲め」と寅さん。「そんなケチな店の一軒や二軒つぶれたって、世間は痛くもかゆくも何ともないよ」と悪態をつく。

おとなしかった安夫が言い返す。それはキレるなどという軽薄なものではない。働く人間の、プライドをかけた叫びと聞くべきだ。

「そりゃな、俺の店は間口2間のケチな店だよ。大型チェーン店が出る度に売り上げが落ちて、何べんも店をたたもうと思ったんだよ。その度に女房や娘が、父ちゃん、頑張ろう、おやじから受け継いだこの店を何とか守っていこう、そんなふうに言ってくれてな、歯をくいしばって沈みかけた船を操るようにやってきたんだよ」

さらに安夫は言う。

「お前何て言った? 俺の店がつぶれても世間様は痛くもかゆくもねえだと? いいか、俺だってお得意はいるんだよ。俺の洗ったシーツじゃなくちゃ困る、俺がアイロンかけたワイシャツじゃなくちゃ嫌だ、そう言う人がね、何人もいるんだよ。商売って、そんなもんなんだ。その気持ちが、お前みたいなヤクザな男に分かってたまるか!」

寅さん、泥のように酔った様子ながら、錐《きり》が刺さるように安夫の言葉を聞いている。「何言ってやがる。頭悪いくせに理屈言いやがって」とくさしながら、上がりかまちにごろりと寝る。その背は心で泣いている風情。

翌朝、おばちゃんが起きた時、毛布がきれいにたたまれ、寅さんは旅立っていた。おばちゃんは察する。「同窓会でみじめな思いをしたんだよ。かわいそうに……」

場面転じて九州、筑後の旅の空を仰ぎ、名調子の啖呵売《たんかばい》でテキ屋稼業に励む寅さん。

そして出会った女性に恋心抱き、すれ違いに終わってまた旅へ、という基本パターンに、なぜ私たちは見飽きることなく、泣き笑いするのだろう。漂泊のロマンと哀感。誰しもひそかにあこがれる、その見果てぬ夢を寅さんに仮託しているからだろう。

いや、寅さんがこっち向いて怒りそうだ。「何言ってやがる。頭悪いくせに理屈言いやがって」と。

「男はつらいよ」
監督／山田洋次
主演／渥美清
製作国／日本
日本公開／1969年8月27日

時代の終わり彩った激闘

ウエスタン

昔の新聞の映画案内を探してみた。1969年10月末、開館した当時の新宿プラザ劇場に最初にかかったのが、このイタリア・アメリカ合作「ウエスタン」だった。

60年代半ばから、いわゆる「マカロニ・ウエスタン」ブームを引き起こしたイタリア映画界のセルジオ・レオーネ監督（1929〜89年）が、米映画界の招きでメガホンを取った。西部を舞台にした本格的な開拓史劇といった趣である。

「荒野の用心棒」「夕陽のガンマン」「続・夕陽のガンマン」と続いたレオーネの代表的なマカロニ・ウエスタン調とは、だいぶ異なる印象がある。

マカロニ・ウエスタンは和製の呼び名。欧米では「スパゲティ・ウエスタン」などと言うそうだが、まず非情、暴力、残酷、ニヒルといった特色がある。物語の局面展開は乱射される銃声が決めるのだ。

米ハリウッドの伝統的西部劇も銃と暴力抜きではほとんど成立しないが、叙情性とか、ロマンチックなドラマ性も重要な柱だ。

子供のころ、よく2番館、3番館のスクリーンに見たアメリカ西部劇のガンマンやハンサムな牧童たち、砂ぼこりだらけのはずなのにいつも洗い立てのような美しい女性たちは、いったいその後どうしたことだろう。

対照的なマカロニ・ウエスタンの荒々しいヒットは、西部劇元祖のハリウッドを刺激し、逆にその影響を受けたワイルドな作風も現れる。

「ウエスタン」はレオーネが少年期から心酔したアメリカ西部劇にささげた賛辞（オマージュ）といわれる。

ＤＶＤの解説映像に教えられたのだが、「駅馬車」「大砂塵」「シェーン」等々、往年の名画の場面や状況設定に重なる映像が、丹念に織り込まれている。

物語の舞台はアリゾナ。鉄道が西へ西へと延びる時代。鉄道を太平洋沿岸に到達させることを夢見ている邪心の鉄道事業者は、強引に用地取得する中で、ある地主一家を悪漢たちに皆殺しにさせてしまう。これをドラマの軸に、復讐《ふくしゅう》、打算、女の自立、町の建設などさまざまなテーマをからめ、大河のように開拓の人間群像を描いていく。

多用される表情のアップ。絵画的に計算された構図のカット。ああこれは劇画の世界だ、と思わせる。

69年。あのころ人々が愛唱したナンバーを集めた由紀さおりさんのアルバム「１９６９」が、今アメリカで大ヒットしている。改めて聴くと、呼応して胸中にスキャットがわく気配である。

69年は転換の年でもあった。いや終焉《しゅうえん》の、というべきか。年明け、激しい攻防戦の末、東大安田講堂が学生らの手から落ち、学生運動はじわじわと衰微し始める。混乱の中で東大の入試は中止。全国各地の大学でも封鎖は次第に解除された。若者らの「反乱」に世の目も険しいものになっていた。

こんな時、もし映画館で「ウエスタン」を見た「活動家」がいたとしたら、眼底に何が去来しただろう。深い失意、裏切り、対立、衝突、こうしたもろもろのことが重なって映ったかもしれない。いや、ワイドスクリーンの大自然に展開されるドラマに気を取り直し、館を出る時は再び肩を怒らして、いっぱしのガンマン気分を味わっていたか。つかの間の。

この年の「時代シーン」ともいうべきものに、8月、米ウッドストックの野外ロックフェスティバルがある。そして甲子園高校野球決勝、延長十八回引き分け再試合。この三沢と松山商の激闘と、あの広大なアメリカの草原を埋めた若者たちの光景はこの年の象徴として重なり見える。

そして一つの時代が終わったように、翌年の「70年安保」は何事もなく過ぎ、大阪万博はあふれ返るような人波でにぎわった。

「ウエスタン」
監督／セルジオ・レオーネ
主演／ヘンリー・フォンダ
製作国／イタリア
本国公開／１９６９年　日本公開／１９６９年10月１日

都会の底辺、さまよう青春

真夜中のカーボーイ

幼いころ、読み聞かせや紙芝居で覚えたイソップ寓話《ぐうわ》「町のねずみと田舎のねずみ」。これを思い起こした人がいるかもしれない。

ジョン・シュレシンジャー監督の米作品「真夜中のカーボーイ」は、ニューヨークの悦楽を夢想してテキサスの田舎町から出てきて翻弄《ほんろう》される若者と、猥雑《わいざつ》な街の陰でネズミのように生きる相棒の物語である。夢は破れる。

日比谷のスカラ座で公開されたのは1969（昭和44）年10月9日。この年の1月、学生らが立てこもった東大安田講堂が放水と催涙ガスにまみれて陥落して以降、大学紛争は徐々に下火になった。しかし、高校の紛争校ではむしろこの秋ごろから激化した。そんなころである。

ハッピーエンドにはほど遠い、この映画の主人公たちがたどる道を、若者たちはどう見たか。彼らの心身が彷徨《ほうこう》したこの時代、映画館を出ていよいよ受験勉強にも身が入らなくなり、1年や2年足踏みした若者もいただろう。

いたならば、老境に達しつつある彼ら彼女らは悔いているだろうか。

皿洗いのジョー（ジョン・ボイト）は思い立ち、ハットやブーツでカウボーイのいでたちを整えると勇躍長距離バスに乗った。

一昼夜かけて目指すは未知の大都会ニューヨーク。どう知識を得たのか、そこでは金持ちの女たちが若い男を買うと思い込んでいたジョーは、これで荒稼ぎするつもりだった。風貌に自信があった。金と思慮が足りなかった。

早速、街頭で裕福そうな中年女性に道を尋ねるふりをして声をかける。相手にされないが、やっと応じてくれた女は元娼婦《しょうふ》で、逆に金を巻き上げられた。

街のバーで知り合った小柄な男（ダスティン・ホフマン）。ちょろまかしや怪しげなあっせんの口銭で食いつなぎ、取り壊し前の無人老朽アパートに住み着いている。あだ名は「ラッツォ」。ねずみ野郎というほどの意である。

ラッツォはジョーの事情を知って助言を装い、有力仲介者を紹介するからと、なけなしの金を謝礼に受け取る。これがとんでもないでたらめだった。激怒したジョーは必死でラッツォを捜し、ついに見つけるが、ホテル代も欠くジョーは、ラッツォの住居で暮らすことになる。

やがて奇妙にも2人の間に友情が生まれ、冬のニューヨークで電気も暖もなく、凍った野菜を分け合うようにして耐える。面白いところだ。

ラッツォは右足が不自由で呼吸器系を患っている。金をためて温暖なマイアミに移り暮らすのが夢だ。

ジョーの〝仕事〟も軌道に乗るかと見えたころ、ラッツォはついに歩けなくなり、衰弱が激しくなった。ジョーは彼を連れてマイアミに行く決意をし、足りない金を強奪までして長距離バスに乗る。そして……。

ダスティン・ホフマンの役どころに魅入られたような演技には何度見ても圧倒される。ひとひねりで抹殺されそうな存在ながら、口舌一つで生き抜く、ある種のひたむきさ。カップを震えるように鳴らし、たばこをせわしなく吹かし、落ち着きなくしゃべる。

もともとホフマンの殻の中にラッツォが隠れていたのではないかと思わせるほどだ。

いわゆる「アメリカン・ニューシネマ」の代表作の一つに数えられる。アカデミー賞の作品、監督、脚色各賞を得た。

衰弱しながら、行く末におびえるラッツォは、社会の厚い壁にぶち当たって倒れた若者たちの象徴とも見える。

またジョーが、カウボーイの服装一式をマイアミの街角であっさりごみ箱に捨てるシーンは、希望の象徴といえるかもしれない。

根が素朴な彼は、自分の居場所は大都会の裏町ではなく、陽光あふれる土地であると気づいたか。

このころ、アメリカではベトナム反戦運動が高揚し、前面に学生ら若者たちが立っていた。わけもわからぬ遠い地の戦争に駆り出され、押しつぶされてたまるか。この映画にはそうした反戦機運の情景は無いが、たくまずしてその空気も伝わってくるようだ。

ニルソンが歌う主題歌「うわさの男」とともに、ラストに至るシーンが何度も胸中によみがえる。
ちなみに、映画公開前日の69年10月8日、プロ野球選手が暴力団がらみの八百長に関与したとされる「黒い霧事件」の初報が流れ、世間を驚かせた。球界を揺るがす大スキャンダルへと発展する。

「真夜中のカーボーイ」
監督／ジョン・シュレシンジャー
主演／ジョン・ボイト、ダスティン・ホフマン
製作国／アメリカ合衆国
本国公開／1969年　日本公開／1969年10月1日

幻滅と断絶の物語　イージー・ライダー

デニス・ホッパー監督・出演の「イージー・ライダー」が東京で公開されたのは1970年1月24日。長く雨が降らず、空気は乾いていた。

午前11時。上映館の有楽町スバル座が開場したころ、大蔵省（現財務省）では福田赳夫《たけお》蔵相が70年度予算大蔵原案について記者会見を始めていた。一般会計7兆9497億6400万円。前年度比17・9％という異例の伸びだ。

高度経済成長時代の熱気の裏では、豊かさを実感できない現実もあった。

この日の毎日新聞夕刊1面の解説は「〝景気刺激〟の大型予算案」と見出しを立てたうえでこう批判している。

「青空をとり戻し、満員の通勤電車から解放され、緑に包まれたゆったりした家に住みたい――いま、日本の国民は切実にそう願っている。しかし大蔵原案からみる限り、国民の切実な願いが反映されているとは、いいがたい」

公害、住宅難、物価高、通勤地獄。「昭和元禄」の高度経済成長を謳歌《おうか》する一方で、さまざまな矛盾にも取り囲まれた時代である。

改造バイクでアメリカの大地の風を切っていく2人の若者。一見爽快なこのロード・ムービーが描いたのも、「自由な祖国」への幻滅と断絶の物語だった。

メキシコから米ロサンゼルスへ麻薬の密輸で稼いだ異名「キャプテン・アメリカ」のワイアット（ピーター・フォンダ）とビリー（ホッパー）は、南部ニューオーリンズの謝肉祭見物を目的にバイクの旅に出る。ワイアットが腕時計を路上に投げ捨てるシーンが象徴的だ。

ヒッピースタイルの2人は露骨に白眼視され、安モーテルにも泊めてもらえない。野に暮らすヒッピーたちのコミュニティーに誘われて交わったりしながら、2人はそこに何かが待っているように目的地へと走り続ける。

途中の町で出くわしたパレードに無断で加わったという理由で2人は逮捕され、留置場にぶち込まれた。

そこで「市民自由連盟」の酔いどれ弁護士ジョージ（ジャック・ニコルソン）に出会い、意気投合する。

「この町はアメリカ美化運動の最中なんだ」。彼は酒浸りではにかみを包むように、今のこの「自由な国」の現実を語る。旅に彼も加わった。

3人を囲む憎悪は高まった。夜の野宿を地元の男たちが襲撃し、逃げ遅れたジョージはめった打ちで撲殺された。

ニューオーリンズでこんな幻想的なシーンがある。

墓地で女性の石像にすがったワイアットが「なぜ逝った。あなたが憎い」と泣く。像を「自由の女神」に見立て、アメリカの現実への失望を象徴している。

救いはないのか。

再び旅立った2人に、殺意の目が向けられていた。先行していたビリーに年配の農民を乗せたトラックが近づき、並走しながら害獣を駆除でもするようにショットガンを撃ち込む。続いてワイアットにも撃ち込まれる。

バイクは炎上している。何事もなかったように南部の道は伸び、川は流れている。2人の魂が昇るように薄く煙が立っている。

撮影は68年に行われた。この年、ベトナム反戦運動が高まり、キング牧師、大統領候補ロバート・ケネディが相次いで暗殺された。アメリカは混乱の中にあった。

低予算のこのバイク映画は、いわば馬をバイクにした現代版西部劇を想定して企画され、主役の2人の名もワイアット・アープとビリー・ザ・キッドからとったという。

フロンティア精神の開拓時代と、自由が窒息するような現代。そのイメージの落差が伝わってくるようだ。

だが、映画は多くを説明せず、見る人それぞれの受け止めに任せる。アメリカン・ニューシネマの真骨頂である。

東大安田講堂の攻防（69年1月）を大きなヤマ場に大学紛争は次第に下火になり、映画の日本公開の頃は、むしろ高校紛争が高まっていた。この時期、毎日新聞の東京地域面にも紛争都立校の記事が載っている。

そうした季節も幕を下ろす。「シラケ」という言葉がはやる70年代がそこまで来ていた。中には「イージー・ライダー」の2人を気取る者もいたが、ワイアットとビリーは少なくともシラケてはいない。彼ら自身はおそらく、最後まで絶望はせず、ひたむきにバイクを駆り、そして撃たれたのだ。

同時期に公開されヒットした邦画は「男はつらいよ」の3作目「フーテンの寅」。マドンナは新珠三千代。

寅さんもまた、自由への旅を繰り返し続けた男だったかもしれない。

「イージー・ライダー」
監督／デニス・ホッパー
主演／ピーター・フォンダ
製作国／アメリカ合衆国
本国公開／1969年　日本公開／1970年1月31日

西部劇の「常識」を覆す

明日に向って撃て！

大学紛争も下火になりつつあった1970年2月21日、日比谷で封切られた。開幕が翌月に迫った大阪万博が話題の早春である。翌日の毎日新聞は、近く東京に初めて乗り入れるジャンボジェット機の大特集を組んでいる。「昭和元禄」ムードがひたひたと寄せていた。

西部劇のヒーローは敵がいかに多かろうとしっぽを巻いて逃げたりしない。敢然と戦うのだ。ジョン・ウェインを見よ、ゲーリー・クーパーを見よ——。

そんな〝常識〟は、この映画「明日に向って撃て！」（ジョージ・ロイ・ヒル監督）にはない。「こりゃかなわねえ。逃げるが勝ちだ」と馬に飛び乗り、砂煙を上げるのだ。

伝統的な勧善懲悪ものを期待したオールドファンは驚いたかもしれない。若者たちには受け、主人公のブッチ・キャシディ（ポール・ニューマン）とサンダンス・キッド（ロバート・レッドフォード）は時代の風景に刷り込まれることになった。

2人は実在した強盗である。写真が残っている。

時は19世紀末から20世紀初めのころ。ブッチとサンダンスは仲間たちと「壁の穴強盗団」を組んで銀行、列車襲撃を繰り返し、時には爆薬で金庫を吹き飛ばす荒っぽさで恐れられた。

サンダンスは恋人の小学校教師のエッタ・プレイス(キャサリン・ロス)がいる。彼女はブッチとも仲がいい。ブッチとエッタが、当時は珍しい自転車に2人乗りしてはしゃぎ、バックに挿入歌「雨にぬれても」(バート・バカラック作曲)が流れるシーンは、とても印象的だ。

甘い日は長く続かない。幸運にもやがて雨が降りかかる。歌のように。

連続して強盗被害に遭った鉄道会社の経営者が、一流の腕を持つガンマンらを集めて追っ手のチームを編成したのだ。ブッチとサンダンスは、逃げても逃げても振りきれず、とうとう渓谷の絶壁上に追い詰められる。

もう逃げ場はない。ブッチがイチかバチか、眼下の渓流に飛び込もうと促すが、サンダンスは1発は撃たせろ、などと言ってしぶる。ブッチがなおせかすと、サンダンスが怒って言い返した。

「俺は泳げないんだ!」

笑い転げるブッチ。サンダンスも吹っ切れたか、2人は手をつないで叫びながら飛び降り、流されながらも助かった。ここがいい。

もはや西部に居場所はない。エッタも入れた3人は、繁栄のニューヨークに出て、そこから船便で南米ボリビアに渡る。もうけ話がごろごろ転がっているはずだったが、目にした現実は違った。

自由気ままに生きるアウトローの、愉快な世界に見える。だが、変わる時代に合わなくなった、時流に乗れない男たちが、努めて明るくふるまいながら己を持しているとも映る。

ブッチは過酷な労力を要する牛泥棒からこの道に入った。銃使いで広く知られたサンダンスには刑務所で服役した経験がある。2人はもはや若くない。

ある保安官にこう忠告された。

「お前らは長生きしすぎた。もうお前らの時代は終わったんだ。血まみれになって死ぬぞ」

ボリビアに渡る前に始まったアメリカ対スペインの「米西戦争」。この結果アメリカは国際覇権をうかがう大国に発展していくのだが、2人は兵卒としてこの戦争に志願することで何とか追及を免れようと考えもした。

古い南北戦争時代のような感覚なのだろう。近代戦にそんなことは通じない。哀れを誘うような発想である。

失意のエッタはボリビアから帰国し、堅気を目指したはずの2人は結局、山道の追いはぎのようなことをして糊口《ここう》をしのぐ。

そして——。

ついに包囲された。傷ついた2人は、次はオーストラリアに新天地を求める話で笑い合い、銃を構えて弾雨の中へ飛び出す。そのストップモーションが息をのむほど衝撃的だ。

68年に日本公開された「俺たちに明日はない」（アーサー・ペン監督）で、ハチの巣のように銃弾を撃ち込まれて果てる男女のギャング（これも実在した）。

「明日に向って撃て！」の前月に東京で封切られた「イージー・ライダー」（デニス・ホッパー監督）で路上で撃ち殺される若者たち。

そして前年秋公開の「真夜中のカーボーイ」（ジョン・シュレシンジャー監督）では、虚栄の大都会に擦り減った若者の一人が失意のうち衰弱死する。

これら「アメリカン・ニューシネマ」と呼ばれる作品群は、こうしてみると、ハッピーエンドに縁がなく暗いというイメージがわきそうだが、そうではない。

登場者たちの魅力的なキャラクターと伝わってくる心身の躍動感、物語展開のテンポのよさ、美しい画面（「明日に―」ではユタ州などの雄大な景色が堪能できる）、洗練された音楽……。

練り上げられた名画は、見る者の心を鼓舞せずにはおかない。

〝総合芸術〟の力である。

「明日に向かって撃て!」
監督／ジョージ・ロイ・ヒル
主演／ポール・ニューマン、ロバート・レッドフォード
製作国／アメリカ合衆国
本国公開／1969年　日本公開／1970年2月21日

独立運動の陰に消えた恋

ライアンの娘

英作品「ライアンの娘」が日本で公開されたのは1971年4月だった。統一地方選挙はあちこちで社会党・共産党共闘が奏功し、列島は「革新自治体」ブームの中にあった。今は昔の物語である。

学園紛争は幕を下ろし、学生らの新左翼セクトの一部では内ゲバが続く。4月にテレビで「仮面ライダー」が始まり、長いアメリカ統治を解く沖縄返還協定が6月に調印(72年5月発効)された。

経済成長と開発の落とし子である公害が列島を覆った。7月には環境庁(現環境省)が発足する。当時の木造庁舎は、各地から窮状を訴えに上京した人々で床がきしむほどであったという。

そんな時代風景だった。

巨匠デビッド・リーン監督、脚本ロバート・ボルトのコンビは想を練りに練り、製作に2年を要した。

舞台は英国支配下にあったアイルランドの岸辺の村。時は1916年、ダブリンなどで反英独立の武装蜂起があり、鎮圧されたころだ。

村でパブを営むライアン（レオ・マッカーン）の娘ロージー（サラ・マイルズ）。2倍も年齢が上の学校教師チャールズ（ロバート・ミッチャム）にあこがれ、思いを告白した。心を動かされたチャールズは、彼女と結婚する。

チャールズは優しく、誠実だった。生活は安定し、不自由はない。だが、彼は若いロージーの弾むような求愛に応えきることができなかった。

村の英軍駐屯地に若き司令官、ドリアン少佐（クリストファー・ジョーンズ）が着任した。時は第一次世界大戦のさなか。欧州戦線で片足の自由を失った彼は、戦争神経症を秘めていた。砲弾にさらされた戦場の恐怖がよみがえり、心身を縛りつけるのだ。

偶然、その発作を目の当たりにしたロージーは、おびえた彼の体を抱いた。2人はたちまちひかれ合い、森や岬での密会を重ねた。やがて2人の関係は知れわたる。ロージーは村八分にされた。

大嵐の晩。ドイツ軍から反英独立運動に供与された武器弾薬が荒波で陸揚げできず、村の海岸に打ち寄せられた。村人たちは命がけで回収し、独立戦士たちに渡す。

歓呼の中を武器満載のトラックで出発した戦士たち。その先に少佐が指揮する英軍部隊が待ち伏せ、一網打尽にした。村人たちはロージーが少佐に密告したと確信し、押しかけて集団で痛めつけ、長い髪を無残に刈ってしまう。

だが、密告したのは、彼女の父ライアンである。彼は独立運動をたたえ、献身的な協力を公言する一方で、英軍に通じた情報屋でもあった。

少佐はロージーとの逢瀬《おうせ》に心を癒やされたが、戦争神経症は消えなかった。彼は回収された弾薬を前に〝最後の選択〟をする。

一方、夫のチャールズは早くに妻の秘密に感づいていながら、黙して彼女の「恋の炎が燃え尽きる」のを待っていた。それほど彼はロージーを愛していた。守り抜こうと思っていた。だが、彼女の心から少佐の影が消えることはないと知り、彼もまたこれからの生き方について気持ちを定める。

ラストの村外れの場面。そこにあるのは絶望か。いや、ふと光が差すように希望を感じ取る人も多いだろう。

アイルランドの風光が、人間の営みをすべて包み込むようにスクリーンにある。

アイルランドの西端、大西洋に突き出たディングル半島でのロケは長期にわたり、セットの村も学校も地元の石材を使って精密に造成された。海岸の大嵐のシーンは実際の荒天を待ち撮影したという。出演者たちが波をかぶったり流されたりする迫力は、CG（コンピューターグラフィックス）では出し得まい。

アイルランド独立の武装闘争をめぐる愛と苦悩を描いた映画では、このシリーズでも紹介した「邪魔者は殺せ」（47年、キャロル・リード監督）などがある。近年では「麦の穂をゆらす風」（06年、ケン・ローチ監督）がカンヌ映画祭で最高賞に輝いた。

それぞれ舞台となった年代は異なる。「ライアンの娘」では、史上初めて大量破壊兵器が登場した総力戦「世界大戦」で心身を踏みにじられたドリアン少佐が、時代を象徴している。正義感みなぎる屈強な神父も登場する。

だが、心に焼きつくのは、なぜか対照的な裏切り者のライアンだ。密告したのは自分だと告白できず、娘のロージーが村人たちに糾弾される場から逃げ出す。かきむしるように両手で頭を抱え、村の道を駆け去るのだ。現実から逃避するように。

ロージーは父の表情から真実を察知するが、糾弾者たちには何も言わない。彼女は父を愛していた。

この国が負った長い曲折の歴史。そこに込められた無数の悲劇と苦悩、そして救いのようなものを感じるのだ。

「ライアンの娘」
監督／デビッド・リーン
主演／ロバート・ミッチャム
製作国／イギリス
本国公開／1970年　日本公開／1971年4月1日

全編の底にある「喪失感」

ゴッドファーザー

3時間近い大作「ゴッドファーザー」が東京で公開されたのは、1972年7月15日と記録されている。

銀座のテアトル東京と新宿プラザ劇場だ。長期の佐藤栄作政権が退き、「列島改造」を掲げた田中角栄内閣が発足して8日後の土曜である。

この日、台風6号が本州に接近、豪雨に襲われた東京はあちこちで出水した。

どこかあわただしい世相に呼応したわけではないが、このアメリカ映画は続編ともども、衝撃的な影響を今に至るまで残している。それまでのハリウッド一流の「ギャング映画」や「犯罪映画」を予想していた人たちは、映画館の客席でどんな感慨に浸っただろうかと思う。

原作は、ニューヨークのイタリア系移民社会に形成されたマフィアを素材にした小説。圧力や阻害要因を乗り越えて撮りきったこの映画は、監督フランシス・フォード・コッポラの名を世界に知らせることになる。

時代設定は第二次世界大戦直後。主役は幼少期にシチリア島から移民したドン・コルレオーネ（マーロン・ブランド）。一大ファミリーを成した彼には3人の息子がいた。長男ソニーは勇敢だが、頭に血が上りやすく、裏切りのわなにはまって惨殺される。

次男フレドは、人はいいが思慮に欠け、敵にも不用心で大事な仕事を任せられない。優秀な三男マイケル（アル・パチーノ）について、父コルレオーネは裏世界に入れないつもりで大学教育を受けさせる。しかし、結局ファミリーの危機にマイケルの能力が生き、彼が父の跡を継ぐことになる。

この中にさまざまな陰謀や血族内の葛藤、愛憎劇が織り込まれている。そして、人間をハチの巣のようにする銃撃など、血なまぐさい暴力が並行して局面を展開していく。

そこに名匠ニーノ・ロータの、どこか軽やかで深い哀感をみなぎらせた、土と風が匂うような音楽が、実によく似合う。彼は天才に違いない。伊映画「道」や仏伊映画「太陽がいっぱい」以来そう思っている。

続編の「Ｐａｒｔ２」（74年）で、マイケルはドンとしてファミリーを守るため妻や肉親を裏切ってまで非情を貫く。「Ｐａｒｔ３」（90年）では、娘さえ失い、深い失意と老残の中に終幕を迎える。彼は結局何を守ったのか――。

これは一族の転変と宿命の物語というだけではなく、少し大きくいえば、「20世紀のアメリカ」という史劇、叙事詩のようにも思える。

コルレオーネ少年は20世紀初頭、身一つでニューヨークの波止場に立ち、生きる道を開く。同胞社会の中で信望を得て、期せずして「ドン」への道を歩む。「機会の国」アメリカである。

階級を超えて、政界、芸能界などあらゆる分野にネットを持ち、同胞の頼みごとは断らない。しかし、近代産業が多様に発達し、ビジネスも家族のありようも価値観も変わる中、裏社会も大きく変容する。コルレオーネもマイケルもその中で苦闘し、次第に追い込まれていく。それは濃淡こそあれ、20世紀というめまぐるしい世紀に、どの世界、どの分野、どの一族でも起きたことではなかったか。

そんな「喪失感」が全編の底にある。

舞台を日本に置き換えてリメークしたら、どんな作品ができるだろう。外国の名画を見た後、そんな勝手な想像をめぐらすのが、ひそやかな楽しみだ。

「ゴッドファーザー」については、かねて私は故郷に近い瀬戸内の島と東京を舞台にしたらどうかと考えた。

あるいは、韓国の島と東京、いや沖縄はどうだろう、とも考えたが、それぞれにシリアスで示唆に富んだストーリーが編み出せそうな気がするのだ。そうした普遍的なイメージ喚起力が、名画のゆえんでもある。

この「ゴッドファーザー」1作目は製作費が潤沢だったわけではない。映画会社は若いコッポラを必ずしも信用していなかったようだ。冒頭の壮麗な野外結婚パーティーはわずか2日半の撮影だったし、複数の家をにわか作りの壁で囲って大邸宅に見せたり、倉庫のような所もロケに借りたりしたらしい。

そして端役も含め、役者たちが本当に素晴らしい。演技者魂がみなぎっているのだ。
血が通った作品とはそういうものだろう。

「ゴッドファーザー」
監督／フランシス・フォード・コッポラ
主演／マーロン・ブランド
製作国／アメリカ合衆国
本国公開／1972年　日本公開／1972年7月15日

ヤクザ世界借り虚飾はぐ

仁義なき戦い

〈敗戦からすでに1年。戦争という大きな暴力こそ消え去ったが、秩序を失った国土には、新しい暴力が渦巻いて、人々がその無法に立ち向かうには自らの力に頼るしかなかった〉

1973年に公開された東映「仁義なき戦い」（深作欣二監督）は、小池朝雄のこんなナレーションで始まる。

戦地や軍隊から復員した若者たち。闇市、進駐軍相手の街娼《がいしょう》、愚連隊。そうした混とんとした世界に形成される新興暴力団と利権争い。

実際に起きた広島の抗争事件をベースに、昌三（菅原文太）を軸としてストーリーは展開する。「実録もの」である。それまでの任侠《にんきょう》映画で、善玉悪玉が伝統的な定型の展開を見せるような様式美とは無縁だ。暴力シーンはカメラも息せき切って走るふうで、大きくぶれ、人物が映像からはみ出す。

その迫力は暴力シーンだけではなく、描かれる人間群像や利害打算むき出しの人間関係にある。誰しも強いようで気弱でみじめだったり、信念があるようで迷ったり裏切ったりする。リアルなのだ。実録ものはその後のヤクザ映画の柱になった。

脚本の笠原和夫は組長らに会って取材したという。その広島弁のセリフが際立っている。広島弁がこれほど広く全国に知られたのは、おそらくこれが初めてだ。

私が広島出身だから思うのではないが、もしこれが「標準語」で作られていたら、まったく違うイメージになっていただろう。「言霊」恐るべしだ。広島弁によって登場者一人一人とそのセリフに生気が吹き込まれた。

5作に上るこの「仁義なき戦い」シリーズ第1作で、最も象徴的なセリフはこれではないかと思う。

「おやじさん、あんた初めからわしらが担いどる御輿《みこし》やないの。組がここまでなるのに誰が血流しとるの。御輿が勝手に歩けるんいうなら、歩いてみいや、おう? わしらの言う通りしといてくれりゃ、わしらも黙って担ぐわ。のう、おやじさん、ケンカはなーんぼ銭があっても勝てんので。これから黙ってわしの言う通りにしといてつかいや」

昌三の友人である組幹部の鉄也（松方弘樹）が、気弱でずる賢い親分・山守（金子信雄）を突き上げる場面だ。これを「標準語」にしていたら、迫力は半減するだろう。「つかい」は「くれ」とか「ください」とかいった意味である。「つかあさい」ならもっと丁寧になる。

またこんなセリフ。昌三が親分に見切りをつける場面。

「おやじさん、はっきり言わせてもらいますがの、あんたも悪い。わしゃほんとに愛想が尽きた。盃《さかずき》は返しますけえ、きょう以降わしを山守組のもんと思わんでつかいや」

親分は虚勢を張りたがる。再会した時、こんなことを言う。「わしゃよ、よっぽどおどれをやっちゃろう思うとったがよう、これがこらええ言うもんじゃけえ、こらえとったんじゃ」

おれはお前をやる（殺す）つもりだったが、子分が止めるもんだから自分を抑えていた……という意味である。こう言い換えたら、まことに味気がない。

実業進出の野望を持つ鉄也は、各組の融和を考える昌三をこうたしなめる。

「昌三、こんな（お前）の考えとるこたあ理想よ。夢みたいなもんじゃ。山守の下におって仁義もクソもあるかい。現実いうもんはのう、おのれが支配せんことにゃ、どうもならんのよ。目開いてわしに力貸せや」

シリーズ第2作「広島死闘編」では大友（千葉真一）という強欲の塊のような男が登場する。上下関係も何も意に介さない。説教する年長者に、自分が生きるのはうまい飯と「まぶい（美しい）女（スケ）」のためと言い放ち「銭がなけりゃできゃせんので。ほいじゃけ、銭に体張ろうちゅうて、どこが悪いの」と開き直る。

この言葉。あの時代の享楽的な経済成長信仰に通じるところはないだろうか。

73年秋、日本はオイルショックに見舞われ、高度経済成長の夢から完全に覚めることになった。

地価高騰、狂乱物価、トイレットペーパーや洗剤の買い占め。一時まるで一般社会の方が「仁義なき」様相を呈してきた観があった。

様式美化した任侠映画から脱し、ヤクザ世界を借りて人間社会の気取りや虚飾をはいで見せた「仁義なき戦い」シリーズ。見れば、何かしら鏡の前に立つような気分になるのは、たぶん、その映像に現実社会が重なり映るからに違いない。

「仁義なき戦い」
監督／深作欣二
主演／菅原文太
製作国／日本
日本公開／1973年1月13日

若者の憧れそのままに

燃えよドラゴン

1本のカンフー映画が日本の若者たちを揺さぶった。

香港、米合作「燃えよドラゴン」が東京で公開されたのは、1973（昭和48）年12月22日の土曜日だった。館は丸の内松竹、新宿ピカデリー、渋谷東急である。

日本は困惑の年の瀬にあった。ちょうどこの日午前。

あわただしい空気の中で政府は臨時閣議を開いて「石油緊急事態」を宣言し、電力・石油の大幅削減を発表、田中角栄首相の談話を出した。

国民に対し「資源浪費を慎み、節約精神の徹底を」などと説いたのである。

そして同じころ、神田では燃料に窮した全国公衆浴場組合の人々が「銭湯に油をよこせ」とデモをしていた。

事の起こりはこの年の10月。イスラエルとアラブ諸国間の第4次中東戦争で原油価格が高騰、中東の石油に依存してきた日本経済を大きく揺るがしたのだ。第1次オイルショックである。

便乗値上げ、売り惜しみ、買い占めが広がり、トイレットペーパー1個のために長い行列もできた。

折しも、開発政策による列島改造ブームで、前年から地価高騰も続いていた。踏んだり蹴ったりである。混乱と緊縮のうちに、50年代から続いてきた「高度経済成長時代」は幕を下ろす。成長神話は終わった。

ブルース・リーは、こんな寒風が吹く師走風景の中、日本のスクリーンに登場した。彼は既に世になかった。

40年、アメリカで生まれた。父も役者だった。香港に戻った後、戦争が始まり、香港は日本軍が占領する。戦後間もなく子役から映画に出演するようになり、中国拳法も習得する。才だろう。

18歳で渡米した彼の演武は注目され、アクション映画に。70年、香港で製作した初の主演作品「ドラゴン危機一発」（後年の邦題）を大ヒットさせて以降「ドラゴン怒りの鉄拳」（同）、「ドラゴンへの道」（同）と続き、この「燃えよドラゴン」に至る。

禁欲的に徹底して鍛え上げられた体、自在に繰り出す技、相手を翻弄《ほんろう》するスピード。調子を合わせて殴り合うようなアメリカ西部劇の格闘とはまったく異質の、リアルで芸術的でさえある動き。「アチョー」と表記すべきか、発せられる独特の奇声（怪鳥音という）も引き込むような魔力がある。

撮影を終えてほどなく、73年7月に急死する。32歳だった。脳浮腫が死因とされたが、疑問の声もあるという。

映画は、世界の格闘家たちが、香港沖の要塞《ようさい》化された小島に集められて開く武術大会を軸に展開する。

主催者は拳法の達人だが、邪悪な男で、大がかりに麻薬を扱っているらしい。リーは当局から内偵を頼まれた。一味の男に妹が殺されていたこともわかった。リーは意を決して大会に乗り込む。

見せ場は多いが、体がいくつも映る多面鏡の部屋で対決するシーンの、幻想美的な迫力は忘れがたい。

リーが相手を倒した時、勝ち誇るのではなく、汗をしたたらせながら見せる悲哀の表情。他作品にもそれはあり、底深いかなしみを知る武道家リーの素顔が、のぞいているように思える。

日本の若者たちが引き寄せられた時、本人はいない。それは、ジェームズ・ディーンの場合と同じだ。「エデンの東」が55年秋に東京で公開される直前、ディーンは事故で落命していた。

しかし、その表情、しぐさ、服装、歩き方まで若者たちの心に刷り込んだ。

そして、ブルース・リーも、映画館で見た若者たちが静かに辺りを払うような視線で、少し肩を怒らせた感じで街へ歩み出る姿があった。

スターはそうして私たちの中に乗り移り、生き続ける。

「燃えよドラゴン」
監督／ロバート・クローズ
主演／ブルース・リー
製作国／アメリカ合衆国
本国公開／１９７３年　日本公開／１９７３年12月22日

愛と政治、ぶつかる主張

追憶

シドニー・ポラック監督の米映画「追憶」が日比谷のスカラ座で公開されたのは1974（昭和49）年4月13日だった。土曜日である。広告は「ゴールデンウィークを華麗に飾る唯一の〈愛〉の名作」とうたい、初日は午後0時15分開幕した。

その少し前、春闘ゼネストが終結している。全国的規模で一斉に行われるゼネストといっても、今や実感のわく世代は限られてきただろう。60年代後半を吹き抜けた大学紛争はとうに影を潜め、セクト間の内ゲバ事件が相次いでいた。そんなころだ。

物語の主人公はケイティー（バーブラ・ストライサンド）とハベル（ロバート・レッドフォード）。2人は大学で知り合うが、タイプはまるで異なった。

時は第二次世界大戦前の37年。ケイティーは左翼の学生活動家であり、ウエートレスのアルバイトで学費をまかなっている。彼女の目から見れば富裕なブルジョア育ちのハベルは、陸上からボートまで、スポーツ万能のハンサム青年で友人が多い。

キャンパスで反戦やスペイン内戦の市民を救えと訴えるケイティー。その政治的主張は別にして、ハベルは彼女に魅力を感じるようになる。

一方ケイティーは、彼に自分にはないものを見いだし、表面は関心がなさそうにしながら、強くひかれていく。

つまり、彼は夢中になるほどハンサムで、スタイルもよかった。おまけに聡明《そうめい》で、小説の才があった。これ以上何が要るだろう。

卒業し、2人の間もそこまでだったが、第二次大戦さなかの44年、ニューヨークのバーで偶然再会した。

ケイティーはラジオ局で働くかたわら政治活動を続け、ハベルは海軍士官になっていた。学生時代とは違い、彼女は素早い行動に出た。ハベルをアパートに招き入れ、どこかちぐはぐながら、2人の新しい生活が始まる。

2人は愛し合いながら、衝突を繰り返す。ケイティーが我慢できないのは、ハベルのお高くとまった友人たちだった。皮肉屋で下品な冗談に興じる上流階級の俗物男女に彼女はへきえきし、非難して集いの空気をぶち壊した。

ハベルはそんな彼女に耐えられなくなり、離れていこうとする。「戻ってきて」と懇願するのは彼女の方だ。

こんな会話がある。

ケイティー「私が不器量だから嫌なのね」

ハベル「君はひたむきすぎる。たまらない。生活を楽しむゆとりがない」

ケイティー「世の中をよくしたいからよ。戦いよ」

政治演説のように理想と現状批判を熱く語り始める彼女も、ハベルに媚《こ》びるように「自分を変えるわ」と言って再び愛を求める彼女も、同一人物である。

貧しく虐げられた人々のために、とケイティーが献身的に活動するのは、彼女自身の半生がそこに重なるからで、富裕層の若者がしばしば頭の理屈で観念左翼になるのとは重みが違うのだ。

曲折を経て、才能を買われたハベルはケイティーとともにニューヨークからハリウッドに移り、映画づくりに参加する。ケイティーは身ごもった。だが、時代は暗転していた。戦後アメリカの知識人社会を震撼《しんかん》させ、今なお後遺症を残す「アカ狩り」である。密告で共産主義者、そのシンパの烙印《らくいん》を押された者たちは次々とその世界を追われた。ハリウッドは夢から悲劇の都になった。

また2人の間に影が差し、ハベルは昔付き合っていた女と浮気する。ケイティーは察知し、女児の誕生を待って今度は彼女の方から娘を連れて彼の元を去る。それがハベルを「狩り」から救うことにもなる。

さらに時を経て、50年代のニューヨーク。街頭で原爆反対のビラ配りをしていたケイティーは、テレビの仕事でニューヨークに来たハベルを見かける……。

主題歌と重なってくる短いラストがいい。

この映画は、アメリカでは73年10月に公開された。国がベトナム戦争という大失策で意気沈んでいたころだ。

政府をベトナム撤退に追い込んだ力の一つは、学生の広範な反戦運動だった。国防総省を囲むデモで、警備隊の銃口に一つ一つ花を差している光景があったのを覚えている。

「追憶」の物語は50年代のニューヨークで終わるが、ケイティーとハベルはその後どのような人生を歩んだろうか。彼女の娘は、ちょうどベトナム反戦運動に立った世代のはずである。

中年のケイティーがどう娘に語りかけたか——。

バーブラ・ストライサンドが熱く演じる姿を重ねながら想像してみる。

「追憶」
監督／シドニー・ポラック
主演／バーブラ・ストライサンド、ロバート・レッドフォード
製作国／アメリカ合衆国
本国公開／1973年　日本公開／1974年4月13日

無垢の時代の終わり描く

アメリカン・グラフィティ

1973年。

試写で映画会社の重役は何だこりゃ、と首を振った。

新聞もこきおろした。

だが、売り込みの試写会場の無名のスタッフらが、作品に共鳴し、支持してくれた。

この映画にまつわるエピソードで一番好きなものだ。

企画の段階からそっぽを向かれ、やっと受ける会社があっても低予算。クランクアップしても、お蔵入りの危機にさらされ、わかりにくいからタイトルを変えろと横やりが入る。だが、監督ジョージ・ルーカスは譲らなかった。

「アメリカン・グラフィティ」。アメリカの落書き。

この映画にこれ以上のタイトルがあるだろうか。

わずかな数の館で始まった上映は、やがて世界の共鳴を呼ぶ。今では、史上最も興行的にも成功したといわれるアメリカ映画の一つだ。

東京での公開は製作翌年の74年12月21日、有楽町スバル座。「金脈問題」で田中政権が倒れ、三木政権が誕生したころだ。不況の師走、21日の「2000万円ジャンボ宝くじ」を前に、後楽園で徹夜組が長い列を作った。

映画は当たった。上映は1月、2月と続き、3月28日までのロングランとなった。

映画の舞台は1962年夏、サンフランシスコ郊外の町。高校を卒業した若者たちが、東部の大学などへそれぞれ旅立つ日の前夜を、ドキュメンタリータッチで描く。そこには1944年生まれのルーカスの青春時代がそのまま二重写しになっている。

若者たちは車で街を「クルージング」し、異性との出会いを求める。バックに流れるのは41曲のオールディーズ。ビートルズがアメリカに上陸し、音楽シーンを塗り替えてしまう前の時代のことだ。

プラターズ、チャック・ベリー、デル・シャノン、バディ・ホリー、ビーチ・ボーイズ……。ルーカスはドーナツ盤でそれらの曲を聴きながら想を練り、脚本を書いた。

DVDのインタビュー映像で、彼はこの作品のテーマは「変化（チェンジ）」だと語っている。

「60年代の末から構想した。一つの時代の終わりを描きたかった」

それは「ベトナム戦争やイギリスのロックによって終わったアメリカの無垢《むく》の時代」と言う。

女の子を車に誘おうとして不器用にしくじったり、故郷を捨てて東部の大学に行くべきか迷ったり、意地をかけてカーレースをやったり……と、そこには際立ったストーリー展開や冒険があるわけではない。夕焼けから夜明けまでの一夜（ワンナイト）で終わる。

映画会社は初めこう酷評したそうだ。「物語不在の単なる音楽の寄せ集めだ」

そこに時代を超えて若者たちが共鳴することを、映画づくりのプロたちには見抜けなかった。そう、現実の青春に起承転結がついたようなドラマはなく、いつも、わくわく、いらいら、しょぼしょぼ、のびのびが入り乱れている。そう、この映画に登場する若者たちのように。

そしてオールディーズ（ルーカス言うところの「無垢で懐かしい音楽」）の一曲一曲が、めまぐるしく、かつ微妙に変化を続ける心にぴたりと重なるのだ。

この作品の後、時代のヒット曲に乗せて青春期の往時を再現する「アメグラもの」と呼ばれる映画が登場する。

名画には、必ずしも主役ではないが、強く引きつけるキャラクターが存在する。この映画では、ジョン・ミルナーという20代初めの青年がそうだ。彼は、町を出ないままくすぶって時代に乗り遅れているように見られる男。ただスピードレースでは誰にも負けない。

彼はにぎやかな通りを車で流しながら、後輩らに「町に活気がない。5年前は違った」と回想し、「ロックンロールはバディ・ホリーで終わりだ」とぼやく。

数々のヒット曲を生んだホリーは若くして飛行機事故で落命した。（当時は珍しいステージで眼鏡をかけたロックンローラーで、ビートルズ、中でもジョン・レノンに大きな影響を与えたといわれる）

時代の喪失感は、ジョン・ミルナーの口を借りた、ルーカス自身の思いだろう。

この映画の宣伝のフレーズに使われた言葉もいい。

「1962年、君はどこにいた?」。それが、例えば1992年でも、2004年でもいい。ある年の思い出を永遠に共有する同世代。それが絶えることはない。

映画では最後に、それこそ「落書き」のように短く、登場者たちの「その後」がそれぞれ記される。

事故に巻き込まれて死ぬ。保険の外交員として故郷に暮らす。ベトナムの戦場で行方不明になる……。この映画を何度見てもここが一番胸を突き、煙が目にしみるような思いにとらわれる。

「アメリカン・グラフィティ」
監督/ジョージ・ルーカス
主演/リチャード・ドレイファス
製作国/アメリカ合衆国
本国公開/1973年　日本公開/1974年12月21日

抑圧への抵抗、尊厳と自由

カッコーの巣の上で

この米映画が東京で公開された1976（昭和51）年4月、世は「ロッキード事件」で騒然としていた。カーラジオからはキャンディーズの「春一番」が流れ出た。

報道競争は激しく、張り込み要員などとして各地から応援記者を集めた社もあった。外に出れば、連絡や原稿送りは公衆電話に頼るしかない時代である。全国どこであれ、若い記者たちのポケットはいつも10円玉で重かった。

60年代初めごろの架空の精神病院を舞台に、管理社会の人間抑圧と支配、そしてそれに対する抵抗を描いた。

この映画を一言でいうならこうなるだろうが、人は思索や哲学のために映画館に足を運ぶのではない。興行的に大ヒットし、アカデミー賞5部門受賞をもたらしたのは、まぎれもなく面白いからだ。

郊外にある古い病院。刑務所からマクマーフィ（ジャック・ニコルソン）という38歳の受刑者が送られてくる。言動が不審な粗暴な男で、精神鑑定で服役の可否を見極めてほしいというのだ。

実はマクマーフィは詐病で更生農場での作業をサボろうとしていたのだった。医師らの判断は分かれ、しばらく入院させることになった。

病棟は看護師長のラチェッド（ルイーズ・フレッチャー）を頂点に管理態勢が敷かれていた。ここでは、薬の服用や集団のカウンセリングなど日課は厳密にマニュアルに従い、機械的に進められる。

マクマーフィは抵抗を始める。他の入院患者たちは決まり事に身を任せ、それから外れることをためらっていたが、自由な精神を持つマクマーフィに次第に引かれていく。

ある日、彼は一計を案じて患者たちを連れ出し、無断拝借のレジャーボートで釣りを楽しませる。皆心から笑い、はしゃいだ。引き戻された彼は電気ショックを与えられるが、屈しない。

白人社会に尊厳を奪われ、長く心を閉ざしていた大男の先住民チーフと密かに意気投合し、クリスマスに病院から脱出することを決意した。夜中に外から手に入れた酒を皆にふるまって、さあ出ようとした時に……。

最後の展開は息のませるものがある。そこに人間の尊厳と自由の勝利を見るか、希望あるいは敗北や限界を感じるか。見る人の心持ち次第かもしれない。

原作は62年に発表され、若者たちの支持を得てベストセラーになったケン・キージーの小説。映画化までには曲折があったが、監督のミロス・フォアマンは旧チェコスロバキアの出身である。

旧ソ連が支配するワルシャワ機構体制下、市民的自由を人々が求めた68年の「プラハの春」

がソ連の武力介入で押しつぶされた。映画人フォアマンはアメリカに移住する。

彼のこの作品への強い思い入れや、冷酷に光る看護師長の目のリアルさが分かるような気がする。

撮影はオレゴン州の実際の病院を3カ月にわたって泊まり込みで使い、個別に了承を取って入院患者約100人にも出演してもらったという。

ただ、これは病院を描くというより病院を舞台に借りた現代の寓話《ぐうわ》といった方がよい。仮に舞台を他の管理組織に移しても、本質的に同じテーマを追求できるかもしれない。

さて、76年2月に米上院外交委員会で表面化したロッキード事件は、ロ社の航空機売り込みをめぐり日本政界の要人らに賄賂が渡ったとされる国際疑獄で、東京地検特捜部が捜査を進めた。調査報道が活発に行われた。

この事件については一部に陰謀で仕組まれたという見方もあり、必ずしも歴史的評価が一致して定まっているわけではない。

だが、この事件を機に金権政治、利権ばらまき政治に対する国民の拒絶感はさらに強まり、その後の選挙や政局に長く大きな影響を与えた。

一方、この時期には戦後のベビーブーマー「団塊の世代」が結婚適齢期を迎え、「友達夫婦」とか「ニューファミリー」などの呼称が生まれる。父の支配を中心にした家父長的家族制は色あせ、核家族化が進んだ。

今日の少子化や高齢社会の到来を本気で懸念し、論じる声はまだなかった。
ましてネット時代を誰が思い描いただろう。
ふと思う。電子網監視社会を舞台に、この映画のリメーク版はいかがか。

「カッコーの巣の上で」
監督／ミロス・フォアマン
主演／ジャック・ニコルソン
製作国／アメリカ合衆国
本国公開／１９７５年　日本公開／１９７６年４月１日

ニューヨークの裏街戦争

タクシードライバー

サイゴンが北ベトナム軍の手に落ちて、名実ともにベトナム戦争が終わったのは1975年4月末のことだ。

アメリカ軍は大義なき泥沼の戦いに消耗し、73年には南ベトナムから撤兵したが、長い戦いで米軍だけでも約5万8000人が命を失った。

いったい何のために。

心身に傷を負った帰還兵の中には、帰国後も社会生活に適応できず、薬物や犯罪に走る者もあった。過去、戦争はこうした後遺症を繰り返し若者たちにもたらした。どの時代、どの国でも。

ましてアメリカは初めて手痛い敗北感を味わったのだ。世界最強で、最も強力な武器を満艦飾のようにそろえていたはずのアメリカが。

そんな失意の時代の空気に浸ったニューヨークの裏街。元海兵隊員のタクシードライバーの物語である。

若き日のマーチン・スコセッシ監督作品。これが東京で公開されたのは76年9月18日だ。

「ロッキード事件」で政界が大きく揺さぶられている秋の土曜日だった。

トラビス（ロバート・デニーロ）は73年5月に海兵隊を満期除隊した26歳。夜眠ることができない。ならば夜勤専門のタクシードライバーになろうと職を得た。

毎晩、客席の汚物を拭き取り、勤務を終えて夜明けの街に。ポケット瓶のウイスキーを一口。小さなポルノ映画館に入り、ふと気が向いて売店の無愛想な女性に「名前は」とにこやかに声をかけても相手にされない。

そんな毎日だ。

トラビスは狭いアパートで日記を書いている。彼はこの街にはびこる悪なるもの、売春業、薬物売買、中毒などを「クズども」と憎悪し、これらがいつか街から洗い流されることを願う。

彼の中で精神がきしみを立てていた。

表の街では大統領選の前哨戦が始まっていた。トラビスは見かけたそのスタッフの一人、ベツィ（シビル・シェパード）の聡明《そうめい》で気品のある美しさにひかれ、運動のボランティアを申し出る。

ベツィの反応が微妙だ（封切りで見た時にはよくわからなかった）。トラビスをどこか小ばかにしているようであり、しかし、彼女が付き合っている選挙スタッフの男にはないものをかぎ取っている。そんな感じなのだ。

トラビスはお茶に誘い、これにベツィが応じると、次は映画をもちかける。これにも彼女は応じたが、トラビスがよかれと思って選んだ作品はポルノだった。彼女は怒って帰ってしまう。

以来、電話も出ず接触を拒むベツィにトラビスは激怒、事務所に押しかけてののしり、追い出される。

「彼女もやはりよそよそしい人間だった」「どこにいても、俺には寂しさがつきまとう」……。日記につづられる絶望的な疎外感と憎しみ。彼はひそかに銃を買いそろえ、アパートで黙々と体を鍛え始めた。

「あらゆる不正と悪徳に立ち向かう男」。こう自らを思い描く。長い鎖につながれたような毎日に「転機」が訪れ「一つの方向が示された」と感じた。とりつかれたような暴走が始まった。

変装し大統領候補の暗殺を狙うが、警備に怪しまれ逃げる。だが彼の「浄化作戦」はこれだけではなかった。

気になる少女売春婦アイリス（ジョディ・フォスター）がいた。彼女は刺激を求めて家出して来たニューヨークで売春の世界に取り込まれ、ひものような男の言うままに働いている。12歳である。トラビスはこの娘を腐りきった世界から救い出すのが自分の使命だと思う。

トラビスは銃でひもらを襲い、自分も撃たれながら、少女にかかわる連中を次々に倒して自分も重傷を負う。

メディアは単純だった。いたいけな少女を救うため命がけで戦ったヒーローとしてトラビスを持ち上げ、あれほど彼に疎外感を与えていた世間も称賛した。傷が癒えて、彼はまた仕事に戻った。

乗ってきた女性はベツィだった。何気なく交わす会話。彼女の目に嫌悪の色はなく、好意の潤いがあった。家に着いた。語りたがりげな彼女を置いて、トラビスは夜の街へタクシーを走らせた。その目は冷めている。

もう一つの主役はニューヨークという、怪物のような大都会だ。その暗部を描いて象徴的なシーンがある。

トラビスから銃の注文を受けたこぎれいなセールスマンふうの男。大きなケースから大中小さまざまな銃を用途別に出して説明し、ついでに薬物もいろいろそろえてある、どうだ、と売り込む。まるで台所用品を勧めるように。

ベトナムではなく、ニューヨークでの戦いで予期せぬ英雄になった元兵士。

彼は救われたのだろうか。

「タクシードライバー」
監督／マーチン・スコセッシ
主演／ロバート・デ・ニーロ
製作国／アメリカ合衆国
本国公開／1976年　日本公開／1976年9月18日

アメリカンドリームの象徴　ロッキー

今は昔の物語だが、交通ストが予定された日の前夜は、多くの企業は従業員を社内に泊まらせた。出勤できなくなるからだ。

もちろん新聞社も例外ではない。業者から借りた布団を広い会議室などに敷き、記者は朝の仕事に備えて仮眠をとったものだ。

だが、時代も変わりつつあった。1977（昭和52）年4月16日の土曜日。春闘賃上げ要求の全国私鉄ストに突入した日である。

毎日新聞は東京の街のルポ記事を載せているが、大手企業が集まる都心のビジネス街は既に「週休2日」を先取りしていて、人影もまばら。そんな余裕はない中小零細企業や商店のある下町では、他の交通機関を求めて列ができたという。

この日、アメリカ映画「ロッキー」は東京で封切られた。石川さゆり「津軽海峡・冬景色」が大ヒットした年である。

この映画に主演し、今や世界的アクションスターのシルベスター・スタローン。まだ鳴かず飛ばず、貧しく無名の俳優だった75年3月、突然大きな転機が訪れた。

前年、ジョージ・フォアマンを倒し奇跡的に復活したプロボクシング世界ヘビー級チャンピオン、モハメド・アリと、白人の挑戦者チャック・ウェプナーの試合だ。力の差ははっきりしている。ところが、第9ラウンド、全く劣勢のウェプナーが放った右フックがアリからダウンを奪う。信じられないようなシーンだった。会場は騒然とした。試合はアリが勝利するのだが、スタローンはダウンシーンの感動からアイデアがひらめく。そして3日で書き上げた台本が「ロッキー」となる。29歳の年である。

スタローン演じるロッキー・バルボアは、フィラデルフィアの場末で賭け試合の対戦をして、わずかなギャラを稼ぐ三流ボクサー。ニューヨークで貧しさの中に育ち、ボクサーの道を選んだウェプナーのイメージが重なる。

30歳のロッキーはやや鈍重だが、パンチはやたら強く、「イタリアの種馬」の異名を持つ。独り暮らし。ボクシングだけでは食えず、高利貸しの手先になって脅迫まがいの借金取り立てもしている。要するに、さえないゴロツキのような日々である。

恋がある。

ロッキーは、街のペットショップで働く内気で表情の硬いエイドリアンに思いを寄せていた。ぎこちなく次第に2人が近づき合い、内面から彼女が変わっていくところがいい。

仰天話が舞い込んだのはそんなころだ。ヘビー級世界チャンピオンのアポロが、アメリカが「機会（チャンス）の国」であることを証明するため、無名のボクサーにチャンスを与えると宣言。分厚い名鑑から「イタリアの種馬」の異名が気に入ったというだけで、ロッキーを対戦相手に指名したのだ。

アポロにしてみれば、凡手が相手で造作もない戯れのような試合。これで自分の度量の広さを世界中に印象づけられればいい。

一方、ロッキーは迷い、あきらめ、苦悩し、そして死力を尽くす決意をした。恋人のエイドリアンを心の強い支えにしながらもストイックに一線を画し、肉体改造とスタミナ増強のための過酷トレーニングを始める。期するものがあった。

「最後のゴングが鳴った時に立っていられたら、俺がただのゴロツキじゃないことを証明できるんだ」

ロッキーが早々とKOされる光景を想像して集まった観戦客たちは、そのいつ果てるともない壮絶な闘いに息をのむ。映画はクライマックスを迎える。

ボクシング観戦でひらめき、低予算ながら世界中で大ヒットする映画を生み育てる。「チャンスの国」「アメリカンドリーム」を地で行ったような「ロッキー」の大成功である。人気だけでなく、アカデミー賞作品賞など、評価も高いものを得た。

そのテーマ音楽は、日本では、選挙運動でも運動会でも、プロレスラーの入場でも何でも、各種イベントに愛用され、映画を見たことのない人でもご存じだろう。

逆境に耐え抜き、愛する人のためひたむきに目標に向かって突進する。「ロッキー」はこの後、2006年まで続編5作でシリーズ化されたが、その基本テーマは一貫している。最後に難敵を相手に捨て身で闘うパターンもだ。

それもいいが、私はやはり第1作「ロッキー」の前半、うだつの上がらない三流ボクサーのロッキーと、その周辺の、どこか社会から疎外されたような人々にひかれる。味があるのだ。

なぜだろう。何をやってもぱっとしなかった駆け出し記者のころ、昼間サボって映画館で見たこの作品。何やら共鳴する心持ちが少しそこにあったのかもしれない。

「ロッキー」
監督／ジョン・G・アヴィルドセン
主演／シルベスター・スタローン
製作国／アメリカ合衆国
本国公開／1976年　日本公開／1977年4月16日

偶然の出会いと再出発

幸福《しあわせ》の黄色いハンカチ

山田洋次監督の松竹作品「幸福の黄色いハンカチ」が東京で封切られたのは、1977年10月1日のことだ。

この日、「ダッカ日航機ハイジャック事件」で政府は日本赤軍の要求に応じ、人質と交換に身代金600万ドルの支払いと、勾留・服役中の過激派活動家ら6人の釈放に踏み切った。福田赳夫《たけお》首相の苦渋を重ねた決断だった。

いわゆる「超法規的措置」である。重苦しい土曜日だった。釈放者らを乗せた特別機が早暁の羽田を飛び立った。毎日新聞の夕刊は、機影を見送った官房長官・園田直《すなお》が涙を浮かべ、こぶしを握りしめたと報じ、その無念のこぶしを写真でとらえている。

「幸福の黄色いハンカチ」はアメリカの作家、コラムニストであるピート・ハミルの小品を原作にしている。

レジャー旅行の若者たちがバスで乗り合わせた寡黙な中年男。刑務所を出たばかりで、家庭を持っていた土地に向かっているが、あらかじめ妻に「迎え入れてくれるなら町の入り口のオークの木に黄色いハンカチを結んでくれ。それがなければ、俺はバスに乗ったまま通過する」

と手紙を出していた。若者たちも町に近づくにつれ、居ても立ってもいられなくなる……。

映画は原作の骨格を生かしながら、舞台を北海道、鬱屈した思いを抱いて東京からそれぞれ旅に来た若い男と女、欽也《きんや》（武田鉄矢）と朱美《あけみ》（桃井かおり）を設定。網走駅前であたりかまわずナンパの声かけをしていた欽也が朱美と出会い、さらに刑務所を出てきたばかりの勇作（高倉健）と偶然に知り合い、３人は目的地もはっきりしないまま欽也の車で北海道縦断の旅を始めた。

欽也は九州・博多から上京、工場で働いていたが、失恋して仕事をやめ、貯金をはたいて車を買った。朱美は列車の車内販売で働いていたが、引っ込み思案で人間関係に疲れ、一人旅に出た。そういう事情である。

勇作は多くを語らないが、自分も九州・筑豊の出身だと明かす。そして、いやがる朱美にしつこく迫る欽也に説教するのだ。ここがいい。

「バカたれが。お前、それでも九州の人間か。今日のお前は何じゃ。さかりのついた犬のごと抱きついたり、あれが九州男児のすることか」

そして、はにかみを含んだように冗談を言うのだ。

「お前のような男を『草野球のキャッチャー』という……。『ミットもない』っちゅうこったい」

車は北海道を西へ進む。途中、やくざとのけんか、交代で運転していた勇作が警察の検問で無免許とばれるなど、先々で波乱も起きる。

旅とともに人間関係が変化し、ドラマが展開していく「ロードムービー」の面白さだが、ついに勇作が身の上を若い二人にあらいざらい語る車中シーンは圧巻だ。

その時、車窓に流れる北海道の風光がいい。観光用の絵のようなものでもなく、ことさらに壮大さを強調するものでもない。中年に差しかかった男の半生の悔いを静かに見守り、癒やすように遠景に横たわっている。

勇作は若いころは、刑務所に入ってもかえってハクがついたと意気がる荒くれだったが、30を過ぎたころ、そんな自分が嫌になり、炭鉱の閉山が続く筑豊を飛び出し、北海道の夕張に来て炭鉱に入った。

慣れぬ寒さや孤独で苦しんでいたころ、街のスーパーで働く光枝（倍賞千恵子）を知り、不器用なプロポーズで結婚する。炭住の幸福な生活が始まる。だが、流産などをめぐって2人の気持ちが行き違い、ある夜、むしゃくしゃして家を飛び出した勇作は、街のけんかで男を死なせてしまう。

そうして服役し、自分の方から願って妻と離婚した勇作だったが、出所した網走から「黄色いハンカチ」で妻の思いを確かめたいと、ハガキを出していた。

でも、勇作は現実を知るのが怖くて夕張へ行く勇気が出ない。それを知った欽也と朱美が「さあ夕張へ行こう」と励まし、ハンドルを切る。

そして――。

夕張が近づくにつれ、目をつむり、子供のようにおびえる勇作の表情がいい。やくざ映画から大きな転機にあった高倉健の新境地がそこにある。

夕張も閉山が続き、90年には炭鉱の灯は消えた。人口流出と財政難で市は２００７年に財政再建団体となり今再生の道を歩んでいる。

しかし、この映画が描いた希望と再出発の人間ドラマに浸ろうと、今も来訪者は絶えない。市再生の未来をそこに重ね見るようだ。

「幸福の黄色いハンカチ」
監督／山田洋次
主演／高倉健
製作国／日本
日本公開／１９７７年10月１日

親愛と孤立のはざまで

未知との遭遇

東京で公開されたのは1978（昭和53）年2月25日。広告には「宇宙にいるのはわれわれだけではない」とキャッチコピーがつけられた。

「私たちは、ひとりぼっちではない」と言い換えれば、より深く心に触れたかもしれない。この夢世界のようなファンタジーには、「人間の孤独」という永遠のテーマがひっそりと込められているのではないか。

見る度にそんな思いを強くさせるスティーブン・スピルバーグ監督の作品である。

メキシコの砂漠に突然天から返されたように現れた世界大戦末期の戦闘機。ゴビ砂漠では古い船が。いずれも昔行方不明になったものだ。

何のサインか、不思議な現象が続く。

米インディアナ州の小さな町。電気技師ロイ（リチャード・ドレイファス）は、夜中に起きた地域一帯の不可解な停電で仕事に呼び出された。途中、強烈な光を放つ飛行物体と遭遇、車で峠道まで追跡する。そこでは、独りで3歳の息子を育てている女性ジリアン（メリンダ・ディロン）がいた。家を飛び出した息子を追って来たのだ。彼女も飛行物体を間近に見た。

この夜以来、ロイは「UFO」に取りつかれたようになり、仕事も手に着かず、勤めはクビになる。

何かは分からないが「山」のようなイメージが頭の中に絶えずわき、それを形にしようとえたいの知れぬ模型を作ったり、料理のポテトを夢中で盛り上げたりする。妻と幼い子供たちは困惑し、近所は口をきいてくれなくなる。

果ては、庭の土や植木まで部屋に投げ込み「山」を作ろうとするに至って、妻は子供たちを連れて去る。

この間の夫婦のいさかい、泣いておびえる子供。家庭崩壊の描写はリアルだ。スピルバーグ自身の体験もそこに投影しているだろう。

ロイは誰からも相手にされず、最愛の家族からも見放された。その時、偶然テレビに映ったワイオミング州にある巨岩の山「デビルスタワー」(実在する)を見て、自分の頭にあるイメージとぴたり一致した。引き寄せられるように、ロイは車を駆った。

ジリアンは息子をUFOに連れ去られ、やはり頭に取りついた「山」が息子の手がかりになるに違いないと、デビルスタワーに急いでいた。

そこは、未知なる異星の知的生命体が宇宙船で降り立ち、地球人と接触しようとしている所だ。飛行物体の光を浴びたロイらはそのイメージを植え付けられていた。

だが、既に察知していた政府は科学者や軍を動員し、先回りしてデビルスタワーで接触の準備を進めていた。事故で有毒ガス発生などとデマを流して民間人を一帯に近寄らせなかった。ロイらは厳重な警戒を突破して岩をよじ登る。そこに見たものは――。

5音階を組み合わせたコミュニケーション。着陸した母船から降り立つ異星人たち。行方不明だった地球人たちもほほ笑みながら降りてくる。まったく昔のままの姿で。次第に異星人との間に通じ合う友情、信頼感のようなものが生まれる。異星人たちの母なる星へと招かれ、ロイは進んで宇宙船へ向かって足を踏み出す……。

奇想天外なストーリーなのに、こうもしみじみと胸にわくものがあるのはなぜか。スピルバーグ作品の特徴だ。未知のものに夢中になっている人間を追い込む孤立。

しかし一方で、宇宙空間の距離も超える親愛感。そうしたものは、あの「E.T.」にもみなぎっていた。

時は東西冷戦のさなか。両陣営の為政者や軍人の頭は、地球人と異星人以上の隔たりがあったかもしれない。

映画公開年の78年、日本では福田赳夫内閣の時代。4月にはキャンディーズが当時の後楽園球場でさよならコンサートをして、若者たちから惜別の絶叫を浴びた。5月には成田空港が開港した。11月には江川卓投手のジャイアンツ入団をめぐる「空白の一日」騒動が起きた……。

ああ、そんな時代だったな、と思い起こす人も多いだろう。

自民党の総裁選では、福田首相は大方の予想を覆し、当時田中派の支持を受けた大平正芳・

党幹事長に敗北。「天の声も、変な声もたまにはある」の名セリフを残して退陣した。12月のことだ。

「未知との遭遇」
監督／スティーブン・スピルバーグ
主演／リチャード・ドレイファス
製作国／アメリカ合衆国
本国公開／1977年　日本公開／1978年2月25日

おごりと慢心への警鐘

チャイナ・シンドローム

映画がアメリカで公開されて2週間もたたない1979年3月28日未明、ペンシルベニア州のスリーマイル島原子力発電所の炉心溶融（メルトダウン）事故は起きた。ジェームズ・ブリッジス監督のこの作品は、サスペンス映画を超え、いつ何時でも現実世界で起き得る破滅危機の予告編となった。

チェルノブイリ。福島。この映画の警鐘は鳴りやまない。いよいよ高く、重く。

舞台となった西海岸地方。画面にあふれる美しい風光が、むしろ不安をそそる。放射能には色もにおいもない。

キンバリー・ウェルズ（ジェーン・フォンダ）は地元テレビ局のリポーターである。チャーミングで、愉快な話題ものを軽快にこなして人気があるが、彼女は手応えある硬派報道で「ステップ・アップ」することを望んでいた。

そんなある日、近郊にある原発を取材して番組をつくることになり、相棒のカメラマン、リチャード・アダムス（マイケル・ダグラス）らを伴い、意気込んで出掛ける。

発電所の広報担当者に仕組みを教わり、制御室をガラス越しに見学している時、震動が起きた。そして制御室内で慌ただしい動きが――。

一時コントロールが利かなくなったようで、所員の動揺ぶりは明らかだったが、キンバリーらへの説明はない。運転の緊急停止で事態は収まったかに見えた。

撮影禁止区域ながらリチャードは隠し撮りし、局に持ち帰る。横やりが入って放送されなかった。しかし、リチャードはフィルムを持ち出して専門家に見せる。「チャイナ・シンドローム」になる寸前だと教えられた。

高熱を発する核燃料が溶ける炉心溶融を起こし、その燃料が格納容器などを溶かして外へ抜け出て落下。それは地球を貫いて中国にも達する、という例えで事態の破滅的な深刻さを言い表す。この映画の造語だといい、広く使われるようになった。

その発電所にも苦悩している男がいた。


プラントを管理するエンジニアで、今回、危ういところで停止させ、大事故を回避したジャック・ゴデル（ジャック・レモン）だ。

彼はこのトラブルに重大な不具合や欠陥が潜んでいるのではないかと疑った。

果たして、過去の安全チェックの記録を調べると、経費節減などのため、手抜きやごまかしがなされていることが分かった。

だが、発電所幹部らは運転再開を急ぐ。制止するゴデルの進言を聞き入れない。

彼は決意した。問題部分の証拠のエックス線写真をキンバリーらに渡し、実態を社会に広く知らせてストップをかけようというのである。

その動きを察知したかのように不審な男たちの追跡、妨害が相次ぐ。

ゴデルがキンバリーの仲間に預けた証拠写真は襲撃によって何者かに奪われ、ゴデルも車で追われる。

発電所に逃げ込んだ彼は制御室に立てこもり、「核」をいわば人質にとって発電所側に要求した。キンバリーらにこの場を取材させよというのだ。そうすれば、放送に乗せて世間に訴えられる。

武装した警察の突入隊がひそかに機会をうかがっていた。そしてこの誠実なエンジニア、ゴデルはついに実態を世間に知らせ切れぬまま、射殺された。

しかし、キンバリーらは遺志を継ぐように取材を進める。そして——。

無言でたたずむ原発施設がもう一人の主役といえるだろう。時に体を震動させて異状を訴え、時に人力を試すようにトラブルを起こす。その発する信号と警鐘に、どこまで真摯《しんし》に向かい合ってきたか。制御室の床に倒れたゴデルがそう訴えかけてくるようだ。

言うまでもないが、これは型にはまった啓発教育映画ではない。アクション場面あり、カーチェイスあり。そして登場人物も聖人君子ではない。だから、見る者に語りかけてくるものがある。

キンバリーはテレビ界での上昇チャンスを気にかけており、原発取材後の横やりについても、初めはどうも煮え切らないふうである。それが迷いなく、この不条理にぶつかっていくジャーナリストへ変じていく。

そういう試行錯誤的な、人間くさい一面が魅力なのに違いない。

ゴデルも、まじめなベテラン・エンジニアがあくまで自分の職務と職場に真に忠実であろうとし、そのために普段の彼からは想像できない命をかけた行動に出たのだ。決してスーパーマンではない。

この映画が発する説得力は、そういうところから発しているに違いない。

「チャイナ・シンドローム」
監督／ジェームズ・ブリッジズ
主演／ジェーン・フォンダ
製作国／アメリカ合衆国
本国公開／1979年　日本公開／1979年9月15日

人間世界こそ虚々実々

ツィゴイネルワイゼン

鈴木清順監督の「ツィゴイネルワイゼン」（田中陽造脚本）が東京で公開されたのは、1980年4月。東京タワーの下に構えたドーム型の仮設劇場でだった。

製作・公開を一本化する方式で、当時の毎日新聞夕刊（4月23日夕刊ワイド）は〈〝産直〟ロードショー〉〈「影武者」に切りかかる〉と見出しを立て面白がっている。

むろん「影武者」とは巨匠黒澤明の大作。この月公開された。そして何と、これに切りかかるという見出しは当たったのである。

この年のキネマ旬報ベストテンで「ツィゴイネルワイゼン」は「影武者」を抑え、堂々の1位になった。

色彩とテンポの芸術というべきか、夢幻の映像世界である。私が初めて見たのは出張仕事中の長崎でだった。翌年の夏だと思う。既に作品の評価は高く、上映は映画館だった。やはり、夜風に揺れるテントのような小屋掛けが似合っていたかもしれない。

原作は内田百閒《ひゃっけん》（1889～1971）の「サラサーテの盤」。つかみどころのない恐怖、幻想、ユーモア、風刺、叙情と、内田文学の独特の味わいはファンを生み続けているが、この短編も奇妙な読後感がある。

小説は、大正時代に内田が士官学校のドイツ語教授だったころを舞台にし、語り手も教授である。

あらましはこうだ。死んだ友人の妻が、亡夫が貸したはずの蔵書やレコードを返してくれと再々訪ねてくる。その中の一枚のレコードが作曲者サラサーテ自身が演奏するバイオリン曲「ツィゴイネルワイゼン」で、その盤にはサラサーテが録音中にうっかりしゃべったという声が入っている……。

昼休みに公園のベンチで寝転がって読んでも間に合うぐらい短い。しかし、読み終わってベンチから半身を起こした時、少し街の景色が変わって見えるかもしれない。

映画は友人の中砂《なかさご》（原田芳雄）を露悪的で放埒《ほうらつ》な退廃の日々を送る男にし、語り手の教授青地《あおち》（藤田敏八）、その妻（大楠道代）、中砂の最初の妻と元芸者の後妻（大谷直子二役）の存在をからめていく。

現実はいつわり、夢はまこと。幻影と耽美《たんび》に塗り込められた映像はそう語りかけてくる。静岡・島田の蓬莱《ほうらい》橋、鎌倉の釈迦堂の切り通しなど、ロケ地の風光も、夢幻、幽明の分かれ目、裂け目の象徴のように見えてくる。

映画では中砂がトンネルの薄暗がりの中で青地にこう語る場面がある。示唆的だ。

「骸骨だよ、骸骨。人間一番美しいのは、余分な肉と皮をそぎ落とした骨だと僕は思うんだ。

そんな骨を磨き込むんだ」

虚飾をはげ。そう読めないでもない。中砂は自ら骸骨になるような破天荒な放浪を続け、薬物におぼれるように、あっけなく野天に死ぬ。

映画しかできない表現。それを尽くした作品である。小説も、絵画も、舞台劇もこれに代わることはできない。

鈴木監督はこの後、泉鏡花原作で「陽炎座」（81年）、竹久夢二の世界に切りこんだ「夢二」（91年）をつくり、この「ツィゴイネルワイゼン」とともに「大正浪漫三部作」となる。

もちろんそればかりではない。その「清順美学」に熱烈なファンを持つ。そのキャリアは長い。私は、10代の若者たちの風俗と葛藤をとらえ、白黒ながらハイテンポなカメラワークで60年の東京の街をたっぷり記録した「すべてが狂ってる」が忘れがたい。

さて「ツィゴイネルワイゼン」公開の1980年4月、地価公示の数値は、列島改造で高騰して以来の過熱ぶりで、全国平均10％と2ケタの年間上昇を見せた。公共料金も一斉値上げの春だった。

生活には閉塞《へいそく》感があった。それまで2度のオイルショックで高度経済成長時代が終わり、「低成長期」と何かにつけいわれたころである。「真の豊かさとは」とか「ライフスタイルを変えよう」などとよく論じられた。今と、少し似ている。

政界は与党自民党内の大平・田中派からなる主流派と反主流派の対立が激化、混乱のうちにはずみのように国会解散、世にいう「ハプニング解散」が起き、初めての衆参同一選挙になる。選挙戦中に大平正芳首相が急死し、弔い合戦に転じた自民が圧勝した。

この映画が上映されているころの、めまぐるしい世の中だ。

夢か現実《うつつ》か、と戸惑うのは映画の世界ばかりではない。生身の人間世界こそ、虚々実々、夢はまこと、現実はいつわり、なのかもしれない。

「ツィゴイネルワイゼン」
監督／鈴木清順
主演／原田芳雄
製作国／日本
日本公開／１９８０年４月１日

働きバチ変えた子育て　クレイマー、クレイマー

仕事中毒のような男。片や、今のままでは自分を見失うような圧迫感にさいなまれる女。その狭間《はざま》に男の子。

ついに女は家を出て、親権をめぐる争いに——。

特に劇的大展開があるわけではない米映画「クレイマー、クレイマー」（監督・脚本、ロバート・ベントン）が予想をはるかに上回る大ヒットになったのは、見る人々に、大なり小なり、身につまされる思いをさせたからだろう。同時代を生きる者として。

そして、親子の情愛。その涙は、このドラマが示した社会的テーマの解決にはならないにしても、救いには違いない。映画館を出た人は心地よい風に当たっただろう。

アメリカでは1979年暮れに、東京では翌80年4月5日に公開された。

テッド・クレイマー（ダスティン・ホフマン）はニューヨークの広告会社社員。やり手として評価は高く、本人も自信がみなぎっている。

家事や幼い一人息子ビリー（ジャスティン・ヘンリー）の世話は妻のジョアンナ（メリル・ストリープ）に任せきりだ。ジョアンナはやりがいのある仕事を求めているのだが、テッドは妻のそんな悩

みに気が回らない。

大きな取引に成功したテッドの昇進が決まった。夜、弾む気持ちで帰宅したテッドにジョアンナは突然別れを告げ、カードや鍵を引き継ぐと荷物を持って出て行った。

事態がのみこめず、ぼうぜんとするテッド。朝になっても妻は戻らず、家事も知らない父と5歳半の息子の2人だけの生活が始まった。

朝食。テッドは、ビリーが望むフレンチトーストを作ろうとしても要領を得ず、卵やミルクをこぼし、パンを焦がし、揚げ句はやけどしてわめく始末だ。

ビリーは母を恋しがるが、テッドは妻が出て行った理由をうまく説明できない。だが、彼は息子を育てる父親の意識に目覚め、仕事も家に持ち帰ってビリーと共に過ごす。構いっきりになるのは難しく、ビリーもなかなか遊び相手になってもらえない寂しさから、仕事中のテッドにちょっかいを出したりする。

いじらしい。

ぎこちない関係から次第に父子は絆を強める。セントラルパークでテッドはビリーに、自転車に乗れるよう手ほどきした。成長と自立の象徴的な場面だ。

そしてある日、ビリーがジャングルジムから落下し、目を強く打つ。血を流すビリーを横抱きに、ニューヨークの街を全力で走るテッド。救急病院に飛び込み、大事に至らなくてすむ。

広告マンとしての仕事は二の次だった。上司はテッドを見限り、解雇を言い渡す。

その時、テッドには厄介な裁判が待ち受けていた。

カリフォルニアで仕事を持ち、「自分を見つけた」というジョアンナが、ニューヨークに戻ってきて、ビリーを引き取って育てたいと申し出ていたのだ。今さら、と怒るテッド。裁判で親権を争うことになった。

そのためには失職のままではまずい。テッドはクリスマス休暇直前のニューヨークをめぐり歩き、給与も格も落ちる就職口を一件見つけ、あわただしく再就職する。涙ぐましいところだ。

裁判前、ジョアンナの申し出で、ビリーをセントラルパークに連れて行き、1年半ぶりに会わせた。母の姿を見て、テッドの手をふりほどき駆けていくビリー。子の名を叫び、抱きとめる母。立ち尽くすテッド……。

裁判が始まった。

その司法的結末と最後の人情的な結び方について、人それぞれに意見や感想があるだろう。いずれにせよ、心温まる愛情物語である。

離婚や子育て、雇用機会をめぐる困難な状況（とりわけ女性の）は、この映画から三十数年を経て変わったが、なお多くの課題を残す。

「クレイマー、クレイマー」が新鮮であり続けるのは、それが一つあるだろう。

そしてとびきりの名優たち。ちなみにテッドを演じたダスティン・ホフマンは当時実際に離婚問題があって、複雑な思いもあったという。

テッド、ジョアンナは、60年代の若者文化と空気に浸った青春を経て、70年代に（おそらく髪を整えたり、ひげをそったりして）社会に居場所を得た世代である。

80年代、90年代、そして今世紀と彼ら彼女らがどう変化していったか。

その続編をぜひ見てみたいと思うのは、いささかなりとも同時代の空気を吸った世代だからか。

「クレイマー、クレイマー」
監督／ロバート・ベントン
主演／ダスティン・ホフマン、メリル・ストリープ
製作国／アメリカ合衆国
本国公開／1979年　日本公開／1980年4月5日

人生の陰影映した「降旗調」

駅 STATION

もう一つのラストが用意されていた。降旗《ふるはた》康男監督に教わった。

降り立った夜明けの札幌駅で、別れた妻と再会する。実際に撮影されたそのシーンは、日の目を見なかった。

幸いだったかもしれない。

公開された作品のあのラストであればこそ、物語のレールは見る者の心の中で無限に延び続ける。

1981年11月に公開された東宝映画。原作と脚本は倉本聰。撮影・木村大作、音楽・宇崎竜童。68年から80年にかけての北海道が舞台だ。

国鉄時代、まだ産炭地はあり、枝が伸びるように鉄路も多く残っていたが、高度経済成長の夢はとうに破れ、バブルもまだ遠い。

八代亜紀が留萌《るもい》本線増毛《ましけ》駅前の小さな居酒屋のテレビで歌う「舟唄」。それがしみいるような北の冬景色である。

三上英次（高倉健）は道警の刑事。メキシコ五輪の日本代表に選ばれるほどの射撃の名手で、日夜練習に打ち込んでいた。そんな時「一度の過ち」を犯した妻直子（いしだあゆみ）を彼は許さない。

冒頭、雪の函館本線銭函《ぜにばこ》駅で、離婚した直子と一人息子を見送る場面が印象的だ。遠ざかる車上で泣きながら笑顔をつくり、警官の敬礼をしてみせる直子。彼女の「過ち」が何であったか、映画は説明しない。

警官殺し。連続通り魔。銀行立てこもり。事件を追う刑事と射撃選手・コーチの両立し難い立場に彼は苦しむ。

東京五輪の銅メダリストで、故障に苦しみメキシコを前に命を絶ったマラソン選手・円谷幸吉の報道や遺書が象徴的に織り込まれている。

三上の故郷、雄冬《おふゆ》へは当時陸路で行けず、増毛港から船。シケになり足止めになった時、居酒屋を営む桐子（倍賞千恵子）と知り合う。あの「舟唄」が流れる名シーンである。ふたりは仲を深める。

桐子の愛人は、三上の上司も撃った連続警官殺しの指名手配犯だった。頼ってきた男を桐子はアパートにかくまうが、不可解なことをする。匿名で警察に通報したのだ。

三上が踏み込んだ。桐子は男を懸命にかばおうとしたが、銃を手にした男は三上に射殺された。

警察で桐子は矛盾した行動を「つじつまが合わん」と追及される。魂が抜けたような表情で彼女は言う。

「合いませんね。だけど……（すっと一筋涙を落とし）男と女ですからね」

手配中の連続通り魔犯の妹、すず子（烏丸せつこ）も不可解な行動をとる。貧しい半生を支え合ってきた最愛の兄。呼び出して会えば、つけてきた刑事たちに捕まることを察していても会いに行く。

三上の妹は故郷の恋人と別れ、親族の勧める見合いに応じて嫁ぐ。

三上を愛する妻直子の「過ち」にしてもそうだ。

登場する女たちはどこか謎めいていて、愛憎の情念の深淵《しんえん》をのぞかせるようであり、見る者の想像を誘う。

「見る人にその人だけの物語をつくってもらう。それが映画のいいところ」と降旗監督は言う。

〝降旗調〟というべきものがある。例えば――。

組の裏切り者を殺したやくざが、相手の娘の存在に葛藤する「冬の華」（78年）▽不況の港町で合理化を嫌い、造船マンから焼き鳥屋に転じた元高校球児と悲恋の女を描く「居酒屋兆治」（83年）▽大阪ミナミの伝説的なやくざが足を洗い、若狭の漁師になるが、意に反して過去の世界と再びかかわる「夜叉《やしゃ》」（85年）▽亡妻の故郷へ散骨の旅に出る篤実な刑務官の出会いの物語「あなたへ」（2012年）……などなど、降旗監督作品の登場者たちそれぞれに人生のしがらみの陰影があり、意地もある。深い余韻を残す。

たまたま前に挙げた作品はいずれも高倉健主演だ。それからどうなるのか、こんな事情があったのか、などと想像をめぐらす時、その名優の味わいが実によく合う。

公開中の最新作「少年H」（水谷豊主演）もまた、時代に翻弄《ほんろう》された登場者それぞれのその後を考えさせる。

「駅　STATION」のラスト。桐子と別れた三上は、雪の増毛駅でポケットに用意していた「辞表」を燃えさかるストーブに入れ、札幌行きの最終列車に乗る。その心の動きに説明はない。

夜の雪景に遠ざかる赤ランプ。見た人々の心の中で三上はなお旅を続けている。

「駅　ＳＴＡＴＩＯＮ」
監督／降旗康男
主演／高倉健
製作国／日本
日本公開／１９８１年11月１日

子供時代の夢満たす　E.T.

中曽根康弘政権が発足して1週間たった、1982年12月4日の土曜日。まだ週休2日ではない。

このころの景気停滞を映して低い伸び率ながら公務員のボーナスが支給された。笑顔、笑顔の現金支給光景が夕刊の社会面を飾っている。懐かしい。季節の風物詩のように毎年そんな写真が載った。

その朝。新宿・歌舞伎町の映画館の前には、徹夜組を含めて長い行列ができていた。師走の寒風も何のそのだ。昨今では、映画の封切りでこのようなことはまずない。

そしてその期待の通り、このスティーブン・スピルバーグ監督の米映画「E.T.」は、日本でも、世界でも興行成績の記録を塗り替えることになる。

スピルバーグ作品はそれまで日本でも「ジョーズ」「未知との遭遇」などヒット作が続いていた。「E.T.」は格別だった。その夏、アメリカで公開されるや、これまで以上の大変な反響があり、評判はたちまち海を越えて伝わってきた。

前日午後から並び、行列の先頭になった中央大の男子学生は、毎日新聞の夕刊で「この映画は、子供のころの夢を満たしてくれるような気がして来た」と語っている。

この時20歳、30年を経て今年50歳であるはずの彼の半生に、この映画はどんな映像を残しているだろうか。
E．T．は「EXTRA TERRESTRIAL」(地球外生命体)の略。未知の天体からやってきた宇宙人の子供と地球人の少年の心の交流を描く。
といえば、ありきたりのようだが、スピルバーグ監督自身の子供時代や内面世界が物語の土台にあり、それがこの奇想天外なストーリーに、しっとりした現実感(リアリティー)を与えている。それは行列の大学生が語った「子供のころの夢を満たしてくれる」に重なり合う。

そして、先ごろ監督は、学習障害の一つ、ディスレクシア(読字障害)であることを自ら明かし、子供時代に学校の勉強が遅れ、いじめを受けていた体験も語った。


そうして見ると、この映画を貫く「優しさ」が、いっそうしみてくるのである。

舞台はアメリカの西海岸近く、丘陵と森の町。10歳のエリオットは、母、兄、妹と暮らす。父は母と別居し、女性とメキシコに住んでいる。

夜、森に宇宙船が着陸、宇宙人たちが地球の植物採取をしていたが、見つかりそうになり、慌ただしく飛び立つ。乗り損ねた子供の宇宙人が置いてけぼりになった。

兄の遊びにも加えてもらえず、孤独なエリオットが偶然これと遭遇。部屋にかくまったこの

Ｅ．Ｔ．（これが呼び名になる）と、次第にコミュニケーションがとれるようになる。感覚も重なるようになり、Ｅ．Ｔ．が家で初めてビールを飲んで酔うと、エリオットも学校で酔った気分になるという始末だ。

Ｅ．Ｔ．は細く長い指で天を指し、故郷の星に戻りたがる。兄らも協力し、Ｅ．Ｔ．を宇宙へ戻すため手を尽くす。曲折と危機一髪の冒険の末、宇宙と連絡がとれ、別れの時がくる――。子供向けの映画だろう、と高をくくって鑑賞の席に着いた大人たちも批評家たちも、思わず泣いたそうだ。

誰しもある、子供時代の夢想やひそかにかみしめた寂しさ、豊かな情感がこみ上げてきたのだろう。

これは大人の映画である。

当時の毎日新聞の映画評は「面白さにわれを忘れて見終わったのが一度目だとしたら、二度目には見ながら涙をこらえきれなかったりする」と書き出している。

まさしく。

Ｅ．Ｔ．の能力で自転車（日本製だそうだ）が空を飛び、影絵となって満月を横切るシーン。互いの1本の指の先が触れ合い、心の交流を象徴するポスターの画像。映画はこうしたものを鮮明に私たちに刷り込んでいる。

今のように発達したコンピューターグラフィックスが万能で、どんなキャラクターでも場面でも作り上げてみせる時代の作品ではない。おそらく、それも幸いしたのではないだろうか。手作り感こそが、この映画の優しさに通じるのだ。

「E．T．」
監督／スティーブン・スピルバーグ
主演／ディー・ウォーレス
製作国／アメリカ合衆国
本国公開／１９８２年　日本公開／１９８２年12月４日

えたいの知れぬ何か迫る

台風クラブ

こんな思い出を持つ人は多いだろう。

台風接近で学校が早引けになり、下校路で覚えた胸騒ぎ、張り詰めた気分。次第に生暖かく、木立をざわつかせて吹き抜ける風。雲が先を急ぎ、雨を含んで暗さを増す空。ところどころ板を打ちつけている家……。

1985年8月に公開された「台風クラブ」（相米《そうまい》慎二監督、加藤祐司脚本）は、むろん、そんな子供時代の思い出に浸る映画ではない。

だが、無縁ではないと思う。まがまがしく、えたいが知れぬ、しかし心をときめかせるような「何か」が迫って来る。この作品が描く思春期の混乱した感覚、心理は、誰しも子供の時、台風接近に感じたものと似ていないだろうか。

さてそのストーリー。

東京からは遠い、山あいの町（ロケ地は長野の佐久）。台風が来たのに下校し遅れ、学校から帰れなくなった中学3年生たち。一方、家出して上京し、大雨の原宿に降り立った同級生。無気力な教師……。台風を媒介にしてこうした人物たちの葛藤や好奇の行動が交錯し、奔放な表現が繰り広げられる。

三浦友和さんが見事に演じた問題の数学教師梅宮。アイドル俳優のイメージは全く消し、人生を投げた、ルサンチマン（怨念《おんねん》）で腐りきったような三十男になりきった。その失意の理由を映画は具体的に示しているわけではない。だからこそ、梅宮はどこにでもいる普遍的存在になる。

だらしがない。授業中、同棲《どうせい》相手の母親がやくざの弟を連れて教室に乗り込んできて、娘と結婚するのかしないのかはっきりしろ、と迫る。それを後で生徒に追及されても説明できない。

台風の夜中。学校に残った成績優秀な生徒の三上が、校長室から梅宮の家に電話する。ベロベロに酔っぱらっている彼に三上は言う。

「先生、一度真剣に話してみたかった。でもあなたは終わりだと思う。僕はあなたを認めない」

梅宮は泥酔しながらも言い返す。「いいか若造、お前はなあ、今どんなにえらいか知らんがなあ、15年たちゃ、今の俺なんだよ。あと15年の命なんだよ、覚悟しとけよ」

三上は断言する。「僕は絶対にあなたにはならない。絶対に」。ガチャンと切る電話。「何言ってやがる。バカヤロー」とつぶやきながら、梅宮は台風で土砂降りの戸外にふらつき出る。

私には、なぜか最も印象深いシーンだ。

学校に残った生徒は男女6人。浮き立つ心をカセットレコーダーの「バービーボーイズ」の曲で踊りに乗せ、やがて下着姿になって校庭で踊り続ける。この時、皆で歌うのが「わらべ」の「もしも明日が」である。そして疲れきって教室の床で眠りに落ちる。独り三上は何か思いつめて座っている。終盤、彼はある驚くべき決意を実行する。

一方、工藤夕貴さん演じる同級の女子生徒、理恵。家出し、夕方、東京の山手線原宿駅竹下口に立っている。やはり台風で雨。若い男に声をかけられ、あこがれのブティックにも寄り、土砂降りの中、アパートに誘われる。

理恵「大学生ですか？」

男「そんなもん」

理恵「東大ですか？」

男「まあな」

理恵は疑うことを知らない。男に家出の理由を言う。

「私いやなんです、閉じ込められるの。閉じ込められたまま年とって、土地の女になっちゃうなんて、耐えられないいんです」

しかし、ふっきれない。

「やはり帰ります。みな心配しているから」。怒る男を後に、少女は大雨の夜の街に飛び出し、駅に走る。

大人へと通過する思春期に待ちうける、内面の試練と冒険。大人になることへの渇望と嫌悪感、拒絶感。絶えずよみがえる若さと、コントロールが利かない感情。大人の目からは、この映画に、いろんなことが読みとれるだろう。少し懐旧の思いをかみしめながら。

相米監督は盛岡生まれ、団塊世代に当たる。２００1年に病没、53歳の若さだった。カットせずにカメラを回し続ける「長回し」が特色で、大胆、斬新な演出で引きつけた。演技指導は厳しかったといわれる。監督作品13本。81年の「セーラー服と機関銃」は大ヒットした。私は８３年の「ションベン・ライダー」が好きだ。中学生たちが体を張ってやくざに挑むのである。

「台風クラブ」は85年の第1回東京国際映画祭ヤングシネマ，85部門の大賞に選ばれた。海外の評価も高い。

公開日の8月31日、ちょうど台風13、14号が九州と関東に「アベック上陸」し、列島を駆け抜けた。世はバブル景気の到来前夜。映画で台風の夜に中学生たちが浮かれ踊ったように、やがて嵐のような地価高騰や一極集中の景色が現れる。

「台風クラブ」
監督／相米慎二
主演／三上祐一
製作国／日本
日本公開／１９８５年８月１日

家族分かつ「壁」の先に

パリ、テキサス

バブル景気到来にはまだ時間があった。

ヴィム・ヴェンダース監督の西ドイツ・フランス合作映画「パリ、テキサス」は、1985年9月7日、日比谷のみゆき座などで公開された。

ヴェンダースの故国「西ドイツ」が「ドイツ」になるには、さらにもう少しの時が必要だった。世界を分かつ「壁」はまだ高く、厚かった。

新聞では、前月発生した日航機墜落事故の原因追究報道が続いている。

またこの日。代々木の国立青少年センターで行われていた「中国残留孤児」の肉親捜しの対面で、4人の身元が確認された。女性が「パーパ（お父さん）」と泣いて父親に抱きついた、と夕刊の記事は報じている。

この映画のテーマも「家族捜し」である。

主舞台はアメリカのテキサス。トラヴィス（ハリー・ディーン・スタントン）は荒野をさまよい歩いた果てに、ガソリンスタンドの食堂で卒倒し、医院に運ばれる。

記憶を失ったように一切無言だったが、所持品から西海岸のロサンゼルスに住む弟ウォルト

(ディーン・ストックウェル)の存在がわかる。連絡を受けたウォルトは、急いで引き受けにくる。トラヴィスは4年前に失跡。その若い妻ジェーン(ナスターシャ・キンスキー)も、幼い息子ハンターをウォルト夫妻に押しつけるようにして姿を消していた。

4年たって8歳になろうとしているハンターは、子のないウォルト夫妻の愛情を一身に受け、人なつっこく、屈託のない少年に育っている。

宣伝看板の会社を営むウォルトは、善意の塊のような男である。妻アンは優しく、思いやり深い。だが、トラヴィスの出現で、ハンターがやがて手元を去るのではないか、とひそかに苦悩する。その予感は当たる。

ウォルト夫妻の親身な世話で、トラヴィスは4年の放浪でむしばまれた心身の健康を次第に取り戻し、ハンターと心通じ合うようになる。

ジェーンに会いたい。2人で捜しに行くことにした。

なぜ、トラヴィスは家庭を捨てたのか。ジェーンは今どこで何を。こうしたことはやがて明らかにされる。象徴的なのは〝再会〟の場面だ。

ジェーンは場末の風俗店で働いていた。マジックミラーをはさんだ個室で、客の男からは女が見え、女からは客が見えない仕掛けである。会話は通話機でする。

ジェーンの所在を突きとめたトラヴィスは、客としてジェーンと向き合い(彼女にはトラヴィスは見えない)こんな話を語り始める。

若い妻を溺愛した男が妻のそばを離れ難く、仕事もおろそかになった。揚げ句は妻の浮気を疑い、精神的に追い詰められた。出産後、妻も変わり、荒れた。すれ違い、互いを苦しめる不毛の愛。男は逃げた——。

彼は他人から聞いた話のように語ったが、ジェーンはその妻は自分のことだと気づく。トラヴィスは泣いている。ジェーンも泣き、息子のハンターに会いたいと悔いる。彼女は息子のための銀行口座に金を送り続けていた。

マジックミラーを「壁」のようにはさみ、通話機を介して交わされる言葉。トラヴィスは、ハンターとジェーンの再会の場をセットした。この場面がいい。

トラヴィスは、ついにジェーンと直接に面と向かい合うことなく、ボロ車で再び旅立った。あれほど会いたかったのに、会えば「解決」するのではなく、やがて同じ傷つけ合いを繰り返すばかりだと知っているように。

物語が車の旅とともに展開する。そんな「ロードムービー」の最高傑作といわれる。

ウォルトが兄を迎えに行き、飛行機搭乗を拒む兄のためにロサンゼルスまで2日かけて帰るシーン。トラヴィスが、息子のハンターと一緒にジェーンを捜すためヒューストンへ向かうシーン……。

荒野の風光が決して単調なものではない。焼きつける太陽。垂れこめる雲。煙立つ雨。路面を払う風。細やかな描写が、トラヴィスの繊細さを表しているかのようだ。

題名の「パリ、テキサス」は、テキサス州にあるフランスの首都と同名の町を指す。映画には出てこないが、実在する。

トラヴィスが冒頭、放浪で倒れて保護された時、そこに向かっている途中だったと後に語った。そこの不毛の空き地を自分は買っている。父母が愛を交わし、私の人生が始まった土地だ……。夢幻のような話である。

しかし、人生で確かなこととは、結局そんな思い込みではないか。旅立ったトラヴィスが向かったのは、そこだったかもしれない。

この作品は84年のカンヌ映画祭でグランプリを得た。

「パリ、テキサス」
監督／ヴェンダース
主演／ハリー・ディーン・スタントン
製作国／西ドイツ、フランス合作
本国公開／１９８４年　日本公開／１９８５年9月7日

タイムスリップで珍騒動

バック・トゥ・ザ・フューチャー

東京で封切られた1985（昭和60）年12月7日は暦の上では「大雪《たいせつ》」。平年より気温は高く雨雲が広がったが、奥多摩では5センチの積雪があり、当時有料の道路（現奥多摩周遊道路）が閉鎖された。

この朝、池袋からスキー列車が出発、はしゃぐ若い女性客らの写真が毎日新聞の夕刊社会面に載っている。企業に週休2日制が広がり始めたころである。

男女雇用機会均等法は翌年4月に施行、やがてバブル景気の足音も聞こえてくる。

監督ロバート・ゼメキス、そしてスピルバーグが製作総指揮に加わった。

物語の舞台はカリフォルニアの町。主人公マーティ（マイケル・J・フォックス）は17歳の高校生。スケートボードとギターが得意だ。町で変わり者扱いされている科学者で「ドク」と呼ばれるブラウン博士（クリストファー・ロイド）と親しい。

そのドクが名車デロリアンを改造し、一定のスピードに達すると過去・未来に移動できるタイムマシンを発明、犬を使った実験に成功する。しかし、思わぬ横やりが入り、期せずしてマーティ1人が30年前（映画製作年を起点にしている）の1955年の町にタイムスリップする。

マーティの高校があり、何と17歳の父ジョージと母ロレインが通っている。ジョージは粗暴なビフが率いる不良たちにいじめられ、彼らの宿題を一手に引き受けさせられても、ニヤニヤとへつらいの笑みを浮かべている。ロレインはそんなジョージは眼中になく、突然町に現れた不思議な少年マーティに恋心を燃え上がらせる。

マーティは慌てる。ジョージとロレインこそ将来を約する仲になってくれないと、未来は変更されて自分はこの世に存在しないことになる。

ジョージに勇敢でタフな男を演じさせるべく珍作戦を思い立つが……。

ともあれ、乱行限りないビフを、思いがけぬジョージの拳が1発でKOするシーンはまことに痛快である。

30年先の未来からいろんな知識や常識を持ち込むから、珍騒動や混乱も起きる。

けがをしたギタリストの代役として高校のダンスパーティーのバンドに入れられたマーティは、何かやってみろといわれて、50年代後半の曲「ジョニー・B・グッド」をやった。ロックンロールの祖ともいえるチャック・ベリーの名曲中の名曲。初めて聴くパーティー会場の若者たちは興奮して盛り上がる。

ベリーの縁者が会場にいて、その場でベリーに電話し「新しいサウンドだ」と受話器を掲げて聴かせる。

シーンはそこまでだが、かくして名曲は生まれ、後年これを覚えたマーティは30年前にタイムスリップし、これを聴いたベリーは……と輪廻《りんね》のようなサイクルができてしまうことを示唆している。

またマーティは55年の町で、将来に事をなそうと意欲満々の黒人青年に出会う。85年時点で市長になっている人物だ。マーティは軽食堂で働く彼に思わず将来市長を目指してはどう、と勧め、青年もすっかりその気になるが、周囲は、まさか黒人が、と冷めている。その後の時代の大きな変化を感じさせるところだ。

55年の町では、若き日のドクに出会い、85年の大統領は誰だと問われる。マーティが「ロナルド・レーガン」と答えると、ドクはなかなか信じようとせず、「じゃ、副大統領はジェリー・ルイス（喜劇俳優）か」とちゃかす。

レーガンはハリウッドの俳優だった。米大統領としての歴史的業績について評価は分かれるが、話術にたけ、独特のウイットもあって人気はあった。有名なのは暗殺を図った銃撃で重傷を負い、緊急の手術を前に医師らに「君たちは全員共和党員だろうな」と冗談で笑わせたというエピソードである。

彼はドクにからかわれる映画のこのシーンに、怒るどころか面白がったといわれる。

SFの分野を確立した英国人作家、H・G・ウェルズが19世紀末に発表した「タイムマシン」以来、時間を旅する物語は多く作られた。時間を支配するとは、過去の修正と未来の予知という〝禁断の実〟を手にすることだ。

当事者はしばしばその誘惑と自制心の板挟みになり、苦しむのである。

「バック・トゥ・ザ・フューチャー」は89年に第2作、90年に第3作と続き、バブル景気に華やぐ街角の風景の中にそのポスターは張り出された。第2作で不良のビフは未来の出版物で分かるスポーツ結果を悪用し、ギャンブルで大富豪になる。足るを知らぬビフの精神的な退廃ぶりは、私たちに何かを示唆するようでもある。

映画製作当時の80年代半ば。私たちは今の東京、日本、世界をどう想像していただろう。

「バック・トゥ・ザ・フューチャー」
監督／ロバート・ゼメキス
製作総指揮／スピルバーグ
主演／マイケル・J・フォックス
製作国／アメリカ合衆国
本国公開／1985年　日本公開／1985年12月7日

夢を紡ぐ映画人の息吹

キネマの天地

ＪＲ京浜東北線蒲田駅のホームに「蒲田行進曲」の発車メロディーが流れる。

１９２０（大正９）年から36（昭和11）年まで、駅の南、今の大田区民ホールの地にあった「松竹キネマ蒲田撮影所」の歌である。

その「夢の工場」の灯火が輝いた年月は短かった。だが、詞に「消えて結ぶ幻の国　キネマの世界」とあるように、草創期の若き映画人たちが紡いだ夢幻の日々は、時空を超えて語り伝えられる。

１９８６年夏に公開された山田洋次監督作品「キネマの天地」は、松竹大船撮影所50周年記念作品として企画された。脚本に山田監督のほか、井上ひさし、山田太一、朝間義隆といったように、総力を注いだ製作である。

時代設定は33（昭和８）年、映画がサイレントの活動写真からトーキーに移る時期。浅草の映画街を埋める人また人の波から始まる。断髪、洋装のモダンガール（モガ）が都会を闊歩《かっぽ》したころである。

青年助監督・島田（中井貴一）。映画館の人気売り子からこの世界に誘われた女優の卵、小春

（有森也実）。この2人が、それぞれ壁にぶつかり、もまれながら成長していく。これが軸だ。

そこに当時の映画づくりの現場や息づくカツドウ屋魂、泣き笑いの哀歓、時代の空気が織り込まれ、多面的、立体的なドラマになっている。

印象的なせりふがいくつもある。例えば冒頭、浅草の映画館で支配人が監督に言う。

「このカネ、湿ってるでしょう。年端のいかない丁稚小僧《でっちこぞう》がこう握りしめて『おじさん、今度のカツドウ面白い？』って聞くんです。『ああ面白いともさ。さあお入り』と大きな声で言えるシャシン（映画）を作ってほしいんですよ。芸術シャシンは本当に困るんです」

もう一つ。島田の学生時代の先輩で、特高刑事たちに追われている左翼活動家、小田切（平田満）の言葉。彼は、島田が自分や撮影所の作品を「くだらない」と卑下するのを聞いてこう諭すのだ。

「なけなしの財布はたいて映画を見て泣いたり笑ったりしている大衆に、もっと責任を持ってくれよ」

なお言い返す島田に小田切は語りかける。

「どうしてもっと優しく映画を見ないんだ。どんなくだらない映画でも可能性を持っているはずだぞ。信じろよ、映画を。作ってくれよ、生きる望み与えてくれるような映画を、な」

そこへ刑事たちが踏み込み、小田切は連行される。

思想弾圧と統制で、次第に息が詰まるような時代の影を投じたせりふである。しかし今にも通じるメッセージがそこにないだろうか。映画はまず面白くなければならない。これは時代を超えた真理である、と私は思う。

蒲田撮影所は、23年の関東大震災で東京の映画撮影所が関西方面に移るなどした時も残った。モダンで軽快。〝小市民〟の哀歓を描いた作品は「蒲田調」などといわれた。

この映画は実在人物をヒントやモデルに役柄を造形したとわかる。例えば、所長の城田（松本幸四郎）は城戸四郎、監督の緒方は小津安二郎（岸部一徳）である。

城田所長が監督たちと生き生きと新しい作品を語り合うシーン。緒方監督がローアングルのカメラを据え、小春の演技に納得いくまでNGを出し続ける視線。わくわくするようなところである。

映画づくりの楽しさ、と気安く言ったら叱られようが、「夢の工場」の動力源はそれに違いない。

この映画のもう一つの軸、小春の父喜八（渥美清）は、往時売れない旅役者だったという設定。男優に誘われ酔って帰宅する娘に「だらしねえ生活をしていると、それが必ず芝居に出るんだ」「あれが役者のなれの果てよ、と後ろ指さされないようにな」などと説教する調子は「男はつらいよ」の寅さんである。

この父には娘が知らぬ重大な秘密があった。それが明かされた時、小春は大女優へ踏み出す転機を迎える……。

蒲田は工場の街として発展し、その音は撮影所の録音に支障となってきた。２・２６事件直前の36年1月、撮影所はより広い大船に移った。それも今はない。

蒲田で撮影所入り口前の逆川《さかさがわ》にかかっていた「松竹橋」の石の親柱が、区民ホールに展示されている。

スターをひと目、とファンがひしめき合った光景を見たはずである。

「キネマの天地」
監督／山田洋次
主演／有森也実
製作国／日本
日本公開／１９８６年８月２日

孤独な少年に10代共感

スタンド・バイ・ミー

12歳。何と難しい年ごろかと思う。潮流が交じるように子供と大人の心持ちが不安定に波立っている。米映画「スタンド・バイ・ミー」（ロブ・ライナー監督）に登場する4人の少年たち。いっぱしの若者気取りで突っ張っているが、それぞれが内面に寂しさを抱えている。

「秘密基地」めいた小屋を作って樹木に載せている。その不細工な不安定さ。あたかも少年たちの前のめりの成長過程を象徴するようだ。

東京で公開された1987年4月、街は統一地方選挙のさなか。景気は「バブル」へと向かい、古い家並みが消されていく「地上げ」が、社会問題になろうとするころだった。

この作品はたちまち評判になった。とりわけティーンエージャーの心をとらえた。

そしてその子供たちが今見ている。名画である。

時代は1959年夏。アメリカのオレゴン州の小さな町。ゴーディ、クリス、テディ、バーンの4少年は、木の上の小屋でカードゲームをしたり、大人をまねてたばこを吸ったり、知ったかぶりの会話をしたりして過ごしていた。

そんな時、遠い森の中の鉄道わきに、汽車にはねられた行方不明者の死体があるという情報を得る。見つけ出せば、英雄になれるかもしれない――。そんなたわいない、しかし真剣な動機から4人は野宿の小さな冒険旅行に出る。

無意識のうちにも、それは子供から大人へのステップでもあった。クリスは親の拳銃をそっと持ち出した。

犬に追われ、汽車に鉄橋からはね落とされかけ、年長の不良たちに「手柄」を横取りされそうになる。その展開の面白さとは別に、この4人の少年の境遇やキャラクターの設定が見事だ。

原作者のスティーブン・キングが自己を投影させたといわれる主人公ゴーディは、内向きな性格で物語を創作する才能がある。仲間たちは彼の物語を夢中で聞く。しかし、父や母は、事故死した聡明《そうめい》でスポーツマンだった兄の思い出に浸り、ゴーディは親の愛に渇いている。

クリスは機敏で、行動力、判断力もあるリーダー。だが、酒浸りの父や兄の非行で彼も教師たちから「問題児」とされ、給食費盗難事件の犯人と決めつけられている。

テディは父が第二次大戦のノルマンディー上陸作戦に参加したのが何よりの誇りだ。だが父は心を病み、幼いテディを虐待し、傷つけた。それでもテディは父を英雄と尊敬し、悪口を言う者には見境なく襲いかかる。

バーン。何かとのろくて、うっかり者。物語に欠かせないキャラクターだ。後年、幸せな結婚をする。

4人はこの旅路の途中、さまざまな語らいや告白をする。野営のたき火の前でクリスが明かす給食費事件の真相は衝撃を与えた。

クリスはいったん盗んだが、金は女性教師に返しに行った。そして女性教師は受け取ったが、何も言わなかった。誰にも。そしてクリスは校内で犯人とされ、有無も言わせず罰せられた。一方、女性教師は欲しがっていたスカートを買ってはいていた。

「先生がそんなことをするなんて」とクリスは語りながら泣く。クールで何事も達観したような彼が、しゃくり上げるように泣くのである。世の中の偏見に耐えてきた少年の孤独と悲しさがのぞく。

旅から戻った少年たちはそれぞれの人生へ旅立った。

原作者のキングは１９４７年生まれのベビーブーム世代だ。恐怖小説に新境地を開いて「モダン・ホラー」の第一人者と称され、多くの作品が映画化された。

この「スタンド・バイ・ミー」は原題「ザ・ボディー（死体）」という中編で、それまでのキングの作品群では異色である。

タイトルと主題曲になった「スタンド・バイ・ミー」は１９６０年代初め、大ヒットしたスタンダードで、時代の空気と少年の感受性を見事に映し出した。ほとんど作品と一体化している。

この曲は１９７０年代半ばにジョン・レノンが「ロックンロール」という自演アルバムに収め、その時もリバイバルヒットさせている。

最期まで少年のようで、孤独の影を長く引いていたジョン・レノンこそ、この映画の４人の中の一人にふさわしいと思う。誰がいいだろう。
私は、ひととき強がりの面を外して泣きじゃくった、クリス少年が一番近いと思うのだが。

「スタンド・バイ・ミー」
監督／ロブ・ライナー
主演／ウィル・ウィートン
製作国／アメリカ合衆国
本国公開／1986年　日本公開／1987年4月1日

忘れてならない「忘れもの」

火垂るの墓

自らの戦時体験に根差す野坂昭如の短編を原作とする。スタジオジブリ制作のアニメ作品「火垂るの墓」（高畑勲監督）は、1988（昭和63）年4月に公開された。

そのころ、日本列島はバブル景気に浮かれ、古い街並みは無残に「地上げ」にむしばまれ、土地は目的が判然としなくても買い占められた。

前月に青函連絡船と入れ替わって青函トンネルが開通したのに続き、この4月には本州と四国を結ぶ瀬戸大橋が通じる。これで本土4島が線路でつながった、と、JRは「一本列島」をダイヤ改正のキャッチコピーにした。そんな時代だった。

併映は、やはりスタジオジブリ制作の「となりのトトロ」（宮崎駿監督）である。意外な組み合わせのようだが、共通のキャッチコピーがなるほどと思わせる。

〈忘れものを、届けにきました〉

映画館の外は、浮かれ景気真っ盛り。このコピーには、ずしりと心の底に降りてくるものがある。「忘れもの」が眠る底へ。

14歳の中学生（旧制）清太《せいた》と4歳の妹節子。父は海軍軍人で艦隊で出撃したまま。神戸の空襲で母を失い、清太と節子は西宮の親類宅に身を寄せた。

だが、そこの主婦のいびり、いやみに耐えきれない。兄妹は、身の回りの物を持って丘陵の池のほとりにある防空壕《ごう》に移り住む。兄妹が、ほんのつかの間、解放感を味わうところだ。

だが、食べ物は尽き、池のカエルも捕えるほどに困窮した。節子は栄養失調でやせ衰える。町の医師に見せても、滋養をつけなさいというだけで何もしてくれない。

空襲のさなか、清太は住民が逃げて空になった家に忍び込み、命がけで盗みを働いたが、既に節子は手の施しようがなかった。

衰弱しきって意識が混濁してきた節子が、独り清太に語りかけ、「食事」を勧める場面がある。「兄ちゃん、どうぞ」。石ころ二つだ。「ご飯や、お茶もほしい?」「それからおからたいたんもあげましょうね」「どうぞ、おあがり、食べへんのん?」

戦争が終わり、防空壕近くの丘陵地に散在する屋敷に、疎開先から裕福な人々が帰ってくる。「やっぱり家が一番やわあ」。屈託のない娘たちの歓声。戦争中のはばかりもなくなって、ひさしぶりに開けた蓄音機でかけたレコードから「埴生の宿」の独唱が美しく流れる。

清太は丘で節子の火葬をする。木炭の配給をしてくれた男が「大豆の殻で火をつけるといい」と慣れた口調で教えてくれた通りに。

清太も9月、衰弱した孤児らが寄り集まる三宮の駅で朽ち果てるように餓死する。

「アメリカ軍がもうすぐ来るいうのに恥やで、駅にこんなんおったら」。まだ息ある間に駅を行き交う人々からそんな声も漏れる。彼らの心は既に新しい時代、占領時代へと向いている。兄妹が懸命に生き抜こうとするけなげさ。時代に流されながらむき出しになる大人たちのエゴや打算。胸がつぶれるようで、最後まで見ることができないという人もいる。

だが、この作品の最も張り詰めたシーンは、ラストではないかと私は思う。ともに霊となった清太が眠りこける節子をひざに、じっと丘から不夜城のような都会の明りを見下ろす。

眼前のきらびやかな夜景は戦争、いや「戦後」という言葉さえ忘れた「繁栄」の象徴とも思える。

それは阪神だけでなく、東京でもどこでも置き換えることができるはずだ。

ふと、高層ビル群のスカイラインの向こうに、清太のような視線を無数に感じ取ることはないだろうか。

「火垂るの墓」
監督／高畑勲
主演／辰巳努（声）
製作国／日本
日本公開／１９８８年４月１日

忘れてた「あの日」の風景　となりのトトロ

もはや古典というべきか。心優しきもののけと、くもりなき心の子供たちの、リアルな夢物語である。

スタジオジブリ制作の長編アニメ「となりのトトロ」（原作・脚本・監督、宮崎駿）は１９８８（昭和63）年４月16日に公開された。

キャッチコピーは糸井重里作〈このへんないきものは　まだ日本にいるのです。たぶん。〉だった。今も、すっと風が吹きわたるような、心動かす名コピーだ。

「古典」たるゆえんは新しいファンを獲得し続けていることにある。これまで繰り返しテレビ放映もされてきたが、視聴率は高いという。

純粋な子供の目にしか見えない、不思議な森のもののけ、トトロ。映画公開時よりずっと後に生まれる世代から世代へと、その「目」は受け継がれているのだろう。

物語の舞台は１９５０年代半ば、昭和でいえば30年前後の郊外農村。（ちなみに、画面では８月の1日が金曜日というカレンダーがちらりと見えた。とすると、52年か58年ということになるが……）

北多摩から狭山丘陵地にかけてのイメージだ。引っ越し荷物を満載したオート三輪車で父娘

3人がやってくる。

小学校6年生のサツキ、4歳の妹メイ、考古学者である父。母は病院で療養中という設定だ。胸の病らしい。

父は優しく、頼りなさそうだが、ひょうひょうとして屈託がない。大学で講師をしながら、家の日当たりのよい部屋で本に埋まり、研究、執筆に打ち込む。

娘たちがトトロと出会い、不思議な体験をしたことを聞かされても、彼は素直に信じる感性を持つ。彼自身、子供のころ、お化け屋敷に住むことが夢だった。

そう、私たちは子供のころ、誰しも夢想の世界に住み、何ものかと語り合っていたのではなかったか。

それが何か、すっかり忘れてしまったけれど。

里山の森。土地の起伏に逆らわず、さまざまな生き物と共存する集落、田畑。遠景を走る西武線とおぼしき2両編成のつましい郊外電車さえ、生き物のように映る。

かつて列島中にあったこんな風光である。その中で遠くの母を慕い求め、野道を行くメイの冒険。大人たちの支えと善意。そしてトトロや「猫バス」の優しさが織りなすファンタジー。未見の方にはぜひ一見をお勧めしたい。

まだ昭和だった公開時にこれを見た人は「ついきのう」に置いてきた、もろもろの事に思いがめぐっただろう。

この作品で感嘆したことの一つに、地面、路面の描き方がある。雨や車輪、足跡、子供の遊びで生じるさまざまな模様や溝、凹凸。作品は細やかな観察でそれを映し出す。

バス停前の起伏。小学校校庭の水たまり跡。今の均質に整地された校庭ではなかなか見られない。雨の日、校庭の水たまりが雲のように広がり、さまざまに形を変えて「島」や「海」になっていく様を、教室の窓から飽かず眺めたものだ。思い出しませんか、ご同輩の皆さん。

一家が引っ越してきた古い和洋折衷型の住まいも懐かしい。大正時代ごろから「文化住宅」としてこうした形式の住宅が広まったという。

マンション林立の今、目にすることはあまりないが、テラス付きの洋間や、円形の塔の洋館と和風住宅がつながっている家を、子供のころよく見たものだ。

あの洋風窓の奥に怪盗ルパン、あのとんがり屋根の陰に怪人二十面相（変な取り合わせだが）が潜む、などと想像をめぐらせば、ちょっとゾクゾクするものがあった。

公開時はバブル景気の真っ最中。併映は高畑勲監督の「火垂《ほた》るの墓」だった。

同じ日に、評判のアメリカ映画「ウォール街」が東京で公開された。貪欲な〝マネー・ウオーズ〟の世界を描いた作品である。

浮かれ景気の東京で、対照的なこれらの作品は、同時に観客に訴えかけるものがあったのだろう。癒やしの夢と熱い現実。どんな時代でも人は両方を必要とする。

ただ、不夜の都心の華やぎ、虫食いのように地上げされる土地を、ビルのてっぺんから眠るような目で見下ろしているトトロ。
映画館の帰りに、ふとそんな夢想をして夜空を仰いだ人もいたかもしれない。

「となりのトトロ」
監督／宮崎駿
主演／日高のり子（声）、坂本千夏（声）
製作国／日本
日本公開／１９８８年４月16日

老姉妹が静かに待つ夢

八月の鯨

リンゼイ・アンダーソン監督作品「八月の鯨」は、岩波ホール創立20周年を記念して1988年11月26日に公開された。

時はバブル景気のさなかである。そして昭和天皇の病状が日々伝えられ、「自粛」現象も広がる初冬だった。

東京地検特捜部は、政官界など要路の者たちに未公開株が賄賂として渡ったとされる「リクルート事件」の捜査を始めていた。

26日の毎日新聞夕刊は円高を背景にした空前の年末年始海外旅行ラッシュを予報し、パスポート申請で混雑する窓口の写真を載せた。

そんな時代だった。この映画は大評判になり、予想外のロングランになった。

舞台は米国メーン州の小さな島。古い別荘で夏を過ごす老姉妹の数日を描く。

姉リビー（ベティ・デイビス）は老いて視力を失い、妹セーラ（リリアン・ギッシュ）の世話を受けている。

撮影時、デイビスは79歳、ギッシュは93歳であったという。役の間柄と実際の年長年少を逆にしているのが面白い。映画草創期、サイレント時代以来の可憐《かれん》な少女の面影を宿すギッシュと、激しい気性と苦悩を表情に宿すデイビス。それぞれの持ち味が役柄にぴったりしている。

かつて別荘近くの岬の沖には毎年8月に鯨が現れ、姉妹は遠い娘時代、家族で来た時、鯨の影としぶきを見たものだった。それは第一次世界大戦（1914～18年）より前の頃である。

妹セーラはフィリップという若者と結婚するが、その大戦で失った。姉リビーも夫は既に亡《な》いもののアンナという娘がいる。この母子はとても仲が悪く、同居できない。

島の風光、草木のそよぎ、潮騒などをバックに、こうした事情が少しずつ説明される。とすると、この映画に設定された時代はいつか。

「フィリップと結婚して46年」や、ラジオのアーサー・ゴッドフリーのトークショーなどから、第二次大戦の後の50年代後半ごろかと思われる。（ちなみにゴッドフリーには「結婚した時、妻は食べたいほど可愛かったが、今思えば、その時食べておけばよかった」という有名なジョークがある）

姉リビーは不機嫌な皮肉屋になった。

例えば、妹セーラに髪をとかさせながらこんなことを言う。「なぜ老いた女性が公園のベンチに座ると思う？　若い恋人たちの席を取るため。木枯らしが吹こうとね」

リビーは外の人間がセーラに近づくのを嫌い、この島で娘時代からの友人である陽気なティシャ（アン・サザーン）に対してさえ気難しい。

さらにリビーは、老紳士マラノフ（ビンセント・プライス）を強く警戒した。ロシアの亡命貴族である彼は居所を転々としてきた。セーラが彼をお茶に呼んだり、ディナーに招いたりするのがリビーは気に入らない。

そして彼女はとげとげしい言葉で、マラノフの誇りを深く傷つけた。彼は紳士らしい礼儀正しい態度を崩さず、静かに去って行った。

リビーは妹が自分から離れていくのではないかと、不安でしょうがなかったのだ。

陽気なティシャが調子のよい不動産業者を連れてきた。彼女はセーラがここを売って自分の所に一緒に住めばよい、と独り合点で勝手に気を回したのだ。

リビーのことで疲れていたセーラだが、きっぱり申し出を断った。

老姉妹は今日こそは昔のように鯨が現れぬかと、手を携えて海を見に行く……。

事件らしい事件もなく、大きな起伏もない。老姉妹がとりとめもない会話をし、時にかみ合わず、いさかいも起こすが、いつものように日は落ち、また朝が来る。

心深く残るシーンがある。リビーが寝た深夜、独りドレス姿になったセーラが思い出の言葉を紡ぎながら、若き軍服姿の亡夫フィリップの写真に優しく語りかけるのだ。卓にワインとロウソクの灯。

人生は苦悩と癒やしとが織りなす布。名優の演技に練り上げられた老境の日常会話、家事、散歩、心配の表情一つ一つがそう思わせてくれる。

「鯨」は何を意味していたのだろう。見果てぬ青春の夢か。時に傷つけ合いながらも確かな姉妹の愛と絆か。
あの遠いバブル期の人々の心を深くのんで以来、今も静かに泳ぎ続けている。

「八月の鯨」
監督／リンゼイ・アンダースン
主演／ペティ・デイビス
製作国／アメリカ合衆国
本国公開／１９８７年　日本公開／１９８８年11月26日

年	事項	
昭和元・2年 (1926・27)	＊金融恐慌で銀行取り付け騒ぎ ＊芥川龍之介自殺 ＊夏の甲子園、全国中等学校野球大会でラジオ中継始まる	
3年 (1928)	＊初の普通選挙 ＊共産党弾圧強まる ＊改正治安維持法 ＊関東軍将校らの謀略による張作霖爆殺事件 ＊パリ不戦条約調印	
4年 (1929)	＊浜口内閣緊縮財政 ＊世界大恐慌	
5年 (1930)	＊金輸出解禁 ＊ロンドン海軍軍縮条約調印 ＊統帥権干犯問題起きる ＊浜口雄幸首相、東京駅で狙撃される	
6年 (1931)	＊満州事変 ＊軍部クーデター計画、相次いで未然に発覚（3月事件、10月事件）	
7年 (1932)	＊満州国建国宣言 ＊海軍青年将校らが犬養毅首相を暗殺した5・15事件勃発 ＊ドイツの総選挙で、ヒトラー率いるナチスが第1党に	
8年 (1933)	＊ヒトラーがドイツ首相に ＊日本、国際連盟を脱退 ＊学問の自由を圧する京大・滝川事件	

年	事項	
9年 (1934)	＊東北の大凶作で娘の身売りが増える ＊陸軍省が〈国防の本義とその強化の提唱〉というパンフレットを配る ＊ベーブ・ルースら米大リーグの選抜チームが来日して人気	「街の灯」
10年 (1935)	＊天皇機関説攻撃 ＊政府、機関説否定の国体明徴声明 ＊陸軍軍務局長、皇道派の将校に斬殺される（相沢事件）	
11年 (1936)	＊〈昭和維新〉を唱える皇道派の青年将校らが、兵を動かして重臣らを殺傷、要地を一時占拠した2・26事件発生 ＊スペインの内戦始まる ＊ベルリン・オリンピック ＊日独防共協定	
12年 (1937)	＊政党と軍部が対立し、衆議院で「腹切り問答」 ＊日中戦争始まる	「人情紙風船」
13年 (1938)	＊日中戦争泥沼化 ＊国家総動員法公布	「忠臣蔵天の巻・地の巻」
14年 (1939)	＊国家統制強める映画法公布 ＊ドイツがポーランドに侵攻し、第二次世界大戦勃発	
15年 (1940)	＊日用品の物資統制進む ＊軍、北部仏印に進駐	

15年 (1940)	＊日独伊三国同盟 ＊大政翼賛会発会	
16年 (1941)	＊中国からの撤兵などを求める米との交渉不調 ＊米、日本への石油輸出全面禁止 ＊真珠湾攻撃、日米開戦	「スミス都へ行く」
17年 (1942)	＊ミッドウェー海戦に敗れ日本軍は次第に劣勢に	
18年 (1943)	＊ガダルカナル撤退 ＊学徒出陣 ＊ドイツ軍、対ソ戦線敗退	「無法松の一生」
19年 (1944)	＊サイパン陥落、本土の本格的空襲へ ＊レイテ沖海戦で連合艦隊主力壊滅	
20年 (1945)	＊東京大空襲 ＊沖縄戦 ＊広島、長崎に原爆投下 ＊ソ連対日参戦 ＊「玉音放送」。ポツダム宣言受諾し、無条件降伏 ＊マッカーサーを頂点とする占領時代始まる	
21年 (1946)	＊天皇「人間宣言」 ＊東西冷戦の始まり	「カサブランカ」
22年 (1947)	＊6・3制の新義務教育 ＊日本国憲法施行	「失われた週末」

23年 (1948)	＊第1回NHKのど自慢全国コンクール ＊東京裁判、7戦犯に死刑判決	
24年 (1949)	＊1ドル＝360円の単一為替レート ＊湯川秀樹博士にノーベル物理学賞	
25年 (1950)	＊アメリカで赤狩りのマッカーシー旋風 ＊朝鮮戦争勃発 ＊特需景気 ＊警察予備隊発足	「また逢う日まで」 「羅生門」
26年 (1951)	＊朝鮮戦争で強硬なマッカーサー元帥罷免 ＊対日平和条約・日米安全保障条約調印（翌年発効）	「カルメン故郷に帰る」 「邪魔者は殺せ」 「イヴの総て」 「サンセット大通り」
27年 (1952)	＊デモ隊と警官隊衝突の「血のメーデー事件」 ＊保安隊発足	「西鶴一代女」 「風と共に去りぬ」 「生きる」
28年 (1953)	＊衆議院「バカヤロー解散」 ＊朝鮮戦争で休戦協定	「雨月物語」 「東京物語」 「ローマの休日」
29年 (1954)	＊米のビキニ水爆実験で漁船員らが被ばくした第五福竜丸事件発生 ＊原水爆禁止運動高まる ＊陸海空の自衛隊発足	「オズの魔法使」 「七人の侍」 「二十四の瞳」 「ゴジラ」 「波止場」
30年 (1955)	＊神武景気 ＊基地拡張反対の砂川闘争始ま	「浮雲」

30年(1955)	る ＊保守合同の自民党、統一社会党で「55年体制」	「エデンの東」 「野菊の如き君なりき」
31年(1956)	＊ソ連の東欧支配に抗する「ハンガリー事件」 ＊若者たちに〈太陽族〉ブーム ＊経済白書で「もはや戦後ではない」	「早春」 「赤線地帯」 「居酒屋」 「流れる」
32年(1957)	＊ソ連が人工衛星スプートニク1号の打ち上げに成功。アメリカなどに〈スプートニク・ショック〉を広げ、理科教育強化	「十二人の怒れる男」 「幕末太陽傳」 「戦場にかける橋」
33年(1958)	＊1万円札発行 ＊普及するテレビの受信契約、100万件突破 ＊長嶋茂雄、4打席連続三振でデビュー	「張込み」 「悲しみよこんにちは」 「駅前旅館」 「めまい」
34年(1959)	＊キューバ革命 ＊皇太子ご成婚、パレードをテレビ中継。前年からミッチーブーム ＊炭鉱人員整理めぐり三池争議始まる。〈総資本対総労働〉と呼ばれる闘いに	「お熱いのがお好き」 「灰とダイヤモンド」
35年(1960)	＊日米安保改定めぐる〈60年安保〉闘争で世情騒然。デモの東大女子学生死亡 ＊池田勇人内閣発足。所得倍増をうたう	「女が階段を上る時」 「渚にて」 「太陽がいっぱい」

35年(1960)	＊演説の浅沼稲次郎・社会党委員長刺殺される	「サイコ」 「アパートの鍵貸します」
36年(1961)	＊ソ連の有人宇宙船、地球1周飛行に成功 ＊ベルリンの壁築かれる	「名もなく貧しく美しく」 「用心棒」 「モスラ」 「ティファニーで朝食を」 「ウエスト・サイド物語」
37年(1962)	＊キューバに建設中のソ連のミサイル基地に対抗して、アメリカが海上封鎖。一時米ソ核戦争の危機に(キューバ危機)	「リバティ・バランスを射った男」 「キングコング対ゴジラ」 「秋刀魚の味」 「史上最大の作戦」 「しとやかな獣」 「アラビアのロレンス」
38年(1963)	＊首都改造進み、オリンピック景気 ＊人種差別撤廃を求める〈ワシントン大行進〉 ＊ケネディ米大統領暗殺	「天国と地獄」 「武士道残酷物語」 「酒とバラの日々」 「アラバマ物語」 「大脱走」 「マタンゴ」
39年(1964)	＊新幹線開業 ＊東京オリンピック ＊ベトナム戦争深刻化	「博士の異常な愛情」 「マイ・フェア・レディ」
40年(1965)	＊中央教育審議会〈期待される人間像〉案	「飢餓海峡」 「東京オリンピック」
40年(1965)	＊日韓国交正常化 ＊米軍、北ベトナムの爆撃(北爆)を開始	「赤ひげ」 「サウンド・オブ・ミュージック」
41年(1966)	＊ビートルズ来日	「バルジ大作戦」

年	出来事	映画
41年（1966）	＊羽田沖墜落など、死者多数の旅客機事故相次ぐ ＊中国で〈文化大革命〉運動	「市民ケーン」 「ドクトル・ジバゴ」 「大地のうた」
42年（1967）	＊大気・水質汚染など公害深刻化（公害対策基本法公布） ＊ミニスカート流行	
43年（1968）	＊学園紛争・全共闘運動広がる ＊フランスの学生、労働者らによる〈パリ5月革命〉 ＊チェコの民主化運動にソ連などが軍事介入（チェコ事件） ＊ベトナム反戦運動広がる	「俺たちに明日はない」 「招かれざる客」 「2001年宇宙の旅」 「さらば友よ」
44年（1969）	＊東大安田講堂封鎖解除 ＊米アポロ11号により、人類が初めて月面に立つ	「ローズマリーの赤ちゃん」 「男はつらいよ」 「ウエスタン」 「真夜中のカーボーイ」
45年（1970）	＊大阪で万国博覧会（万博）開く ＊光化学スモッグ禍相次ぐ	「イージー・ライダー」 「明日に向って撃て!」
46年（1971）	＊重大化する環境問題に対応するため、環境庁発足	「ライアンの娘」
47年（1972）	＊札幌冬季オリンピック ＊武闘路線の過激派が人質をとって立てこもり、機動隊と銃撃戦を演じた連合赤軍事件。仲間内の凄惨なリンチ殺人も発覚 ＊沖縄県本土復帰（施政権返還） ＊日中国交正常化	「ゴッドファーザー」

年	出来事	映画
48年（1973）	＊第4次中東戦争。原油価格上昇、供給減などで、第1次石油ショック ＊トイレットペーパー買いだめなどのパニック	「仁義なき戦い」 「燃えよドラゴン」
49年（1974）	＊列島改造ブームから狂乱物価へ ＊盗聴工作発覚に始まるウォーターゲート事件で、ニクソン米大統領辞任 ＊〈金脈〉問題などで田中角栄首相退陣	「追憶」 「アメリカン・グラフィティ」 「スティング」
50年（1975）	＊サイゴン陥落し、ベトナム戦争終結	
51年（1976）	＊旅客機売り込みをめぐり、政界に賄賂工作があったとされるロッキード事件表面化。田中前首相ら逮捕	「カッコーの巣の上で」 「タクシードライバー」
52年（1977）	＊王貞治、ホームラン世界記録。初の国民栄誉賞 ＊カラオケ人気	「ロッキー」 「幸福の黄色いハンカチ」
53年（1978）	＊成田空港開港 ＊東京・原宿に〈竹の子族〉 ＊〈窓際族〉	「未知との遭遇」
54年（1979）	＊喫茶店などでインベーダーゲームが流行 ＊イラン革命 ＊米スリーマイル島原発で炉心溶融事故	「チャイナ・シンドローム」

54年(1979)	*ソ連、アフガニスタン侵攻	「チャイナ・シンドローム」
55年(1980)	*モスクワ五輪開催。アフガン侵攻の対抗措置で日本、アメリカなどはボイコット *自動車生産台数世界一 *荒れる学校	「ツィゴイネルワイゼン」 「クレイマー、クレイマー」
56年(1981)	*中国残留日本人孤児の来日調査	「駅STATION」
57年(1982)	*国連軍縮特別総会に向け、反核運動盛り上がる *領有権争いでイギリスとアルゼンチンが軍事衝突し、英軍勝利（フォークランド紛争）	「E.T.」
58年(1983)	*横浜で少年たちがホームレスを襲撃、社会に衝撃 *免田事件の再審裁判で、初めて死刑囚に無罪の判決	
59年(1984)	*ロサンゼルス五輪。今度はソ連など東側がボイコット。商業五輪の時代へ	
60年(1985)	*ソ連、改革を進めるゴルバチョフが新たな指導者に *日航ジャンボ機、群馬県の山中に墜落	「台風クラブ」 「パリ、テキサス」 「バック・トゥ・ザ・フューチャー」
61年(1986)	*米スペースシャトル爆発事故 *男女雇用機会均等法施行	

61年(1986)	*ソ連チェルノブイリ原発で原子炉暴走爆発の大事故 *地価高騰、バブル景気の時代へ	「キネマの天地」
62年(1987)	*国鉄分割・民営化 *朝日新聞阪神支局襲撃事件 *連合(日本労働組合総連合会)発足	「スタンド・バイ・ミー」
63年(1988)	*トンネル開通で、青函連絡船終わる *政官界などへの未公開株譲渡が問題になったリクルート疑惑が表面化（リクルート事件）	「火垂るの墓」 「となりのトトロ」 「八月の鯨」
64年(1989)	*昭和天皇逝去	

あとがき

今日、機器やシステムの発達で、映画は時と場所を選ばず見ることが可能になった。

これが名画に接する機会を増やし、ファン層を広げた。名画座にいつくるともしれぬ目当ての作品を待つ必要がなくなったし、館の看板に「この名画本邦最後の公開、お見逃しなく!」といった誘い文句が躍ることもなくなった。

しかし名画DVDでも、ミニシアターの特集でも、なかなか味わえないものがある。初公開のころ身を置いていた時代の実感的記憶である。映画は時代とつながっていた。

ブルース・リーを見て館の暗がりから出てきた若者たちは肩を怒らせつつ、「シラケ」が流行語だった1970年代の街をにらんだ。60年代末の学園紛争時、「俺たちに明日はない」でボニーとクライドが待ち伏せ銃撃で蜂の巣にされるシーンは、それまで「反体制」気分に浸っていた学生をしばらく館の椅子から立ち上がらせなかった。同時代の「真夜中のカーボーイ」も「明日に向って撃て！」も、ＤＶＤや録画再生ボタンなどによって自在に何度でも見ることができる。だが、窓の外は21世紀の別世界。見るわが身もとうに高校生や大学生ではない。せりふ一つ一つ、「巻き戻し再生」できない緊張感も遠い昔になった。

本書で初公開時の世を素描するにも、私は50年代まで、夏休みの夜に田舎の小学校木造校舎の壁に張られた布で巡回映画を見たり、公民館でエノケンのドタバタ喜劇を見たりしたぐらいで、封切館を知らなかった。

そんな古い時代の映画の「本邦初公開」時の生きた世情は、新聞の政治面、経済面、国際面、学芸面、スポーツ面……そして社会面のさまざまな記事が映してくれた。わずかなりとも「あの時」にタイムスリップした気分に浸っていただければ幸いだ。

本にするに際し、牧野出版の佐久間憲一社長から懇切なご助言をいただいた。感謝申し上げる。

玉木　研二

玉木研二（たまき・けんじ）

毎日新聞社論説室専門編集委員。

1951（昭和26）年、広島生まれ。少年時代のテレビドラマ「事件記者」にあこがれて新聞記者の世界（夢想と現実はまったく違ったが）を目指し、75年に毎日新聞社に入社した。大分支局のサツ回り（警察担当）を振り出しに転々、東京本社社会部長などを経て2008年から現職。

教育問題を担当しているが、雑食型。本紙朝刊で「火論」、夕刊で「近事片々」「昭和　ことばの宝石箱」、毎日学生新聞・15歳のニュースで「新聞は見ていた」の各欄を担当している。

著書に『ドキュメント・沖縄　1945』『ドキュメント・占領の秋　1945』がある。

その時《とき》、名《めい》画《が》があった
2015年8月30日発行

著　者　玉木研二
発行人　佐久間憲一
発行所　株式会社牧野出版
〒135-0053
東京都江東区辰巳1-4-11　STビル辰巳別館5F
電話 03-6457-0801
ファックス（ご注文）03-3522-0802
http://www.makinopb.com

印刷・製本　中央精版印刷株式会社

内容に関するお問い合わせ、ご感想は下記のアドレスにお送りください。
dokusha@makinopb.com
乱丁・落丁本は、ご面倒ですが小社宛にお送りください。
送料小社負担でお取り替えいたします。

ISBN978-4-89500-193-9